Florence Sandis

BRISEZ LE PLAFOND DE VERRE !

12 clés pour réussir au féminin

Nouvelle édition
revue par l'auteur

Michel Lafon
POCHE

118, avenue Achille-Peretti – CS70024
92521 Neuilly-sur-Seine Cedex
www.michel-lafon.com

À Aurore, qui a toute sa vie professionnelle devant elle.

SOMMAIRE

INTRODUCTION

AGISSEZ SUR CE QUE VOUS POUVEZ MAÎTRISER : VOUS !

Je suis d'une génération qui n'a pas eu à se battre pour l'émancipation des femmes. Née dans les années 1970, j'ai grandi à une époque d'égalité croissante entre hommes et femmes. Comme toutes les filles des années 1970-1980, nous étions convaincues qu'elle nous était acquise : nos mères, et surtout nos grands-mères, avaient déjà fait le plus gros du « boulot » ! Elles s'étaient battues pour acquérir le droit de vote, le droit à l'autonomie financière, le droit de travailler sans l'autorisation de leur mari, le droit à l'avortement... Parmi elles, Simone de Beauvoir, Élisabeth Badinter, Françoise Giroud et Simone Veil étaient des guides... Nous étions admiratives, reconnaissantes et pleines de confiance en l'avenir !

Nous fréquentions les mêmes écoles que les garçons et rêvions tout autant de réussir. Nous pouvions être belles, ambitieuses et libérées à la fois. Nous savourions notre chance d'être nées à cette époque bénie.

Personnellement, je mesurais le changement en regardant ma maman, « mère au foyer », comme on disait communément. Elle n'avait que 17 ans lorsqu'elle rencontra celui qui allait devenir son mari, un ingénieur grec qui l'emmena vivre dans le sud de la France. Ma mère y continua ses études de lettres à la faculté d'Aix-en-Provence mais elle s'arrêta au milieu de sa licence : c'était devenu trop compliqué de faire une heure de voiture, enceinte, sur les petites routes de Provence pour aller étudier... Surtout, il était courant à l'époque de mettre un terme à ses études au moment de fonder une famille. Mon père, en bon Méditerranéen, ne souhaitait pas qu'elle travaille

– enfin, qu'elle ait un emploi rémunéré... Elle cumulait en fait plusieurs jobs, de la cuisine au ménage en passant par l'éducation de ma grande sœur et moi et l'accompagnement à nos multiples activités artistiques.

Ma mère ne « travaillait » donc pas au sens social du terme ; mais elle fut très active dans une association, Action Information Femmes, qui recevait des femmes dans le besoin et les aidait à s'insérer professionnellement. Comme s'il fallait conjurer son sort... Elle retourna ensuite à la fac étudier le métier de formateur et finit par décrocher un premier emploi dans cette spécialité, à la chambre de commerce et d'industrie de Marseille. Peu de temps après, je me lançais dans la vie professionnelle... Il lui avait fallu vingt-sept ans de plus !

Je n'oublierai jamais le moment où, jeune bachelière, j'appris que j'étais acceptée dans l'école dont je rêvais, Sciences-Po. Nos larmes de joie partagées font partie des plus beaux souvenirs de ma vie... Comme un accomplissement, un relais d'existence. J'allais « monter » à Paris pour réaliser mes propres rêves...

Ces années d'études furent un bonheur total ; je trouvais comment nourrir ma curiosité illimitée. Tout en courant les spectacles, j'étais de tous les débats, assouvissant ma passion pour la politique, les sciences sociales et la communication. Je rêvais d'être journaliste. Mon modèle était Anne Sinclair au temps de son émission phare *7 sur 7*. Avec quelques copains, nous avions créé Télé Sciences-Po et j'adorais en présenter les programmes. Nous les filles, nous étions tout aussi compétentes que les garçons, nous ne nous sommes jamais demandé si nos prétentions professionnelles étaient différentes des leurs. L'avenir était facile et radieux.

Plus de deux décennies plus tard, pourtant, beaucoup d'entre nous se sentent sous-employées, certaines se sont parfois même sabordées ; d'autres ont ralenti le rythme professionnel dès qu'elles ont eu un enfant, d'autres enfin ont essayé de progresser mais se sont heurtées à des difficultés. Cela m'interroge... Nous avions beau être dans une des écoles les plus prestigieuses, nous n'avons jamais eu la prétention de percer le plafond de verre. Personnellement, travailler dans le domaine qui me passionnait – la télévision – me semblait déjà un grand luxe. Mes activités de journaliste, scénariste, productrice de télévision, conseillère de programme et réalisatrice me sont apparues tour à tour comme des chances. Fonder et présider une association influente dans les médias – le MédiaClub'Elles –, une façon altruiste de favoriser les carrières des autres femmes dans les médias. Devenir coach et conférencière, l'occasion passionnante de transmettre mon expérience.

Mais avons-nous été au bout de nos ambitions ?

Autour de moi, elles ont 30, 40, 50 ans et s'interrogent également. Alors qu'elles sont plus diplômées que les hommes, qu'elles représentent 48 % de la population active, pourquoi les femmes n'occupent-elles que 17 % des postes de direction ?

Certes, nous avons rencontré des obstacles extérieurs, les inégalités et les comportements sexistes ont la vie dure. Et nous avons toutes souffert de discrimination à un moment ou à un autre. Mais est-ce là notre seul frein ? Au fil de mon enquête, de mes entretiens et des formations que j'anime, ce qui m'a le plus frappée, même chez les femmes les plus haut placées, c'est cette tendance à minimiser ce qu'elles ont fait, quand elles ne se sentent pas illégitimes. Manque de confiance ? Sentiment d'imposture ? Certainement, et bien plus encore...

Les femmes ont encore du mal à dépasser leurs freins inconscients, à s'extirper de cette savante mécanique que Pierre Bourdieu appelait « la soumission enchantée[1] ». De ces freins, nous ne parlons quasiment jamais. Souvent, nous n'en avons même pas conscience. Ils sont intimes, nichés dans des schémas socioculturels de l'homme patron et de la femme gentille et soumise que nous avons enregistrés à notre insu.

Les récentes lois paritaires nous incitent pourtant à prétendre à des postes élevés. La loi Copé-Zimmermann de 2011 avait fixé un objectif de 40 % minimum de personnes d'un même sexe dans les conseils d'administration des entreprises de plus de 500 salariés pour 2017. Une occasion historique pour les femmes. Comme l'on pouvait s'y attendre, les dirigeants ont traîné les pieds, mais le plus étonnant, c'est que les femmes ne se sont pas immédiatement précipitées.

Depuis, la loi ayant renforcé les amendes et invalidé les décisions des conseils d'administration non paritaires, nous avons atteint en 2020 le taux record de 45 % de femmes dans les conseils d'administration des entreprises cotées. Mais ce taux plafonne à 20 % dans les PME et ETI.

Surtout, les femmes ne sont qu'environ 20 % dans les comités exécutifs, là où les plus grandes décisions se prennent...

Trop souvent encore, lorsqu'on nous propose un poste haut placé, nous trouvons des excuses pour ne pas y aller. Nous restons sur le banc de touche, comme tétanisées...

Il y a urgence à nous libérer de nos propres freins !

L'objectif de ce livre est de vous permettre d'accéder aux plus hauts postes, en vous offrant des outils pratiques et efficaces pour briser ce fameux plafond de verre... Un plafond qui semble même souvent fait de béton armé !

Pour choisir les meilleurs outils, ceux susceptibles d'être utilisés par le plus grand nombre, je me suis nourrie de ma propre expérience de coach. J'ai longuement enquêté également auprès de celles qui ont atteint ou sont en passe d'atteindre les plus hautes marches dans leur domaine. Ce furent des rencontres fabuleuses, tant humainement que professionnellement. Chacune avec sa personnalité, ces femmes m'ont expliqué avec générosité et sincérité les obstacles et les déconvenues qu'elles avaient rencontrés, mais surtout les stratégies qu'elles avaient mises en place pour les contourner. Issues de milieux sociaux variés, elles évoluent dans des domaines professionnels très divers, de l'entreprise à la musique, en passant par la politique, ou l'armée. Elles sont représentatives de situations professionnelles et personnelles très diverses. Leurs clés de réussite, les anecdotes intimes et professionnelles qu'elles m'ont confiées sont autant de précieuses graines qui ont permis à cette méthode de germer. Une méthode qui est à la croisée de plusieurs disciplines : la psychologie, la sociologie, l'hypnose, et diverses techniques de coaching professionnel.

Une méthode regroupée en 12 clés à explorer et à mettre en pratique, 12, comme les travaux d'Hercule, mais en version féminine et bien plus accessible ! Un programme pour vous aider à dépasser vos peurs, à affronter les épreuves, à assumer pleinement des fonctions de pouvoir tout en les conciliant avec une vie privée heureuse. Sans oublier le rôle des proches, essentiel dans cette transformation.

Si nous ne pouvons changer ce que nous ne maîtrisons pas, nous pouvons agir sur ce que nous maîtrisons : nous-mêmes !

Ce livre s'adresse aux femmes de tous âges, celles qui se lancent dans la vie active, celles qui ont marqué une pause et souhaitent se replonger dans le monde professionnel et celles, bien sûr, qui veulent accélérer leur carrière.

Il s'adresse aussi aux hommes pour qu'ils comprennent mieux ce que vivent et doivent affronter les femmes qui les entourent : leurs employées, leur conjointe, leur fille, leur patronne... Pour qu'ils réalisent aussi ce qu'ils ont à gagner du progrès de cette mixité grandissante et comment, en tant qu'hommes, ils ont leur rôle à jouer dans la construction d'un monde professionnel plus juste et plus égalitaire... Enfin, ces conseils pratiques les aideront, j'espère, autant que les femmes, à améliorer leur propre parcours professionnel.

S'élever au-dessus du plafond de verre n'est évidemment pas une finalité ultime. Beaucoup de femmes s'épanouissent professionnellement ou personnellement sans désirer devenir LA boss, et heureusement : il n'y a pas qu'une seule définition à la réussite et au bonheur.

Ce qui me semble important, c'est de permettre aux femmes d'avoir le choix. Qu'elles puissent évoluer, définir et atteindre leurs objectifs, quels qu'ils soient, en toute liberté sociale et psychologique. Qu'elles s'autorisent à réussir tout en étant elles-mêmes. Qu'elles s'offrent le temps de travailler l'intime pour se libérer de leurs freins.

Nous avons toutes notre propre plafond de verre. Nous nous y sommes toutes cognées. Nous nous sommes toutes blessées, parfois même avons-nous renoncé.

Bonne nouvelle : ce plafond étant en partie dans notre tête, il ne tient qu'à nous de nous en libérer !

CHAPITRE 1

IDENTIFIEZ VOS FREINS

⇨ Pour les petites filles que nous étions, tout était possible ! Et pourtant...

Dès l'enfance, nous étions convaincues d'avoir les mêmes chances de réussite que les garçons. Nous étions globalement meilleures élèves du primaire jusqu'aux études supérieures.

Lors de notre entrée dans le monde professionnel, c'est à peine si nous avons remarqué que nos postes et nos rémunérations étaient inférieurs aux leurs.

C'est souvent arrivé en milieu de carrière, parfois après avoir ménagé du temps pour nos enfants, que la découverte du plafond de verre se fait et elle est d'autant plus cruelle que nous n'y étions pas préparées.

Les femmes de la génération Y, moins naïves que nous ne l'étions, sans doute plus pragmatiques, devraient être plus aguerries pour contourner les écueils. Il n'empêche que si elles sont devenues plus nombreuses à faire des études supérieures que les jeunes gens, elles obtiennent encore des salaires très fortement inférieurs à ceux des hommes.

Les femmes représentent en France :

- 56 % des bacheliers (bac général)
- 55 % des diplômés de premier cycle
- 58 % des diplômés de master
- 48 % des doctorants.

Dès leur insertion professionnelle, les femmes ont un écart avec les garçons de :

- –10 % d'emplois cadres
- –9 % de rémunération, 2 ans après le diplôme[2] (grandes écoles).

À Sciences-Po, les femmes représentent aujourd'hui 60 % des diplômés et obtiennent de meilleures mentions que les hommes. Pourtant, deux ans après leur diplôme, leurs rémunérations sont inférieures de 17 %, selon les chiffres communiqués par Régine Serra, référente en égalité femmes-hommes de l'école. Première cause : les masters qu'elles choisissent mènent à des métiers moins bien rémunérés (communication, droit, sciences sociales) alors que les hommes s'orientent plus souvent vers la finance ou le management.

En médecine, les femmes sont devenues également majoritaires à 60 % dans les amphis, mais ce sont les hommes qui choisissent les spécialisations les mieux rémunérées (la chirurgie, par exemple), alors que les femmes privilégient d'autres critères (la disponibilité, l'absence de stress, les qualités humaines, etc.).

Pourtant, une fois sur le marché du travail, les femmes employées à temps plein vont consacrer encore plus d'heures à leur travail que les hommes. Elles vont déployer autant d'efforts et de courage que durant leurs études mais elles ne seront plus récompensées de la même manière.

Écart de rémunération des femmes par rapport aux hommes :

- tout temps de travail confondu : – 25,7 %
- en équivalent à temps plein : – 19 % (– 26,3 % chez les cadres).

⇨ Quand un homme gagne 100 euros, une femme gagne 81 euros[3].
⇨ Les femmes doivent travailler 60 jours supplémentaires pour atteindre les rémunérations des hommes !

À poste égal, il y a encore un écart salarial de 9 % en France qui demeure inexpliqué.

Concernant les postes de direction, l'inégalité est encore plus criante :

- Les femmes représentent 58 % des bacs + 5.
- Elles ont été pendant vingt ans meilleures en classe.
- Elles n'ont au final que 17 % des postes de direction.
- Elles ne constituent que 7 % des cadres dirigeants des 5 000 premières entreprises françaises[4].
- En mars 2020, il n'y a que 3 femmes sur 120 dirigeants des plus grandes entreprises françaises[5].

Qu'est-ce qui nous a freinées ?

Notre société sexiste a certainement constitué un frein, mais nous devons aller chercher aussi nos freins dans des ressorts bien plus intimes...

➪ Les obstacles extérieurs

Nombreux sont les obstacles qui empêchent les femmes de se hisser au sommet :

- les préjugés et comportements sexistes ;
- la ségrégation des emplois (50 % des femmes sont concentrées dans 15 % des métiers) ;
- la discrimination à l'embauche ;
- le manque de garanties de flexibilité ;
- l'usage abusif du temps partiel : les femmes travaillent cinq fois plus souvent que les hommes à temps partiel et dans un tiers des cas ce n'est pas leur choix ;
- la discrimination professionnelle en tant que mère ;
- le manque de mesures et structures au sein des entreprises pour concilier maternité et carrière ;
- le rythme opposé des *process* de promotion et d'accompagnement des « hauts potentiels » avec le rythme biologique des femmes (maternité) ;
- la nécessité de devoir toujours prouver qu'on est légitime ;
- le harcèlement sexuel ou moral.

Ces éléments sont connus, largement dénoncés par le ministère des Droits des femmes, les associations, les réseaux féminins.

De nombreuses lois sur la parité et l'égalité salariales sont venues ces dernières années imposer par le haut un meilleur accès des femmes aux postes de direction. Pourtant, les inégalités perdurent et très peu d'entreprises se voient sanctionnées pour le moment.

La loi PACTE (Plan d'Action pour la Croissance et la Transformation de l'Entreprise) de 2019 a certes instauré une obligation pour les entreprises de rendre leur index de l'égalité hommes-femmes mais l'on s'aperçoit que seulement 3,5 % des entreprises ayant publié leur index ont un score de 99 ou

100 et 17 % des entreprises n'ont pas la note minimale requise (*résultats présentés par le ministère du Travail le 17 septembre 2019*).

En politique, malgré les lois sur la parité, les femmes restent minoritaires dans les assemblées parlementaires. Il n'y a jamais eu de femme président du Sénat ou de l'Assemblée nationale.

Le nombre de femmes parlementaires a néanmoins augmenté très nettement lors des dernières élections législatives françaises. Au niveau européen, pour la première fois, une femme, Ursula von der Leyen, dirige la Commission européenne.

- À l'Assemblée nationale : 38,7 % de femmes ; au Sénat : 31,6 % de femmes.
- Au Parlement européen : 40,4 % de femmes.
- Au congrès américain : 25 % de femmes.

En France, les femmes doivent certes être à parts égales sur les listes électorales sous peine de sanctions pour leur parti, mais elles sont rarement en tête de liste... Au final, elles sont moins de 10 % (9,90 %) à présider les conseils départementaux. Elles représentaient seulement 16 % des maires en 2014 et sont montées à une proportion de 19 % des maires des communes de plus de 1 000 habitants en 2020. 4 maires sur 5 restent donc des hommes... Notons toutefois que dans les dix plus grandes villes de France, elles représentent depuis 2020 la moitié des maires : une parité historique.

Il reste de forts défis à relever pour féminiser également la ouvernance des entreprises : il n'y a que 5,5 % d'entreprises cotées dirigées par des femmes en Grande-Bretagne (FTSE 100), 7 % en Suède (OMX), 5 % en Belgique (BEL 20), 4 % aux Pays-Bas (AEX), 3 % en Espagne (IBEX 35), 4,2 % aux États-Unis (S&P 500), mais 20,8 % au Canada (S&P/TSX 60) et 19,2 % en Australie[6] (S&P/ASX 200).

Une analyse décalée de Justin Wolfers dans le *New York Times*[7] révélait qu'il y a chez les patrons des 1 500 plus grandes entreprises aux États-Unis plus d'hommes prénommés John que de femmes ! Elles sont 27 sur les 500 plus grandes entreprises cotées en Bourse aux États-Unis (soit 5,4 %).

En Europe, une étude du cabinet S&P Global Market Intelligence (publiée le 29 septembre 2016) a révélé que, sur les 350 plus grandes entreprises européennes, seules 14 étaient dirigées par des femmes. En France, il n'y a toujours pas de femme P-DG du CAC 40.

Dans les conseils d'administration et de surveillance français, la loi Copé-Zimmermann a toutefois fait considérablement augmenter la part des femmes : l'objectif de 40 % pour les entreprises cotées a même été dépassé. Avec plus de 45 % de femmes dans les conseils d'administration des plus grandes entreprises privées en 2020 (contre 8,5 % en 2007), la France est même devenue championne du monde de la parité.

C'est loin d'être le cas cependant pour les PME et les ETI qui comptent à peine plus de 20 % de femmes dans leurs conseils d'administration (étude KPMG) alors que la loi avait fixé un objectif de 40 % aux entreprises d'au moins 250 salariés pour 2020. Hélas, presque rien ne change dans les comités exécutifs ou comités de direction où les femmes ne représentent qu'un cinquième des effectifs... Ajoutons que 40 % des femmes dans les comex/codir n'occupent que des fonctions supports...

Côté salaires, tous domaines confondus, à secteur d'activité, âges, CSP et conditions d'emploi équivalents, les femmes cadres sont encore payées 10 % de moins que les hommes, d'après l'Insee.

⇨ ***À poste de cadre égal, il y a donc 9,9 %***
de discrimination pure !

Cet écart, totalement inexpliqué, serait donc à attribuer à un parti pris de l'entreprise ou de l'institution, qu'il soit intentionnel ou non.

Cette discrimination nous interroge également sur la façon dont nous menons, chacune, nos négociations salariales.

Ai-je ma part de responsabilité ?

Nous savons aujourd'hui que les femmes font autant de demandes d'augmentation que les hommes, mais n'exigent pas les mêmes montants et ne le font pas de la même façon.

Le but n'est pas de se culpabiliser mais d'en prendre conscience : si je suis coresponsable, je vais pouvoir agir !

Changer la société ou nous changer nous-mêmes ? Ce n'est pas un choix : les deux s'imposent conjointement et s'entraînent dans un cercle vertueux. Nous avons intérêt à agir sur les structures pour contrer le phénomène du plafond de verre, par une sensibilisation permanente des dirigeants et en accélérant les politiques d'égalité professionnelle. Mais nous avons aussi à agir sur nos propres limitations...

Lors des sessions de formation ou de coaching que j'ai pu animer, j'ai toujours observé ceci :

C'est lorsque les femmes prennent conscience de ce qui les limite que leur attitude change. La moitié du chemin est alors accompli !

⇨ Les obstacles internes

À force de conditionnements socioculturels (sur ce qui est juste ou faux, bon ou mauvais), nous avons intégré une image souvent fausse de ce qu'est une femme et de la place que nous pouvons nous-mêmes occuper dans la société. Une image faite de nombreux stéréotypes.

Certes, nous savons que nous évoluons dans une société machiste, mais la force du stéréotype vient justement du fait que même lorsque l'on a conscience d'un stéréotype négatif, on a tendance à s'y conformer.

Il en va ainsi des filières dites « masculines » comme les sciences : les filles n'y vont pas car elles pensent à 67 % qu'elles sont moins bonnes en mathématiques que les garçons. Pourtant, elles ont de meilleures notes au bac.

Il en est de même du stéréotype de la *working girl* qui a tout sacrifié de sa vie privée pour réussir ; elle ne donne pas envie aux femmes de vouloir devenir chefs d'entreprise. Pourtant, la conviction que seules les femmes célibataires arrivent au sommet est fausse : plus de 90 % des P-DG femmes dirigeant des entreprises cotées sont en fait mariées.

Une étude américaine a montré que la même biographie d'une femme d'affaires va recueillir des avis différents selon le sexe de la personne indiquée. Si on précise qu'il s'agit d'un homme, on aura « envie de l'avoir comme collègue ». S'il s'agit d'une femme, on va la trouver égoïste, « pas le genre de personne pour qui on aimerait travailler[8] ».

- **Nous avons intériorisé les injonctions de notre société machiste séculaire**

Nous portons tous dans nos mémoires généalogiques un schéma d'organisation familiale perpétué durant des millénaires, composé de l'homme qui subvenait aux besoins de sa famille en allant à la chasse et de la femme qui s'occupait des enfants.

Dans l'Antiquité grecque, le mythe d'Atlas qui porte le monde sur son dos symbolisait déjà cette lourde responsabilité qui pèse sur les épaules des hommes. Mais c'est dans la lecture au premier degré des religions judéo-chrétiennes et musulmanes que la notion de domination de l'homme sur la femme a trouvé plus de résonnance encore. Catherine Blanc, psychanalyste et sexologue, l'explique très bien : « Parce que le monothéisme revendique la supériorité absolue d'un Dieu sur les autres et parce qu'il lui donne un caractère masculin, il est aisé d'en comprendre l'injonction d'une hiérarchie infériorisant les femmes.

Par ailleurs la puissance sexuelle féminine, supposée inépuisable et à l'origine de la création humaine, était, on le comprendra aisément, ô combien source d'inquiétude. Il n'en faudra pas plus pour interpréter le commandement biblique *Tu enfanteras avec douleur, et tes désirs te porteront vers ton mari, mais il dominera sur toi,* comme une condamnation de la femme à la souffrance et à la soumission. »

La littérature, le cinéma, la société tout entière n'ont cessé de nous inciter à reproduire le mythe de l'homme fort, courageux, dominant *a contrario* la femme douce, bienveillante et soumise.

Une* working girl *est forcément désagréable...

D'une femme ambitieuse, on dit d'ailleurs souvent qu'elle est *arriviste.* D'une femme autoritaire, qu'elle est *autoritariste,* voire un *pitbull,* comme je l'ai récemment entendu en entreprise : étrange façon de décrire une femme ! Des termes péjoratifs pour des qualités valorisées chez les hommes mais mésestimées chez les femmes, y compris par les femmes elles-mêmes. Cherchez en revanche, comme le proposait Christiane Taubira dans son dictionnaire du sexisme, *Des mots contre les femmes,* le masculin de *mégère,* celui de *rombière,* de *garce,* de *matrone,* de *pétasse, bécasse, greluche, harpie...* il n'y en a pas ! Nous propageons tous ces stéréotypes par le poids de la sémantique.

Et vous, qu'avez-vous entendu dire de vous la dernière fois que vous avez fait preuve d'autorité, que vous avez contredit quelqu'un ou que vous avez brigué un poste occupé par un homme ? Vous aurait-on parlé de la même façon si vous étiez un homme ?

Pour répondre aux injonctions de la société qui nous incitent à se conformer à ce qu'on attend de nous, à faire plaisir – qui ne voudrait pas faire plaisir ? –, nous avons intériorisé ces stéréotypes. Trop de femmes restent ainsi dans l'ombre de leur patron ou de leur mari, s'acquittant des tâches ménagères comme si c'était « naturel », n'osant pas faire valoir leurs droits à l'égalité ni taper du poing sur la table quand on leur manque de respect, modifiant à la baisse leurs ambitions pour donner la priorité à la carrière de leur compagnon et à l'éducation de leurs enfants.

Tirons quand même notre chapeau aux hommes, de plus en plus nombreux, qui ont fait un bond fabuleux par rapport à leurs aînés, renversant les schémas familiaux qui leur avaient été transmis et trouvant « naturel » de partager les tâches du quotidien. J'ai la chance de vivre avec l'un d'eux. Ils nous permettent de nous sentir moins coupables et surtout de nous épanouir aussi bien personnellement que professionnellement.

En France, les femmes ont l'un des plus forts taux d'activité d'Europe (83,3 % de 25 à 49 ans en 2019, selon l'Insee) et notre système de crèches, d'écoles et d'aide à la garde d'enfants y est pour beaucoup. L'immense majorité des familles n'a de toute façon pas le choix : elle a besoin d'un double salaire. Les familles scindées par des divorces, encore plus. L'enjeu pour les femmes est d'arriver à faire valoir, quand elles en ont le besoin, que leur carrière soit une priorité.

Mesurons déjà le chemin parcouru :

- **Il y a cinquante ans, les femmes n'avaient pas le droit de travailler sans l'autorisation de leur mari.**

▸ **Aujourd'hui, 25 % des femmes gagnent plus que leur conjoint.**

- **Nous avons manqué de modèles féminins : toutes les références à l'histoire, au pouvoir, à la culture sont masculines, dans leur immense majorité**

Dès l'école, les références aux personnes illustres sont presque toujours masculines. Une étude française (réalisée par le centre Hubertine-Auclert en 2013, à partir de dix-sept manuels de seconde bac général et bac professionnel) a permis d'observer que, sur les 13 192 noms de femmes et d'hommes recensés dans les manuels de seconde, la proportion de femmes est la suivante :

- 6,1 % de femmes citées contre 93,9 % d'hommes ;
- 5 % des textes littéraires étudiés ont pour auteur des femmes ;
- 0,7 % des philosophes cités sont des femmes.

Au programme de terminale, il n'y a toujours qu'une seule philosophe femme, Hannah Arendt.

- En France, 2 % des rues portent le nom d'une femme illustre.
- À Paris, sur 302 stations de métro, 4 seulement portent le nom d'une femme.

Comme dirait Camille Cottin, vous n'avez de chances, en tant que femme, de figurer dans un manuel scolaire que si vous avez été brûlée vive, comme Jeanne d'Arc, ou décapitée comme Marie-Antoinette avant l'âge de 30 ans[9] ! Ou encore si vous avez été l'épouse ou l'amante d'un grand homme. C'est le cas d'Émilie du Châtelet, dont les livres d'histoire retiennent qu'elle fut l'égérie de Voltaire, sa maîtresse et compagne pendant quinze ans. Mais ils oublient qu'elle fut la première femme scientifique au monde dont les recherches en mathématiques et en physique sont devenues des références et qu'elle fut également célèbre pour avoir écrit le *Discours sur le bonheur*, l'une des œuvres littéraires majeures du siècle des lumières...

Aujourd'hui, les médias, dans leur majorité, confortent cette sensation que peu de femmes font des choses remarquables. Les femmes sont sous-représentées chez les journalistes et présentateurs vedettes de radio et télévision. Et dans le contenu de ce qui est dit et écrit, il n'y a même pas 20 % de femmes citées.

Les femmes ne représentent encore que 17,8 % des personnalités les plus médiatisées dans la presse française[10].

À la radio, les hommes sont surreprésentés et constituent près de 80 % des invités des matinales.

Part des femmes dans les invités des matinales en 2016/2017 :

- toutes radios confondues : 22,3 %
- Europe 1, France Inter, RTL, RMC : 19,8 %
- France Culture[11] : 30,3 %.

C'est le constat de ces inégalités criantes, et la souffrance des femmes qui n'ont pas la reconnaissance et l'évolution professionnelle qu'elles méritent, qui m'ont poussée à créer l'association MédiaClub'Elles en 2017. Une initiative qui a très vite rassemblé près de 900 professionnels des médias – femmes et hommes réunis – agissant pour améliorer les carrières et la représentation des femmes dans les médias. À côté de nos actions de terrain, nous remettons chaque année nos Trophées MédiaClub'Elles à l'Assemblée nationale pour mettre en lumière celles et ceux qui œuvrent courageusement pour plus de parité dans ce secteur.

Isabelle Germain a été une pionnière. Journaliste, formatrice, elle a créé le site Les Nouvelles News, unique en son genre, pour assurer la parité de l'information dans la presse en proposant des articles qui traitent autant des femmes que des hommes. Elle regrette que les femmes soient habituellement citées dans les médias dans seulement trois cas de figure principaux :

- quand elles ont un lien de parenté (la femme, la maîtresse, la fille...) avec le héros de l'info ;
- quand elles sont victimes d'un accident, d'une catastrophe naturelle, d'un viol... ;
- quand elles sont anonymes : c'est la ménagère poussant son Caddie qu'on interroge pour le reportage sur la rentrée des classes.

Les hommes, eux, sont volontiers cités en tant que dirigeants, experts, héros sportifs.

Pour ne rien arranger, quand les femmes sont citées pour leurs exploits, le traitement de cette information est souvent l'occasion de remarques sexistes.

Même dans la presse économique, on renvoie souvent les femmes à la sphère privée et à leur apparence. Quand ce n'est pas à leur incompétence présumée. La Fondation Rockefeller a rassemblé en 2016 les articles publiés dans la presse écrite et digitale concernant des entreprises en difficulté présentant une situation comparable, et voici ce qu'elle a observé :

- Quand le P-DG est une femme, sa responsabilité est mise en cause dans 80 % des cas.
- Quand le P-DG est un homme, sa responsabilité est mise en cause dans 31 % des cas.

- 78 % des articles au sujet des femmes P-DG mentionnent leur situation familiale et leurs enfants contre... jamais pour les hommes !

On n'interroge jamais les hommes sur leur équilibre entre vie privée et vie professionnelle !

Susan Wojcicki, patronne de YouTube et mère de cinq enfants

Nos médias, dont les femmes journalistes sont pourtant loin d'être absentes (elles représentent 48 % des détenteurs de carte de presse), continuent donc à propager nombre de préjugés négatifs, sans doute « à l'insu de leur plein gré », comme diraient les Guignols. Il n'empêche, ce traitement a des conséquences.

► **Dans notre inconscient collectif, nous n'avons quasiment pas de modèle féminin de réussite. Pourtant, jamais dans l'histoire les femmes n'ont été si proches du pouvoir.**

En 2018, 7 femmes ont coprésidé le Forum économique mondial de Davos.

Plusieurs femmes, en France, ont pris récemment la tête de grands groupes :

- Anne Rigail, DG d'Air France
- Delphine Ernotte, P-DG de France Télévisions
- Sophie Boissard, DG du groupe Korian
- Caroline Parot, présidente du directoire d'Europcar
- Valérie Chapoulaud-Floquet, DG de Rémy Cointreau
- Stéphane Pallez, P-DG de La Française des jeux
- Christel Bories, P-DG d'Eramet.

Dans la culture, pour ne parler que du cinéma, une seule femme a obtenu la Palme d'or, Jane Campion (en 72 éditions du Festival de Cannes), et une seule femme a obtenu le César du meilleur réalisateur, Tonie Marshall.

L'évolution est lente, mais l'Europe est le continent où la situation professionnelle des femmes reste la meilleure, où il y a le plus grand nombre de femmes chefs d'entreprise et le plus grand nombre de femmes présidentes ou chefs de gouvernement dans le monde.

Nous n'avons pas fait exploser le plafond de verre mais un jour, quelqu'un le fera et j'espère plus tôt que nous ne pouvons l'imaginer aujourd'hui !

Hillary Clinton, le 9 novembre 2016

D'après le *Huffington Post* du 12 décembre 2016, la défaite d'Hillary Clinton à l'élection présidentielle américaine a poussé des milliers de femmes à s'engager en politique avec la détermination d'être entendues.

- **Notre éducation n'était pas si égalitaire**

Scolarisées pour la plupart dans des établissements mixtes, ce n'est qu'*a posteriori* que nous nous rendons compte que la façon dont on nous traitait n'était pas si égalitaire. Nos enseignants projetaient sur nous leurs propres visions des garçons et des filles.

De nombreuses recherches anglo-saxonnes et françaises réalisées ces dernières décennies montrent que les enseignants auraient accordé plus d'attention aux garçons qu'aux filles et les auraient plus incités à s'exprimer. Ils se seraient plus offusqués aussi si une fille osait leur « tenir tête ». Même s'il est difficile de le reconnaître dans une école pétrie des valeurs d'égalité, celle-ci produit ou conforte des inégalités, et notamment entre les sexes...

Il n'est pas rare d'entendre dire d'un petit garçon qui montre des marques d'éveil : « C'est un futur Premier ministre ! » Mais une fille surdouée a-t-elle entendu cette remarque ne serait-ce qu'une seule fois dans sa scolarité ? L'a-t-on seulement envisagée ministre ?

Reconnaissons aussi que nos parents, même sans le vouloir, ne nous ont pas élevées comme des garçons. Ils n'avaient pas les mêmes attentes. Nous faisions des activités sans enjeux (danse, musique, théâtre...) quand les garçons apprenaient plus volontiers à se battre au judo ou à la boxe ou à marquer des points au foot ou au rugby... Nos sorties étaient surveillées, protégées alors que l'on encourageait l'autonomie et l'indépendance des garçons. Nos parents nous lisaient des histoires de princesses et des contes de fées qui valorisaient la beauté et la patience, le but ultime étant d'être choisie par un prince charmant et de lui faire beaucoup d'enfants. Ils lisaient à leurs garçons des histoires de chevaliers, de pirates et de super-héros qui valorisaient l'aventure, la force et l'audace.

Pendant que les garçons intégraient la culture du pouvoir, nous apprenions le complexe de Cendrillon !

Aujourd'hui les fabricants de jouets jouent à fond la carte de la différenciation, à grand renfort de packagings rose bonbon ou bleu pétard, histoire qu'on ne fasse surtout pas la confusion. Même Lego, notre marque de jouets neutres par excellence, celle qui nous permettait de jouer avec les garçons et de développer notre imaginaire à l'infini... eh bien, c'est fini ! Avec la gamme « Friends » uniquement destinée aux filles, les enfants n'ont plus qu'à jouer séparément.

Pour les filles, la maison d'Emma, le château de princesse, la maison de pop star... bref, les filles restent confinées à la maison, à quelques exceptions près : le centre commercial, le marché, le salon de coiffure, la boutique de fleurs, la garderie pour chiots, le club d'équitation...

Pour les garçons, les bateaux pirates, la caserne de pompiers, le commissariat de police, les cow-boys, les îles au trésor, les trains, les avions, l'hélico de Spiderman, la base en haute mer...

Message induit : les petites filles s'occupent de leur intérieur, se doivent d'être belles, font du shopping et de l'équitation. Les hommes vivent des aventures, vont sauver des vies, ont un vrai métier et sauvent même des requins !

Résultat : les ventes de Lego explosent !

Est-ce un progrès ? Brigitte Grésy, secrétaire générale du Conseil supérieur de l'égalité professionnelle entre les femmes et les hommes, l'a rappelé récemment : « Le bleu n'est devenu une couleur de garçons que dans les années 1970, après que la poupée Barbie a noyé les filles dans le rose dans les années 1960. Avant il n'y avait pas de codes de couleurs. »

Une question devrait nous interpeller :

Pourquoi reproduisons-nous en partie ces schémas, quitte à nier que nous le faisons ?

Malgré nos convictions, nous sommes tous et toutes victimes de la puissance des stéréotypes, mais également vecteurs de ces stéréotypes.

Restons vigilantes et accompagnons nos enfants par des explications. Reprenons par exemple un petit garçon qui dit « Nan, ça c'est pour les filles » en lui expliquant que les filles peuvent avoir les mêmes goûts que lui, jouer exactement aux mêmes jeux et avoir les mêmes droits. C'est à force d'informer nos filles et nos garçons de leur égalité de droits qu'ils pourront eux-mêmes faire évoluer les paradigmes...

Les femmes deviendront peut-être plus nombreuses à vouloir intégrer la police, l'armée, Renault ou Airbus, et les hommes à vouloir travailler chez L'Oréal, Chanel, dans une crèche ou chez un fleuriste.

- **Soyez vigilante dans les stéréotypes que vous transmettez aux enfants.**

▸ **Vous pourrez au passage les déconstruire pour vous-même !**

- **Nos priorités sont différentes**

Le goût des études l'emporte sur un projet professionnel défini

Combien d'étudiantes ont un projet professionnel précis ? Beaucoup d'élèves dans des filières féminisées à 70 % comme les lettres, les sciences sociales ou les langues envisagent leurs études comme une fin en soi plutôt qu'un moyen.

Nathalie Loiseau, ancienne directrice de l'ENA, expliquait dans son livre *Choisissez tout*[12] que c'était une des raisons pour lesquelles si peu de femmes se présentaient au concours de l'ENA, malgré ses efforts pour féminiser les effectifs : « Je vois sans arrêt des studieuses, des sérieuses qui gravissent patiemment, régulièrement les échelons du savoir en veillant à n'en escamoter aucun, plus occupées à parcourir proprement le chemin qu'à regarder vers le sommet. Elles font après le bac ce qu'elles font avant : elles apprennent, elles écoutent, elles s'appliquent. Et elles ne savent toujours pas très bien à quoi cela va servir. Quand vient l'heure de choisir, pour celles qui regardent vers les concours, celui de l'ENA les dissuade : programmes trop lourds, trop de candidates, trop d'aléas. »

Pourtant, elles ont déjà réussi brillamment un bon nombre d'examens, mais elles sont probablement, à ce stade, moins poussées par leur entourage que les garçons. « Ma fille, que vas-tu faire chez les loups ? » lui a dit son père, le Pr Lejeune, quand Clara Gaymard (cofondatrice de RAISE) est entrée à l'ENA... Les femmes n'ont pas l'ambition dévorante d'accéder aux plus hauts postes de l'administration ou de devenir ministres. Et puis elles savent pertinemment que les qualités requises à ce concours n'ont rien à voir avec les qualités « scolaires » qu'elles possèdent, celles-ci peuvent même être opposées, selon Nathalie Loiseau : « Un concours demande de l'audace, de l'originalité, une forte motivation. Il ne s'agit pas de tout savoir, mais d'être plus convaincant. Il faut ÊTRE plutôt qu'AVOIR ou SAVOIR. » Les filles, elles, se sont appliquées durant des années à s'adapter à ce que le système scolaire exigeait : une accumulation de connaissances, la conformité à une norme et l'obéissance à une discipline encourageant la discrétion. Ayant déjà tendance à manquer de confiance, persuadées qu'elles ne sont pas faites pour ce concours, les femmes le réussissent systématiquement moins bien, de fait. Particulièrement à l'oral.

Étonnamment, les femmes se freinent aussi au niveau du doctorat : les contraintes du métier de chercheur, notamment en termes de mobilité, les effraient. Cornelia Woll, directrice des études et de la scolarité de Sciences-Po, le regrette : « Les femmes s'autocensurent. Inconsciemment, elles se mettent en position de ne pas risquer d'être déracinées, de devoir faire des choix, de prendre trop de place... »

▸ **Des études, oui, mais au service de votre objectif professionnel !**

L'argent est moins une valeur de réussite

99 % des richesses de ce monde sont détenues par des hommes

Si l'on enlève les femmes ayant hérité de leur père ou de leur mari d'empires tels que L'Oréal, BMW, Mars, Ferro, Walmart, il reste bien peu de fortunes créées et gérées par des femmes dans le monde... Tout simplement parce que l'idée de faire fortune a rarement été leur objectif.

Cela fait à peine cinquante-cinq ans que les femmes ont le droit d'ouvrir un compte en banque sans avoir besoin de l'autorisation de leur mari en France : il n'est pas étonnant que nous manquions de modèles.

De plus, nous avons toujours privilégié la qualité des relations avec notre entourage quand les hommes avaient pour première préoccupation leur carrière. Souvenez-vous de ce best-seller qui en faisait la démonstration parfaite : *Les hommes viennent de Mars, les femmes viennent de Vénus* de John Gray[13].

De fait, les femmes sont moins appâtées par les emplois les mieux rémunérés et, à chaque échelon, on s'aperçoit qu'il y a toujours plus d'hommes que de femmes prétendant vouloir franchir l'étape supérieure. Cet écart s'accroît au fur et à mesure que l'on grimpe dans la hiérarchie.

Avec la génération Y, ce phénomène est en train d'évoluer. Les jeunes femmes prétendent plus volontiers vouloir gagner beaucoup d'argent. Aux États-Unis, il y aurait même, pour la première fois, plus de femmes (68 %) que d'hommes (57 %) de 18 à 34 ans à donner de l'importance à la réussite dans leur carrière ou à un métier qui paye bien[14]. Elles ont toutefois encore du mal à se définir comme des « meneuses », des « visionnaires », « sûres d'elles » et « prêtes à prendre des risques ».

Le réseau international PWN (Professional Women's Network) a lancé une large réflexion sur les femmes et l'argent aboutissant à un film documentaire *Femmes et argent – Women and Money : parlons d'argent, cartes sur table !*. Un sujet tabou rarement traité autrement que sous l'angle des héritières ou bien des épouses cupides… Il met en lumière que les femmes, contrairement aux hommes, n'ont pas l'habitude de faire fructifier l'argent : elles sont mal à l'aise avec leur banquier pour parler investissements ou avec leur employeur pour demander une augmentation, même si ce sont souvent elles qui gèrent l'argent dans le couple.

Laurence Bachmann, docteure en sociologie, a fait sa thèse sur l'argent dans le couple ; elle a observé que, depuis l'époque de l'industrialisation, les hommes ont voulu cantonner les femmes à la sphère privée tandis qu'ils gardaient pour eux la sphère de la production. L'argent gagné par les hommes devait rester le salaire central, intouchable, là où l'argent des femmes ne pouvait être qu'un appoint pouvant toujours être remis en cause.

Aujourd'hui encore, le salaire du mari est conçu comme plus légitime que celui de l'épouse, même si la femme gagne plus d'argent que son conjoint. C'est elle qui posera sa demi-journée par exemple pour emmener leur enfant chez le médecin.

D'après Françoise Neige, directrice de la banque Edmond-de-Rothschild : « Pour les hommes, l'argent est synonyme de pouvoir, de puissance, de reconnaissance sociale, là où il représente plus pour les femmes la sécurité, le bien-être de la famille, la transmission. » Les femmes regardent ce qu'il leur faut au minimum pour être autonomes et élever leurs enfants plutôt que d'essayer de faire grandir leur patrimoine ou oser envisager d'en gagner un maximum.

Celles d'entre nous, plus audacieuses, qui créent des entreprises sont concentrées sur leurs ventes et sur leur chiffre d'affaires. Toutefois, même quand elles osent demander plus, on leur donne moins qu'aux hommes. Seulement 2 % des fonds levés en France par des start-up le sont par des femmes ! (Baromètre SISTA/Boston Consulting Group, 2019)

▸ **N'ayez plus peur de parler d'argent, osez souhaiter en gagner beaucoup et l'exiger !**

- **Osez le faire fructifier ! Dans un cercle vertueux, cela vous permettra de vous sentir plus en sécurité.**
- **Faites-vous plaisir : l'argent n'est pas une fin en soi mais un outil de libération.**

⇨ Débarrassez-vous de vos injonctions négatives personnelles

• Nous sommes le fruit de nombreuses injonctions inconscientes liées d'abord à notre histoire familiale

Selon le foyer dans lequel nous avons grandi, nous n'avons pas reçu les mêmes messages ou jugements portés sur notre personne, nous n'avons pas eu les mêmes possibilités d'identification à la réussite féminine.

Parfois, nous avons même reçu des signaux nous interdisant de dépasser la réussite de l'un de nos parents. Nous nous sommes construites en reproduisant ces injonctions ou au contraire en nous y opposant.

Le plus souvent, nos « croyances » liées à nos capacités professionnelles ont un lien avec le père. Dans l'imaginaire collectif, mais aussi en psychologie, l'action, le travail, le monde extérieur sont des notions souvent identifiées au masculin. Il est donc assez naturel que ces notions soient plus facilement véhiculées par le père, alors que la mère construit la confiance affective de son enfant.

En observant les femmes qui ont réussi, on s'aperçoit d'ailleurs que la plupart d'entre elles ont eu la chance d'avoir un père qui leur a donné confiance dans leurs capacités. Un père qui éduque sa fille sans grande différence avec ses fils et qui l'autorise à investir le champ de la réussite. Comme me le confiait la psychanalyste Catherine Blanc : « Un père qui encourage, félicite sa petite fille de ses curiosités et réalisations, qui lui dit combien elle est légitime dans ses élans et apte à réussir, est un père qui lui ouvre les portes vers le monde. Toutefois faut-il encore que la petite fille en question n'ait pas le douloureux sentiment de gagner l'admiration paternelle que la mère n'a jamais obtenue de sa part dans quelque domaine que ce soit. Si tel devait être le cas, un conflit de loyauté aurait tout lieu de la freiner ou l'interdire. C'est à ce titre que l'encouragement maternel est tout aussi important. Mais il est nécessaire que cette dernière voie dans sa propre féminité une source de richesse et/ou dans sa fille une fierté et non une rivale. »

La mère pourra ainsi jouer - ou non - le rôle de « modèle ». Une mère forte permet à la petite fille de se projeter dans la possibilité de devenir une femme puissante. Une mère soumise enferme sa fille dans un schéma de dépendance à l'homme ou lui donne, au contraire, l'envie de se révolter pour ne pas reproduire ce schéma de souffrance. Combien de femmes de pouvoir ai-je entendues dire « Je ne voulais surtout pas ressembler à ma mère et me retrouver dépendante » ?

Christine Lagarde, présidente de la Banque centrale européenne, n'a pas caché que ses deux parents, professeurs (l'un universitaire, l'autre agrégée), lui avaient servi de modèles et l'avaient toujours soutenue sans faire de distinction entre elle et ses trois petits frères. Une confiance bien ancrée qui l'aida, malgré le décès de son père, à oser partir, dès l'âge de 17 ans, aux États-Unis poursuivre ses études.

Dans les milieux agricoles, les petites filles ont également toujours vu les femmes travailler autour d'elles. Marie-Christine Mahéas (directrice commerciale de la start-up SilverRail), issue d'une famille d'agriculteurs depuis des générations, m'a confié : « Les femmes défrichaient la terre au même titre que les hommes, mes deux grands-mères étaient très fortes. On ne m'a jamais fait sentir de différence entre moi et mes trois grands frères. Je me suis sentie totalement libre de choisir des études scientifiques et de partir cinq ans faire de la recherche en tant que civile pour l'armée canadienne. »

A contrario, beaucoup de femmes n'ont pas eu cette chance-là, prisonnières d'injonctions du type « Ce n'est pas un métier de fille », « Tu dois penser à trouver un mari avant tout » ou « Sois belle et tais-toi »...

Olivier Ezratty, consultant et grand défenseur de la féminisation des métiers du numérique, m'a confié une observation : « Le plafond de verre pour les jeunes filles dans le numérique, c'est souvent leur maman ! Alors que le père encourage sa fille à aller vers ces nouveaux métiers, la mère la décourage. Elle a intuitivement une préférence pour les métiers où elle sait qu'il y aura une majorité de femmes. »

Pas facile donc de se construire avec ces injonctions familiales qui nous poursuivent bien plus longtemps que nous ne l'aurions pensé. Selon Catherine Blanc, nombreuses sont les réussites professionnelles féminines qui trouvent leur élan justement dans le combat contre ces injonctions parentales : « C'est alors le désir, chevillé au corps, de ne pas être réduites et interdites qui anime celles-là de revendications et d'énergie à faire la preuve de l'aptitude qu'elles sentent bouillonner en elles. »

Ségolène Royal est emblématique de cette combativité. Elle s'est construite contre un père destructeur, militaire, autocrate, d'une dureté implacable, ayant abandonné sa femme et ses huit enfants sans jamais subvenir à leurs besoins. Ségolène dit de lui : « Mon père m'a toujours fait sentir que nous étions, mes sœurs et moi, des êtres inférieurs. » Bien plus tard, une fois adulte, elle l'attaquera en justice et obtiendra qu'il verse enfin une prestation compensatoire à sa mère. Ségolène Royal a avoué s'être formée en réaction à cette autorité paternelle, à cette soumission maternelle et à ces valeurs « réactionnaires » familiales[15]. Une rébellion parfois à fleur de peau, que certains de ses adversaires masculins ont exploitée.

On est vite prise au piège de sa propre souffrance… Si on ne fait pas la paix, le combat peut ne jamais cesser.

Les entrepreneures, quand elles arrivent à de grandes réussites, peuvent également être rattrapées par cette petite voix qui leur dit en sourdine :

Tu ne le mérites pas.

Je me souviens avoir vu Aude de Thuin s'effondrer en larmes sur la scène de la salle Pleyel aux dernières conférences TEDx Champs-Élysées Women en novembre 2016. Cette femme est l'une des rares « *serial* entrepreneures » françaises. Une femme engagée, surdouée, visionnaire, à l'origine de nombreuses sociétés d'événements dont Osons la France et L'Art du jardin. Je l'admire pour toutes ses réussites et en particulier la création du Women's Forum. Ce fut d'autant plus émouvant de la voir murmurer dans un sanglot avoir été obligée de céder le Women's Forum à Publicis en 2011 pour le sauver. Elle a toujours été dépassée par la réussite très rapide de ses sociétés. Elle venait encore de déposer le bilan de trois autres de ses sociétés : trois dans la même année… Avec humilité, elle murmura : « J'ai choisi le succès, l'échec m'a rattrapée. » Comme elle le raconte dans son livre *Forcer le destin*, coécrit avec Jeanne Siaud-Facchin[16], au faîte de sa gloire, assaillie par le doute et le syndrome de l'imposteur, épuisée par ses exigences de perfection, par ses peurs, elle s'est éloignée d'elle-même et des autres. Sa réussite lui a offert un miroir trompeur… puis l'échec tant redouté est survenu.

Tel un phénix, Aude de Thuin a toujours su renaître de ses cendres, maintenant avec Women in Africa, mais elle nous interroge :

- Comment éviter d'être rattrapées par ce doute typiquement féminin ?
- Comment dépasser nos freins ?

- Une fois la réussite acquise, comment ne pas nous torpiller nous-mêmes ?

On s'aperçoit vite qu'il n'y a pas qu'un seul plafond de verre pour les femmes. S'attaquer à ce phénomène, c'est toucher à une multiplicité de facteurs bien plus complexes que ce que l'on pourrait imaginer, à commencer par des facteurs psychologiques.

Se retrouver confrontée à une épreuve dans sa carrière donne souvent l'opportunité de faire le point sur ses blocages. Et sur ses « croyances ». J'entends par ce terme la confiance en nos capacités de réalisation personnelle. C'est dans nos croyances en nos capacités ou incapacités que nous puisons nos forces et nos faiblesses.

Avoir foi en soi-même n'est pas chose facile ! Il nous faut sans cesse nous battre contre des dialogues intérieurs, faire taire la petite voix qui nous décourage au profit de celle qui nous dit : « Tu peux le faire ! » Pour cela, il nous faut prendre conscience de nos « croyances limitantes ». Elles sont toxiques et brident notre potentiel.

- Les croyances limitantes sont généralement acquises dans l'enfance et se renforcent au fur et à mesure des expériences négatives. Elles sont issues des directives que nos parents ou enseignants nous donnaient, le plus souvent dans le but positif de nous éduquer, mais qui peuvent s'être transformées en messages négatifs, notamment quand elles induisaient un jugement critique ou étaient elles-mêmes empreintes de stéréotypes. Par exemple : « Tu ne peux pas faire comme tout le monde ? » ou « Ce n'est pas pour les filles ».
- Ces croyances nous poursuivent à l'âge adulte et nous freinent dans ce que nous essayons de faire.
- Quand ces croyances sont puissantes, elles nous limitent en nous empêchant d'adopter le comportement qui serait le plus adéquat aux situations que nous affrontons.

Et si nous refusons d'obéir à ces petites voix, le stress nous gagne et nous empêche de réussir.

► **Tout changement personnel commence par un changement dans vos « croyances ».**

1re clé : Arrêtez le sabotage !

- Libérez-vous de vos croyances limitantes !
- Cassez leur cercle vicieux en vous « reprogrammant » avec des croyances positives et aidantes !

Exercice pratique :
Identifiez vos croyances limitantes pour vous en libérer

Cet exercice emprunte à la thérapie comportementale, à la thérapie cognitive et à la programmation neurolinguistique (PNL).

Son but : vous libérer de vos croyances limitantes.

Il se pratique en trois étapes.

1. Identifiez vos croyances négatives

– Qu'est-ce que vous avez entendu sur vous-même qui vous a desservie dans la construction de votre image ?

Écrivez toutes ces remarques entendues.

Exemples : « Tu ne réussiras jamais... » ; « Donne-toi un peu de mal » ; « C'est comme ça et pas autrement » ; « Encore en retard ! » ; « Ne prends pas de risques » ; « Ne parle pas aux gens que tu ne connais pas » ; « Tu n'es pas digne de... » ; « Ne lâche pas la proie pour l'ombre » ; « Qu'est-ce qu'on va penser de toi ! » ; « Tout ça, c'est à cause de toi ! » ; « Ce n'est pas pour les filles » ; « Tu peux mieux faire »...

....
....
....
....
....

– Déduisez-en les croyances limitantes que vous avez pu vous construire.

Exemples : « Je ne vaux rien » ; « Je ne dois faire confiance à personne » ; « Je dois faire plus d'efforts » ; « Je dois privilégier la sécurité » ; « Je n'ai pas ma place » ; « Je n'existe pas » ; « Je n'ai pas le droit de réussir »...

....
....
....
....
....

2. Mettez-les à distance

– Comment vous sentez-vous à la lecture des phrases que vous avez notées ?

....

– Lesquelles vous font ressentir un nœud à l'estomac ? Celles-ci sont encore actives et affectent votre vie.

....

– Dans quelle situation ces croyances vous ont-elles conduites à vous saborder ? Quelles opportunités avez-vous manquées ? Que pourrait-il se produire de plus ennuyeux ?

....
....

....

– Comment vous sentiriez-vous si l'une de ces croyances était inversée ?

....

– Revivez les expériences à l'origine de cette croyance limitante et interprétez-les de façon différente, positive, à la lumière de votre maturité et de votre expérience d'adulte. Faites cela avec chacune de vos croyances limitantes.

Exemple : « Il m'interdit de prendre des risques parce que c'est lui qui a peur, c'est son histoire. Moi, ma nature est de créer, c'est quand j'ose que je suis la meilleure ! »

....

....

3. Remplacez vos croyances négatives par des croyances positives

– Si vous choisissez de ne plus croire à cette croyance négative, cherchez des preuves de la croyance contraire (où ? quand ? avec qui ?).

Notez-les. Et commencez à croire à cette croyance opposée.

Exemple : « Je n'y arriverai jamais » devient « J'y arrive et j'ai déjà réussi cela... à tel moment... avec telle personne ».

....

....

C'est la fameuse méthode Coué : plus vous répéterez une affirmation positive, plus vous vous en convaincrez.

On dit qu'il faut environ vingt et un jours pour créer une nouvelle habitude. Il faut en effet se convaincre régulièrement pour qu'une nouvelle croyance fonctionne. Alors n'hésitez pas à vous la répéter quotidiennement !

- **Mettez vos nouvelles croyances en action**

Une nouvelle croyance n'aura de véritable effet que si vous la mettez en action. Alors, même si vous n'en êtes pas encore totalement imprégnée, faites comme si !

Les Anglo-Saxons ont une expression pour cela : *fake it until you make it* – « faites semblant jusqu'à le faire tout simplement ». Et mieux encore : *fake it until you become it* – « faites semblant jusqu'à ce que cela devienne naturel ».

Si vous arrivez toujours en retard, agissez comme si vous étiez ultraponctuelle : arrivez en avance, jusqu'à ce que cela devienne une habitude.

Si vous n'osez pas aller vers les autres, faites-le comme si cela vous était naturel : prenez votre téléphone, proposez-leur d'aller déjeuner, posez-leur des questions. Le goût de l'échange vous viendra en mangeant.

⇨ En résumé :

- ⇨ Prenez conscience de vos autolimitations.
- ⇨ Remplacez vos croyances négatives par des croyances positives.
- ⇨ Projetez-vous dans un schéma de réussite.

Portrait

Catherine Euvrard
Entrepreneure et chasseuse de têtes peu conventionnelle

Catherine Euvrard, c'est une tornade ! Un tempérament et une voix de garçon juchés sur dix centimètres de talons aiguilles et des éclats de rire à n'en plus finir...

« La réussite des femmes est ancrée bien plus profond que ce que l'on croit. Dans leur enfance. Quand les parents s'entendent, qu'on laisse les enfants s'exprimer mais qu'on ne chouchoute pas trop les filles pour qu'elles arrivent ensuite à se battre dans la vie. Bref, quand on inculque le respect de l'autre et le goût de l'effort. »

Issue d'une famille de sept enfants, Catherine a grandi dans un foyer uni où les enfants s'élevaient tout seuls. Sa mère, d'origine grecque, et son père, chef d'entreprise, valorisaient la débrouillardise. Seule fille suivie de six petits frères, elle se devait de montrer l'exemple. Habillée comme un garçon, elle grimpait donc dans les arbres, quitte à se casser la figure... « Mon problème, c'est que je pense comme un homme et pas comme une femme. Je suis souvent trop brutale. J'ai compensé en prenant le chemin inverse avec cette apparence ultra coquette... »

Autodidacte, Catherine commence à travailler à 18 ans comme fille au pair en Grande-Bretagne puis chez Kodak comme vendeuse. « J'ai accepté de faire des cafés et le ménage et cela ne m'a pas empêchée de gravir les échelons ! » Elle part ensuite chez L'Oréal puis rejoint Procter & Gamble comme directrice marketing. Après un détour par la presse, à la direction d'*Actuel* puis de *Magazine Hebdo*, elle découvre le métier de chasseuse de têtes. « Un métier qui demande d'aimer les autres, d'avoir de l'aplomb et d'être professionnelle. »

Son cabinet, CE Consultants, en trente ans, c'est 1360 recrutements, dont 70 % de cadres supérieurs et d'administrateurs. Mais seulement 15 % de femmes. Elle ne désespère pas de changer la donne car ses clients veulent tous des femmes aujourd'hui.

« Mes grosses déceptions dans les chasses sont venues des femmes ! Elles sont les meilleures, elles veulent gagner, elles vont jusqu'au bout du processus et elles sont prises. Mais finalement, elles me plantent presque toutes ! » Pour trois raisons :

- une fidélité et une culpabilité par rapport à leur employeur qui leur offre une promotion pour les garder ;
- une peur du changement : elles ont dû se battre plus que les hommes pour obtenir le poste qu'elles ont et savent combien il leur a fallu d'énergie pour le conserver ;
- un brin d'égoïsme : « Elles ne veulent pas perdre une once de leur vie familiale. C'est tout pour les enfants ! On a dix ans de retard sur les États-Unis : eux, ils ont fini par réaliser que surprotéger les enfants ne leur rendait pas service. »

Et Catherine Euvrard d'enfoncer le clou :

« Il ne faut pas que les femmes dénigrent le sexisme si elles ne veulent pas faire ce que font les hommes ! »

Mariée et mère de 3 enfants, elle a toujours milité pour une conception non sexiste du travail comme elle l'explique dans son livre *En avoir ou non...* (JC Lattès)

Son slogan : « Faites n'importe quoi mais faites-le bien... Celui qui vit sans folie n'est pas si sage qu'il croit... »

Son conseil : « Être diplômée vous fait gagner du temps mais ce n'est pas tout : bougez-vous ! Il n'y a que 5 % de retours sur les CV. Alors allez à l'inverse des habitudes : envoyez un courrier là où les autres envoient des e-mails et écrivez, par exemple, *Par porteur, Confidentiel* et *Urgent,* même si c'est vous qui le portez ! Bref : osez. Osez même changer de cœur d'activité. »

CHAPITRE 2

IGNOREZ LES CASSANDRE, AUTORISEZ-VOUS !

S'il n'y avait qu'un conseil commun donné par toutes les femmes ayant réussi leur vie professionnelle que j'ai pu interroger, c'est celui-ci : OSEZ !

Osez changer vos habitudes, osez sortir du lot, osez vous exprimer, osez agir, osez demander !

Il faut oser. Celui qui n'ose pas se condamne à être dévoré par la crainte.

Aharon Appelfeld, *Les Eaux tumultueuses*

Si oser vous prend une seconde d'embarras, ne pas oser risque de vous prendre votre vie.

« Il ne faut pas attendre que la confiance vienne de l'extérieur, mais se la donner : là, on est à maturité, c'est le déclic ! explique Évelyne Chabrot, ex-DRH d'Accor, DG chez United Coaching. Trop souvent, on réagit comme une petite fille, en permanence en quête du regard de "papa", le manager étant souvent reconnu comme une figure parentale. » C'est quand on s'affranchit de ce regard et que l'on s'autorise soi-même à oser que l'on découvre sa puissance professionnelle.

Le plus grand des freins, c'est la peur !

Clara Gaymard, co-fondatrice de RAISE, fonds d'investissement

Clara Gaymard a mené à bien le rachat d'Alstom par General Electric quand elle était P-DG de GE France en 2014 : « Je savais que c'était risqué, dit-elle. Trop de femmes refusent des hauts postes par peur. Il ne faut pas nier sa peur - tout le monde a peur, la peur est utile car elle est une vigilance - mais il faut mettre sa peur à côté de soi et regarder devant. »

J'utilise souvent dans mes activités de coaching cette idée de placer sa peur à côté de soi, comme une amie que l'on apprivoise... Elle est là, elle fait partie de la vie, mais nous allons marcher avec et continuer à avancer...

⇨ Votre posture

Avez-vous remarqué comment les personnes qui ont confiance s'installent instinctivement au milieu d'une salle de réunion, osent lever le bras de façon très évidente pour prendre la parole, se sentent en terrain conquis, tandis que les plus timides restent en marge, lèvent à peine la main et attendent le plus souvent qu'on veuille bien leur donner la parole ?

La différence entre hommes et femmes à cet égard remonte à loin : dès la crèche et l'école maternelle, des études montrent que les garçons occupent 75 % de l'espace. Même en étant adorables, ils courent et se poussent avec force, effrayant les filles qui préfèrent rester sur les côtés, pour éviter de prendre des coups...

Or s'autoriser, c'est déjà oser occuper l'espace.

Il vous faudra aller peut-être contre ce qui est votre nature pour adopter une posture qui vous renforce et vous légitime.

Privilégiez une posture de pouvoir !

Une étude américaine d'Alex Todorov, psychologue et professeur à l'université de Princeton, a montré que l'on mettait seulement 1/10e de seconde pour se faire un avis sur quelqu'un ! Pas même le temps de parler, notre corps le fait pour nous... C'est ce que l'on appelle la communication non verbale.

Nous sommes conscients depuis longtemps que l'esprit influence le corps. Ainsi notre corps trahit nos émotions, notre timidité, notre stress, notre manque de confiance. Il exprime aussi notre bonheur, notre puissance, notre joie... Le V de la victoire, les bras grands ouverts, par exemple, est universel dans toutes les cultures, et même chez les non-voyants qui ne l'ont, par évidence, jamais vu. Quand nous sommes dans un état de faiblesse, au contraire, nous avons la réaction exactement inverse, nous nous recroquevillons sur nous-mêmes. Nous nous faisons les plus petits possible pour nous protéger.

Ce qui est moins connu, c'est à quel point le corps influence l'esprit. La posture agit directement sur nos émotions, sur notre confiance, sur notre niveau de stress, sur nos pensées.

Votre langage corporel forge qui vous êtes.

D'après les expériences d'Amy Cuddy, enseignante à Harvard et psychologue sociale, si vous tenez une posture de puissance pendant au moins deux minutes :

- cela augmente de 20 % votre taux de testostérone, l'hormone de la domination ;
- cela fait baisser de 25 % votre taux de cortisol, l'hormone du stress ;
- la posture de pouvoir vous rend puissante et calme : ce sont les atouts d'un bon leader.

À l'inverse, la posture de faiblesse (recroquevillée, dos voûté, jambes et bras croisés, main sur la nuque pour se protéger...)

fera baisser le taux de testostérone de 10 % et augmenter le taux de cortisol de 15 %.

⇨ Vos comportements non verbaux changent non seulement la façon dont les autres vous voient, mais également ce que vous pensez de vous-même.

Prendre une posture de confiance, c'est :

- redresser le dos, se grandir
- porter la tête haute
- décroiser les jambes et les bras
- avoir de bons appuis dans le sol
- ouvrir le torse, les bras
- sourire
- regarder l'autre droit dans les yeux
- marcher d'un pas assuré
- serrer la main avec énergie
- mais aussi basculer son siège en arrière et s'étirer, les jambes sur votre bureau.

Dans un entretien d'embauche, il n'est pas toujours facile d'adopter la posture de Wonder Woman (debout, les jambes légèrement écartées, les poings sur les hanches) ou de se renverser dans son fauteuil en s'étirant, mais adopter ces postures quelques minutes avant l'entretien vous rendra plus confiante et convaincante. Amy Cuddy a d'ailleurs mené une expérience avec deux panels d'individus : ceux qui avaient pratiqué ces postures avant l'entretien (dans leur salle de bains, dans le métro, dans l'ascenseur…) ont réussi bien plus largement que les autres[17].

Si Amy Cuddy a étudié l'influence du corps sur la pensée, c'est parce que c'est ce qui lui a permis de retrouver sa confiance après un accident à l'âge de 19 ans. À l'époque, un traumatisme crânien lui fait perdre trente points de QI et l'université la renvoie. Désespérée, elle met tout en œuvre pour entrer dans une autre université mais un sentiment d'imposture ne la lâche plus : « Je ne suis pas censée être ici », se dit-elle. Une amie lui conseille alors de *faire comme si*... Faire comme si elle était légitime en adoptant les postures de ses copines qui se sentent légitimes... Et petit à petit, année après année, en imitant ces postures de confiance, Amy reprend confiance en elle jusqu'à devenir l'une des « 50 femmes qui changent le monde », selon Business Insider.

⇨ Prenez la parole

La parole, c'est le début du pouvoir. Si vous voulez être entendue, exprimez-vous !

Certes, il n'est pas toujours facile de prendre la parole – et de la garder – quand on a une voix qui porte moins physiologiquement. Et l'on est beaucoup plus souvent interrompue qu'un homme.

En général, une femme est interrompue deux fois plus souvent qu'un homme.

Les débats télévisés en sont une illustration. Celui entre candidats de la primaire de la droite en France, le 20 novembre 2016, a été édifiant : parmi les sept candidats, il n'y avait qu'une seule femme, Nathalie Kosciusko-Morizet. Le site BuzzFeed News a compté qu'elle avait été interrompue vingt-sept fois, soit deux fois plus que la moyenne de ses concurrents masculins. Et ce sont les journalistes masculins qui animaient le débat qui l'interrompaient le plus souvent. Voici comment la candidate l'a expliqué le lendemain : « Dans une assemblée mixte, les hommes ont tendance, parfois même sans s'en rendre compte, à vouloir étouffer la parole des femmes et à la prendre... Et même nous les femmes, parfois nous l'intégrons et n'osons pas prendre la parole. »

Dans le débat Trump-Clinton fin septembre 2016, le républicain avait interrompu la démocrate quarante fois contre une seule fois pour Hillary. C'est ce que les Américains ont baptisé *manterrupting*.

Comble de l'ironie, je me rappelle que la journaliste Alice Antheaume y consacra une rubrique sur France Inter et qu'elle fut interrompue par un invité journaliste, qui lui confisqua la parole pendant deux minutes pour lui expliquer combien il trouvait anormal que les femmes ne prennent pas la parole...

Au passage, c'est ce que les Américains nomment aussi le *mansplaining* : quand les hommes nous expliquent ce que nous devons penser.

J'anime souvent des ateliers de prise de parole en public et peux vous assurer que la marge de progression est tellement grande et rapide qu'elle rebooste immédiatement votre confiance en vous-même.

Voici quelques astuces de prises de parole en réunion ou face à un auditoire :

- Obligez-vous à prendre la parole au moins une fois par réunion.
- Continuez de parler, même si l'on vous coupe.
- Variez les tonalités, ménagez des effets par des silences qui tombent à pic ou des inflexions sur certains mots.
- Ar-ti-cu-lez : cela vous aide à être comprise mais aussi à être précise et à poser votre voix.
- Osez l'interaction : le sourire.
- Regardez tous les membres de votre auditoire dans les yeux, les uns après les autres.
- Dans l'idéal, privilégiez une accroche forte : une anecdote pertinente, un chiffre marquant, une image percutante. Votre auditoire n'aura que plus envie de vous écouter.
- N'ayez pas peur du trac, c'est un bon signal. Il vous indique que ce que vous faites est important pour vous !

⇨ Mettez-vous en valeur

Bien souvent, nous nous sentons gênées de parler de nous-mêmes lors d'un entretien ou d'une réunion.

Nous savons défendre des projets, beaucoup moins mettre en valeur nos propres actions.

Des études ont montré que les femmes disent beaucoup moins souvent « je » que les hommes. Les secrétaires, elles, le disent plus facilement car elles se sentent légitimes dans leur métier… Mais les femmes dans l'encadrement peinent à dire « je ». Elles disent généralement « nous », parlent de leur « équipe » mais ont plus de difficulté à mettre en valeur leurs propres réalisations.

Vous mettre en valeur, ce n'est pas vous vanter, c'est partager ce que vous faites.

Se mettre en valeur, ce n'est pas prendre l'aval sur l'autre, c'est se mettre à égalité avec lui : parler de soi autant que l'on invite l'autre à parler de lui. C'est une relation d'adulte à adulte.
Rien à voir avec une personne suffisante qui ne parlerait que d'elle-même.

- **Soyez positive et concrète**

Pour arriver à vous mettre en valeur, si cela ne vous est pas naturel, dressez la liste de vos récentes réalisations et des conséquences positives qu'elles ont eues sur vous, sur vos résultats et sur votre environnement professionnel. Prenez en compte les faits, les manifestations concrètes et partagez-les avec votre encadrement.

Bannissez les termes qui vous diminuent : ma « modeste » participation, mon « petit » dossier, une « petite minute » à m'accorder... Certes, ils vous rendent humble, mais ils donnent surtout de vous l'image d'une personne qui n'a pas d'ambition et peu d'estime de soi. Est-ce que votre patron va donner le management d'un gros projet à une personne humble, compétente mais peu sûre d'elle, ou bien à une personne qui assume ce qu'elle fait et projette une image de réussite ?

Si vous donnez des faits, des chiffres, des indications concrètes et objectives, votre interlocuteur aura toute possibilité de juger par lui-même si votre réalisation est « grande » ou « petite ». Parler de vous est sain, votre interlocuteur en a besoin pour se faire une image juste de vous-même.

- **Autorisez-vous à dire « je ».**
- **Partagez vos réussites.**
- **Soyez positive et concrète.**

- **Ne laissez pas les autres s'emparer de vos idées**

Trop souvent, nous regrettons que nos idées soient reprises par d'autres : nous n'avons pas osé les mettre en avant. Pire, nous n'avons pas protesté quand d'autres les ont reprises à leur compte.

Les Américains là encore ont très bien étudié ce phénomène, et une nouvelle technique est devenue très à la mode dernièrement, l'amplification. Cette technique a été médiatisée lorsque les femmes conseillères de Barack Obama l'ont mise en place à la Maison Blanche. Ayant remarqué que leurs collègues masculins s'arrogeaient leurs idées, elles ont décidé de pratiquer l'amplification : dès qu'une femme propose une idée, une autre femme répète son propos et précise bien qui en est à l'origine ; les autres font de même jusqu'à ce que tout le monde ait bien identifié l'idée et son auteur.

Une idée que vous pourriez reprendre dans votre cadre professionnel ? Vous n'avez pas forcément des collègues pour jouer ce rôle d'amplificateur, mais vous pouvez vous faire l'écho de vos idées en les confirmant par écrit.

Envoyez un e-mail en mettant en copie ceux qui pourraient être concernés. Il sera beaucoup plus difficile ensuite de vous enlever la paternité de votre idée.

Amusant d'ailleurs de constater que l'expression consacrée pour définir la qualité d'auteur est la « paternité » - une expression qui ne fait référence qu'au masculin...

▸ **Laissez une preuve que vous êtes l'auteure de votre idée.**

⇨ Osez demander

Combien de femmes ratent un poste uniquement parce qu'elles n'ont pas osé le demander ?

De nombreuses études (réalisées chez Hewlett-Packard et dans d'autres compagnies) ont montré que lorsqu'elles n'ont pas toutes les compétences requises dans une offre d'emploi, les femmes ne se sentent pas légitimes et ne se portent pas candidates alors qu'un homme tentera sa chance, plus convaincu de ses talents et de sa capacité à pouvoir compenser ses lacunes.

- Un homme postule à un poste même s'il pense n'avoir que 60 % des qualités requises.
- Une femme postule si elle pense avoir 100 % des qualités requises.

Au sein des entreprises, les femmes demandent moins souvent des promotions, elles auraient l'impression de « réclamer », elles sont convaincues que si elles le méritent, la reconnaissance viendra automatiquement. Comme à l'école...

Mais le monde professionnel n'est pas régi par les mêmes lois. Ce sont bien plus souvent ceux qui se font le plus entendre qui ont le plus de chances de progresser.

Sophie Stabile, ex-directrice générale France du groupe Accor, à qui je demandais les clés de sa réussite, m'a confié sans hésiter : « Parce que j'ai osé demander ! Je n'aurais jamais pris la direction financière du groupe en 2010 puis la direction générale France en 2015 si je ne les avais pas demandées ! [...] La première fois, pour la direction financière, on m'a d'abord refusé le poste, préférant une personne venant de l'extérieur. Quelques mois plus tard, on m'a finalement proposé le poste. » Sophie Stabile est alors devenue à 40 ans la plus jeune directrice financière du CAC 40.

Même si au pire on vous dit « non », au moins vous ne regretterez jamais d'avoir osé demander !

Sophie Stabile, ex-directrice générale HotelServices France du groupe AccorHotels

Gilles Pélisson, patron de TF1 et ancien P-DG d'Accor, est très admiratif du parcours de Sophie Stabile : « C'est une pionnière ! » Il fait partie de ces patrons qui ont à cœur de faire progresser la parité dans leur entreprise, en permettant de mettre en place des mécanismes pour faciliter la progression des femmes. Mais il m'a confié regretter que plusieurs de ses collaboratrices ne lui disent que trop tard leur déception de ne pas avoir été nommées à un poste.

Exemple de conversation :

« Pourquoi n'as-tu pas pensé à moi ?

– Mais tu ne m'as pas dit que tu voulais ce poste, alors que celui qui l'a eu fait des pieds et des mains depuis six mois pour l'avoir !

– Le dire ? Cela me semblait tellement évident... »

Le problème est là, cela nous semble évident ! Mais l'autre n'est pas dans notre tête, il ne connaît pas nos besoins, nos ambitions. Souvent, par exemple, un patron ou un DRH va penser en toute bonne foi qu'une mère de famille n'est pas prête à accepter un poste en mobilité. Et voici une réaction souvent entendue lorsque cette même « mère » se porte candidate à la direction d'une filiale à l'étranger : « Ah bon, mais tu serais prête à bouger ? » Remarque qu'entendent plus rarement les pères de famille... À nous, donc, de l'intégrer.

Faire connaître vos ambitions, vos disponibilités est donc primordial. Mais faites-le de façon positive ! Sans plainte. Évitez de parler trop lourdement de vos frustrations, de vos déceptions, de médire sur vos collègues.

Demander n'est pas réclamer, mais afficher que vous êtes candidate.

Bannissez la posture de victime, endossez celle de leader.

Sortez la discussion de l'émotionnel. Restez sur le terrain de la performance. Mettez en avant vos besoins, vos compétences, vos réussites, ce que vous pouvez apporter au poste et à l'entreprise. Et si vous obtenez un refus, ce n'est pas grave. Essayez de comprendre pourquoi, de mieux cerner les besoins de votre interlocuteur. Vous apprendrez chaque fois un peu plus de ces entretiens.

De plus, même si vous n'êtes pas retenue parce qu'à ce moment précis une ou un autre candidat est mieux placé que vous, il reste que vous vous êtes fait remarquer. Vous aurez ainsi gagné en visibilité et aurez plus de chances que vos référents hiérarchiques et RH pensent à vous lorsqu'un nouveau poste sera à pourvoir.

- **Faites connaître vos ambitions.**
- **Osez postuler même si vous n'avez pas toutes les compétences.**
- **Soyez persévérante !**

⇨ Libérez-vous du syndrome d'imposture

« Je n'ai jamais vu une femme manager en entretien de promotion ne pas demander : "Mais tu crois que je vais en être capable ?" m'a confié Isabelle Quainon, DRH adjointe de Veolia. Les femmes acceptent le poste mais ne demandent pas leur futur salaire. »

Qu'est-ce que ce fameux syndrome dont souffrent tant de femmes ? C'est le sentiment de ne pas être à la hauteur, d'avoir usurpé sa place ou de ne pas y avoir droit. Et ce, même si l'on sait que l'on a gravi les échelons grâce à ses compétences. C'est évidemment lié à tous les stéréotypes et les injonctions que nous avons inconsciemment intégrés.

Éprouver ce syndrome révèle que, contrairement à ce que l'on pensait, « on ne s'est pas autorisée soi-même », selon l'expression consacrée par le psychanalyste Jacques Lacan.

Sophie Cadalen, psychanalyste, décryptait ainsi ce syndrome dans le magazine *Marie Claire* : « On est encore assujettie au jugement d'autrui et à des normes. Inconsciemment, on attend encore une autorisation de l'Autre avec un grand A, un Autre imaginaire qui est le fruit de notre histoire et qui peut nous dire : "Oui, tu peux être là, à cette place", tandis qu'on s'interdit un "Je veux être là". »

« C'est comme si vous étiez à un mariage où vous n'êtes pas invitée : vous avez toujours peur que quelqu'un vous dise qu'il faut partir, que vous n'êtes pas à votre place », confiait Najat Vallaud-Belkacem à Olivier Bertrand, du journal *Libération* en 2013, en revenant sur son « syndrome d'imposture » lors de sa première élection à 27 ans au conseil régional Rhône-Alpes.

Issue d'une famille marocaine modeste, dont le père ouvrier était analphabète, elle a pourtant réussi à devenir la première femme ministre de l'Éducation nationale en France. « C'est aussi un levier de dépassement de soi », fait-elle remarquer. Une preuve que l'on peut s'affranchir de ce syndrome et que l'ascenseur social existe encore...

Au cœur de ce syndrome d'imposture, il y a cet éternel enjeu, la confiance en soi.

Comment la trouver si vous ne l'avez pas ?

- **Comprendre pourquoi vous n'avez pas confiance est primordial.**
  C'était l'un des buts de l'exercice sur les croyances limitantes (page 41). Le suivant sur l'analyse de vos comportements vous aidera également.
- **Cela permet de prendre conscience des verrous que vous avez mis en place.**
- **En cassant ces verrous, vous pourrez laisser place au désir et oser.**
- **En osant, vous reprendrez confiance en vous !**

Quand je me retrouve à donner des conférences à Shanghai, Tokyo, Dubaï ou New-York, dans une langue qui n'est pas la mienne – l'anglais – comme je l'ai fait pour de grands groupes tels Christian Dior, il m'arrive de ressentir ce sentiment d'imposture qui revient murmurer à mon oreille « Qu'est-ce que tu fais là ? ». J'utilise alors la méthode que je vous ai donnée. J'observe ce que je ressens, je trouve les faits qui prouvent le contraire (si mes clients me rappellent, c'est bien parce qu'ils apprécient ce que je fais), cela me donne l'assurance pour réussir mon intervention et le succès rebooste ma confiance.

Si cela peut vous rassurer, même les plus grandes ont encore souvent un sentiment d'imposture. Sheryl Sandberg, célèbre directrice des opérations de Facebook, sacrée 5e femme la plus puissante du monde en 2011 par la magazine *Forbes*, écrivait dans son best-seller *Lean In*[18] s'être sentie à ce point gênée de ce classement qu'elle déclara dans tous les médias qu'il était tout simplement absurde !

Sheryl Sandberg est pourtant l'une des dirigeantes qui ont le plus poussé les autres femmes à se débarrasser de ce syndrome, mais elle reconnaît qu'elle-même doit rester vigilante : « Il m'arrive encore d'affronter des situations dont je crains qu'elles me dépassent. Il y a encore des jours où m'envahit un sentiment d'imposture. Et il arrive encore que l'on me coupe la parole ou m'ignore, à la différence des hommes à côté de moi. Seulement, maintenant, je sais qu'il faut que j'inspire un grand coup. »

Respirez donc un grand coup et foncez !

Agir, oser, c'est le seul moyen d'avancer, même si l'on doute.

Faites comme si vous ne doutiez pas !

Et acceptez qu'il faudra du temps pour se libérer de ce sentiment d'illégitimité.

À aucun moment il ne m'est venu à l'idée de ne pas essayer !

Christine Lagarde

2e clé : Croyez en votre chance !

- **Les prophéties sont autoréalisatrices !**

Vous construisez votre monde et vos chances de succès à partir de vos représentations.

Si vous pensez que vous n'avez pas de chance, vous risquez de ne pas en avoir et serez plutôt attentiste. En revanche, si vous êtes persuadée d'avoir une bonne étoile, vous provoquerez des situations heureuses et vous agirez.

Plusieurs études (dont celle du Dr Richard Wiseman en Grande-Bretagne, menée sur huit ans, *Notre capital chance*) ont montré que notre chance est le résultat de notre attitude psychologique. Ceux qui croient en leur chance en ont plus, parce qu'en étant plus positifs ils ne ressassent pas leurs difficultés et ils saisissent mieux les opportunités qui se présentent.

- **Portez chance !**

Pour provoquer la chance, n'hésitez pas à la répandre. Aidez les autres, mettez-les en contact, apportez-leur vos conseils. Soyez vous-même une chance pour les autres ! Ils vous aideront en retour, et parfois au moment où vous vous y attendrez le moins.

Exercice pratique : Ajustez vos comportements pour mieux vous affirmer

Le but de cet exercice est d'identifier comment vous fonctionnez pour mieux vous affirmer.

L'analyse transactionnelle a distingué plusieurs grands types de comportement qui ont chacun leurs atouts et leurs désavantages. Voici un test qui va vous permettre d'identifier à quel(s) type(s) de comportement vous appartenez.

Nous verrons ensuite comment adapter votre comportement pour vous affirmer et vous autoriser plus facilement à agir pour votre réussite.

0 : jamais ; 1 : rarement ; 2 : souvent ; 3 : presque toujours

1. Je parle vite.	0	1	2	3
2. Je ne m'économise pas.	0	1	2	3
3. J'aime ce qui est prestigieux.	0	1	2	3
4. Avant de commencer une tâche, il me faut un maximum d'informations.	0	1	2	3
5. Il faut savoir tout faire pour être disponible.	0	1	2	3
6. Il est important de faire bonne figure en société.	0	1	2	3
7. Le stress me dynamise.	0	1	2	3
8. J'ai souvent peur de ne pas être à la hauteur.	0	1	2	3
9. Je suis très exigeante envers moi-même et envers les autres.	0	1	2	3
10. Pour être satisfaite de moi, je dois être la meilleure.	0	1	2	3
11. Pour être aimée, je rends facilement service.	0	1	2	3
12. Quand une consigne vient d'une autorité officielle, il faut la respecter.	0	1	2	3
13. Je ne délègue pas car les autres font trop d'erreurs.	0	1	2	3
14. Participer, en faisant des efforts, est plus important que réussir.	0	1	2	3
15. Je n'exprime pas facilement mes émotions.	0	1	2	3
16. J'aime que le travail soit parfait.	0	1	2	3

17. Je me demande souvent si je fais bien ce que l'on attend de moi.	0	1	2	3
18. Je préfère la recherche du consensus à celle de l'originalité.	0	1	2	3
19. Je n'ai le temps pour rien.	0	1	2	3
20. J'aurais peur d'exploser si je me laissais aller.	0	1	2	3
21. Je pense que, dans la vie, je dois me débrouiller seule.	0	1	2	3
22. J'aime les faits chiffrés.	0	1	2	3
23. Il faut dire aux gens ce qu'ils aiment entendre.	0	1	2	3
24. Je préfère tenir compte de l'expérience des autres plutôt que d'expérimenter moi-même.	0	1	2	3
25. J'ai souvent envie d'interrompre les gens pour finir leurs phrases à leur place.	0	1	2	3
26. J'ai le sentiment d'être responsable des autres et de ce qui leur arrive.	0	1	2	3
27. La manière dont les autres me jugent m'importe beaucoup.	0	1	2	3
28. Je ne supporte à aucun prix l'inexactitude.	0	1	2	3
29. J'aime qu'on ait besoin de moi.	0	1	2	3
30. Il ne faut jamais mettre les gens devant le fait accompli.	0	1	2	3
31. Il faut savoir décider et agir vite.	0	1	2	3
32. Je crée des situations confuses que je suis impuissante à résoudre.	0	1	2	3
33. J'aime ce qui fait appel à la logique et me méfie du flou intuitif.	0	1	2	3
34. Je dois faire croire aux autres que je sais tout.	0	1	2	3

35. Je suis compréhensive quand on fait appel à mes sentiments.	0	1	2	3
36. Je n'aime pas court-circuiter la hiérarchie.	0	1	2	3
37. Je fais souvent plusieurs choses en même temps.	0	1	2	3
38. Je m'efforce de toujours répondre à toutes les questions qu'on me pose.	0	1	2	3
39. Je n'arrive pas à faire vraiment confiance aux autres.	0	1	2	3
40. Je fais en sorte de ne pas être critiquée car une objection est le signe de ma faiblesse.	0	1	2	3
41. J'aime apporter aide et réconfort aux autres.	0	1	2	3
42. Entre deux solutions, je privilégie la plus conforme aux usages de l'entreprise.	0	1	2	3
43. Je tapote souvent avec mes pieds ou mes mains.	0	1	2	3
44. J'ai tendance à me plaindre de ce qui ne va pas.	0	1	2	3
45. Je suis à l'aise dans les échanges intellectuels.	0	1	2	3
46. Je suis convaincue que je suis la meilleure.	0	1	2	3
47. Je ne sais pas dire non.	0	1	2	3
48. Je préfère ne pas innover plutôt que désobéir.	0	1	2	3

Résultats du test[19]

SOIS FORTE		FAIS PLAISIR		FAIS DES EFFORTS		DÉPÊCHE-TOI		SOIS PARFAITE		SOIS CONFORME	
Question	**Score**	**Question**	**Score**	**Question**	**Score**	**Question**	**Score**	**Question**	**Score**	**Question**	**Score**
3	1	5	2	2	2	1	2	4	2	6	2
9	3	11	2	8	3	7	1	10	3	12	2
15	2	17	2	14	1	13	2	16	2	18	2
21	2	23	2	20	2	19	2	22	2	24	2
27	3	29	2	26	2	25	1	28	2	30	1
33	2	35	2	32	2	31	2	34	1	36	2
39	2	41	3	38	3	37	2	40	2	42	2
45	2	47	2	44	2	43	1	46	0	48	1
TOTAUX	17		17		17		13		14		14

Interprétation du test

Calculez le total de chaque colonne et identifiez les scores les plus élevés. Ils indiquent quelles sont les injonctions prédominantes qui sous-tendent vos comportements.

Ces injonctions vous disent sans cesse ce qu'il convient de faire pour vous adapter et être appréciée. Mais quand vous êtes sous pression, ce sont elles qui créent vos blocages. C'est sur ces injonctions contraignantes que vous allez devoir travailler pour vous autoriser à ouvrir vos verrous.

Lisez les descriptifs de ces injonctions et suivez comment les transformer en attitude permissive

« **Sois forte** » **:** Cela vous permet d'être résistante à la difficulté et à la pression. Vous travaillez énormément, vous ne vous en plaignez pas et vous évitez de montrer vos sentiments car cela serait signe de faiblesse. Mais si ce mode de fonctionnement est dominant chez vous, cela signifie qu'en situation de grand stress vous exigez de vous-même d'être encore plus forte, vous voulez tout faire toute seule. Vous risquez alors de vous isoler et de vous épuiser.

⇨ Transformez le **« Sois forte »** en **« Sois ouverte »**

- J'écoute mes émotions et j'ai le droit de les montrer.
- J'ose parler de mes besoins et demander de l'aide.
- Je fais confiance aux autres.

« **Fais plaisir** » **:** C'est une injonction dominante chez beaucoup de femmes qui aspirent à être aimées. Cela vous rend agréable et aimable, vous vous intéressez aux autres, vous avez beaucoup d'amis et vous aimez travailler en équipe, mais vous avez tendance à faire passer le besoin de l'autre avant le vôtre. Vous avez peur de décevoir, vous n'osez pas dire non et vous préférez vous taire pour éviter les conflits. En attente d'une reconnaissance qui ne vient pas, vous pouvez perdre toute confiance en vous.

⇨ Transformez le « **Fais plaisir** » en « **Pense à toi** »

- Je fais ce qui est important pour moi.
- J'ai le droit de refuser ce qui ne me convient pas.
- J'aligne mon travail sur mes propres valeurs et non celles des autres.

« **Fais des efforts** » **:** Le goût de l'effort vous rend courageuse, persévérante, investie dans votre travail. Vous n'hésitez pas à relever des défis, vous en avez même besoin. Il vous faut toujours vous dépasser. Mais le revers de la médaille, c'est que vous voyez la vie comme une épreuve et ne concevez finalement la réussite que dans la douleur. Cela peut devenir une source perpétuelle d'angoisse.

⇨ Transformez le « **Fais des efforts** » en « **Réussis dans le plaisir** »

- Je m'autorise à réussir avec facilité.
- Je me simplifie la vie.
- Je prends du plaisir dans ce que je fais.

« **Dépêche-toi** » **:** Cette injonction fait de vous quelqu'un qui aime travailler dans l'urgence et vous permet d'honorer des délais très courts, tout en faisant plusieurs choses à la fois, ce que beaucoup de gens vous envient. Mais pour cela, vous vous mettez beaucoup de pression et en mettez aussi aux autres. Si vous n'y arrivez plus, vous devenez irritable. Et, en allant trop vite, vous risquez de faire des erreurs.

⇨ Transformez le « **Dépêche-toi** » en « **Donne-toi du temps** »

- Je choisis mon rythme et je gère mes dossiers par ordre d'urgence.
- Je prends du recul avant d'agir.
- Je m'octroie des moments pour ne rien faire, juste vivre dans le présent.

« **Sois parfaite** » **:** C'est votre côté perfectionniste. Il vous rend organisée, travailleuse, exigeante, toujours impeccablement habillée, ambitieuse et même brillante. Mais il vous pousse à vouloir tout contrôler. Vous en arrivez même à perdre un temps fou sur des détails. Et comme la perfection n'existe pas, vous vous exposez à des déceptions. Dans sa version négative, cette attitude peut vous empêcher d'agir par peur de l'échec.

⇨ Transformez le « **Sois parfaite** » en « **Sois réaliste** »

- J'ai le droit de faire des erreurs et même de me tromper.
- J'apprends de mes erreurs : « *Try and learn.* »
- Je n'ai pas besoin de tout savoir et d'être la meilleure en tout pour réussir.

« Sois conforme » : Cette injonction vous permet de vous adapter en toutes circonstances. Mais c'est elle qui vous rend si prompte à vous soumettre à toute autorité dès qu'elle est officielle, à suivre le groupe plutôt que votre instinct, à inhiber votre créativité.

⇨ Transformez le « **Sois conforme** » en « **Ose** »

- J'ai le droit de remettre en cause les règles.
- Je prends des initiatives.
- Je laisse libre cours à ma créativité et m'autorise à être moi-même.

⇨ En résumé :

⇨ Adoptez des postures de puissance.

⇨ Osez prendre la parole et demander !

⇨ Croyez en votre bonne étoile.

Portrait

Zahia Ziouani
Chef d'orchestre franco-algérienne

« Vouloir diriger un orchestre, c'était aussi fou qu'ambitionner d'être cosmonaute ou président de la République », dit-elle.

Née en France en 1978, Zahia Ziouani grandit à Pantin. Son père, chef de rang dans la restauration, et sa mère, tous deux férus de musique, écoutent France Culture en boucle. Ils lui transmettent cette passion.

À 8 ans, Zahia dirige la chorale de son école et suit des cours de guitare au conservatoire. À 12 ans, elle apprend l'alto et intègre l'orchestre du conservatoire, c'est une révélation. Elle est fascinée par la personne qui tient la baguette.

Lorsqu'elle entend que le grand chef roumain Sergiu Celibidache donne des *masterclass* publiques de direction d'orchestre à Paris, elle s'y précipite, comme auditrice libre. Il lui fait faire un test et comprend qu'elle est douée, l'accepte dans son cours mais en la prévenant : « Les femmes n'ont jamais tenu plus de quinze jours dans ma classe ! » Elle y restera pourtant jusqu'au décès du maître, l'été suivant.

Après des études d'orchestration et de musicologie à la Sorbonne, elle prend, à 20 ans, la grande décision de sa vie : elle crée et dirige, dans le 93, son propre orchestre symphonique de 70 musiciens, Divertimento.

Sa programmation musicale, originale et ambitieuse, étonne : elle mélange les styles moderne et classique pour essayer de rajeunir et de diversifier le public des concerts classiques.

Âgée d'à peine 25 ans, elle obtient la direction du conservatoire de musique et de danse de Stains (Seine-Saint-Denis) en convainquant le maire par son projet axé sur la mixité sociale et fait grimper les effectifs de 200 à 600 élèves.

De 2007 à 2012, elle dirige, comme chef d'orchestre principale, l'orchestre national symphonique d'Algérie, à l'époque masculin et qui deviendra progressivement mixte. Là-bas, elle est une star. Elle se produit à présent dans le monde entier.

« En France, il y a zéro femme à la tête des orchestres nationaux et régionaux ! Les quelques femmes qui dirigent des orchestres (Laurence Equilbey, Claire Gibault, Emmanuelle Haim) ont toutes créé leur propre orchestre. Moi, j'ai créé le mien pour ne rien attendre des autres.

« Il y a bien des quotas qui existent au ministère de la Culture pour le nombre de femmes musiciennes dans les orchestres et pour le nombre de femmes invitées à diriger des orchestres nationaux, mais ils ne sont pas respectés et personne ne s'en offusque.

« Je me réalise complètement avec mon propre orchestre. La différence, c'est que je dois aller chercher toute seule les sous pour payer mes musiciens auprès des fondations et des mécènes. Et quand on vient de banlieue, c'est beaucoup plus dur d'avoir des subventions. L'État fait la différence : à Paris, c'est considéré et financé comme de la culture, à Stains, comme la politique de la ville... La culture, c'est peut-être l'un des endroits où les inégalités sont les plus fortes, entre les territoires, entre les publics, et entre les hommes et les femmes. »

Son slogan : « Rien n'est impossible ! » J'ai vu mon père qui n'avait pas été à l'école car il habitait dans les montagnes en Algérie, apprendre à lire et écrire tout seul et devenir l'homme le plus cultivé que je connaisse !

Son conseil : « Ne vous interdisez rien ! Quand on s'investit beaucoup, on est rarement déçu. Devenir maman m'a permis d'être encore plus efficace et productive dans ce que je fais. »

CHAPITRE 3

C'EST VOTRE DIFFÉRENCE QUI FAIT LA DIFFÉRENCE !

Les femmes qui réussissent sont compétentes. C'est un fait. Françoise Giroud le soulignait malicieusement dans cette phrase devenue célèbre : « La femme serait vraiment l'égale de l'homme le jour où, à un poste important, on désignerait une femme incompétente. »

Celles qui réussissent ont dû se battre souvent plus que les hommes pour faire reconnaître leurs compétences, pour montrer qu'elles étaient capables, pour asseoir leur légitimité.

Savoir affirmer ses compétences est donc primordial.

- Sauriez-vous dire ce que vous avez d'unique ?
- Connaissez-vous vraiment l'intégralité de vos atouts ?
- Pensez-vous que les autres s'en rendent compte ?

Faire le point sur ses compétences et sur ses atouts est la première étape incontournable quand on se pose pour penser à sa carrière et se fixer des objectifs.

Comprendre « sa différence » me semble fondamental. Si vous arrivez à identifier ce qui vous rend unique, à prendre conscience de vos talents, vous saurez identifier vos moteurs et choisir votre cap en cohérence avec ce que vous êtes.

Une fois au bon endroit, à *votre* endroit, vous ne pourrez qu'être légitime et exceller. Vous serez dans votre vérité.

⇨ Identifiez « votre différence »

C'est Jacques Attali qui m'a inspirée cette idée le premier en lançant lors d'une conférence à Sciences-Po, il y a une dizaine d'années, cette question : « Qu'est-ce que vous pouvez faire que personne d'autre ne peut faire ? »

Surprise dans l'assemblée... Et la même réponse consternée de tous les participants : « Ben rien ! », « Je ne suis pas exceptionnelle, ce que je sais faire, quelqu'un d'autre peut forcément le faire comme moi »...

Eh bien non ! Force est de constater que nous sommes tous différents. Singuliers. Vous ne ferez jamais un travail de la même façon que quelqu'un d'autre ! Votre singularité va bien au-delà de vos savoirs ou de votre savoir-faire. Elle prend en compte toute votre personnalité.

Par votre histoire personnelle, affective, intellectuelle, spirituelle, familiale, par vos diverses expériences professionnelles, par les épreuves que vous avez rencontrées et la façon dont vous les avez surmontées, par vos passions et vos inclinations, vous vous êtes forgé une personnalité et une sensibilité particulière.

Vos rêves, vos émotions, votre imagination, vos ressorts vous sont propres. Toutes ces parties de votre être font de vous une personne unique. La question n'est pas de savoir si vous êtes fantastique, parfaite, surdouée, mais de prendre conscience que vous êtes unique.

Peu de personnes en ont conscience ! Et plus rares encore sont celles qui savent mettre en valeur leur singularité. Elle est pourtant au cœur de votre légitimité.

Votre spécificité, c'est la clé de votre légitimité !

Si, dans vos missions professionnelles, vous arrivez à mettre cette singularité au service de votre objectif, vous serez forcément convaincante.

En revanche, si vous exercez une activité qui ne correspond pas à votre personnalité, vous risquez de bloquer votre épanouissement et votre réussite.

L'important dans la réussite,
c'est de trouver celle qui correspond
à votre nature profonde.

Si ce livre souhaite inciter les femmes à oser réaliser leurs ambitions, il est avant tout une invitation à être soi-même. C'est le fil rouge de toutes mes activités de coach et de conférencière.

⇨ Là où vous serez vous-même, vous serez forcément excellente !

La grande question qu'être soi-même, me direz-vous... C'est l'œuvre de toute une vie... Mais c'est aussi un objectif pragmatique qui peut être abordé dans les divers aspects de votre vie et grâce à des techniques dont j'ai testé l'efficacité.

Soyez vous-mêmes, tous les autres sont déjà pris !

Oscar Wilde

Qu'est-ce que vous aimez ? C'est la première question à vous poser.

Comme le fait pertinemment remarquer Idriss Aberkane, ce jeune chercheur et consultant, spécialiste des neurosciences qui a fait beaucoup parler de lui avec son livre *Libérez votre cerveau*[20] *!*, on pourrait beaucoup mieux utiliser notre cerveau, notamment en cultivant ce que nous aimons faire le plus. « On ne connaît pas de prix Nobel de littérature qui n'aime pas la littérature », explique-t-il avec raison. On excelle dans le domaine que l'on aime !

De vos goûts résultent vos talents !

Stella Adler, actrice et célèbre professeure d'art dramatique américaine

Aussi je vous propose de répondre à ces questions en envisageant ces trois domaines :

- votre domaine professionnel ;
- votre domaine privé (couple, famille) ;
- votre domaine social et relationnel.

- **Qu'est-ce que vous aimez faire ?**
  Vous le faites avec plaisir et n'avez aucun doute sur votre capacité à le réaliser.

  ....

  ....

- **Qu'est-ce que vous faites avec facilité ?**
  Cela vous paraît évident et vous apporte des résultats toujours satisfaisants.

  ....

  ....

- **Aujourd'hui, quels sont les compliments que l'on vous faits ?**
  Les tâches ou activités pour lesquelles vous recevez le plus d'opinions positives et d'admiration.
  Votre aisance fait que les gens disent de vous : « Elle est... »
  Si vous ne savez pas répondre à cette question, demandez à trois de vos amis quels sont vos points forts. Comment vous définiraient-ils ?

  ....

  ....

Faites à présent ce petit retour dans le temps...

- **Enfant, qu'est-ce que vous aimiez faire et que faisiez-vous vraiment bien ?**
  Quoi et dans quelle situation ?

- **Durant cette période, que disait-on de positif de vous ?**
  Ce pour quoi vous étiez reconnue.

  ....

  ....

⇨ Voyez-vous une corrélation entre votre enfance et aujourd'hui ?

⇨ Auriez-vous envie de retrouver ce qui vous plaisait le plus ?

▸ **Vous rapprocher de ce que vous aimez est une clé pour votre réussite.**

⇨ Quels sont vos atouts ?

Pour affiner votre différence, il est important de prendre conscience de vos atouts.

Nous avons trop souvent tendance à nous focaliser sur nos faiblesses, sur ce qui nous manque, ce qui ne fait que dégrader notre confiance et nous pousse à la procrastination.

Comme l'explique André Muller, patron de presse et auteur de *La Technique du succès*[21], les êtres de valeur sont, plus que d'autres, sujets à ce que l'on a coutume d'appeler le complexe d'infériorité. Mais le complexe d'infériorité est un bon signe : signe que l'on possède une haute échelle de valeur. Signe aussi que l'on a peut-être peur d'une opinion positive car elle nous conduirait à agir...

Si vous êtes arrivée où vous en êtes aujourd'hui, c'est que vous avez dû développer des qualités et accumuler de nombreuses expériences. Faire le point sur tout ce chemin parcouru va vous permettre de capitaliser sur vos petites et grandes victoires, vous redonner confiance et vous pousser à agir.

Si l'on prend la définition du dictionnaire Larousse, vos atouts sont vos « chances de réussite ».

De quelle nature sont ces atouts ?

- **Votre savoir :** c'est ce que vous avez appris par vos études, votre formation professionnelle, votre expérience.
- **Votre savoir-faire :** c'est votre capacité à effectuer une action décomposable en plusieurs étapes.
- **Vos talents :** ce sont vos modes stables et innés de pensée, de sentiment, de comportement.

► **Vos atouts : c'est la combinaison de votre savoir, de votre savoir-faire et de vos talents.**

Savoir s'imposer face à un interlocuteur, par exemple, est un talent (le commandement), alors que la capacité à conclure une vente est un atout : pour convaincre votre interlocuteur d'acheter votre produit, vous avez adjoint à votre talent une bonne connaissance du produit et un certain savoir-faire commercial.

Vos atouts ne s'exercent évidemment pas que dans votre domaine professionnel, ils sont également présents dans votre vie personnelle (couple, famille) et dans votre vie sociale et relationnelle.

Votre savoir : Il devrait vous être assez aisé de dresser la liste des connaissances que vous avez acquises. Par exemple : la comptabilité, le droit social, la géologie, la philosophie ou encore l'histoire de la féodalité au Japon…

Ces savoirs peuvent être généralistes ou très pointus et dans des domaines très variés.

⇨ En réfléchissant à tous vos savoirs, vous découvrirez que vous en savez toujours plus que vous ne le pensez mais qu'il y a peut-être certains de vos savoirs qui méritent d'être actualisés, d'autres complétés.

Votre savoir-faire : Vous avez aussi probablement conscience de votre capacité à effectuer des actions comme organiser un événement, réaliser un film, manager des équipes, créer un blog, faire de la recherche en biotechnologies, monter à cheval ou jouer du piano.

⇨ Pensez à tout ce que vous faites également dans le domaine privé ou associatif. Qui sait ? Ce sont des savoir-faire que vous pourrez peut-être utiliser également dans votre vie professionnelle.

Vos talents : Ils vous permettent de comprendre de quelle façon vous exercez votre savoir-faire. Dans quelles actions est-ce que vous excellez ?

Vos talents découlent de vos goûts, que nous avons interrogés précédemment, et sont influencés par toute votre personnalité. Souvent, vos talents vous semblent tellement naturels que vous n'en avez pas conscience. Pourtant ces qualités manquent à beaucoup de gens qui en seraient jaloux comme le sens de l'organisation, l'aisance relationnelle ou la rapidité d'exécution.

Comme les talents sont parfois difficiles à définir, mais qu'ils sont primordiaux pour identifier votre singularité, nous allons nous focaliser sur eux. Pour vous aider, l'institut Gallup, qui a observé des centaines de managers en entreprise, a identifié de nombreux « talents ». En voici un inventaire simplifié, inspiré de celui que le coach professionnel Xavier Cornette de Saint-Cyr a réalisé dans son *Petit Cahier d'exercices pour découvrir ses talents cachés*[22].

⇨ Lisez tranquillement cette liste de talents. À vous d'identifier ceux qui pourraient vous correspondre ou d'en ajouter d'autres. Pensez à étendre votre réflexion au-delà du champ professionnel.

1. Hyperactif
Personne qui a toujours besoin de faire quelque chose pour créer, avancer, démarrer les choses, impatiente de passer à l'action ! « Bon, OK, on y va quand ? »

2. Flexible
Talent de la personne qui vit dans le présent et qui accueille les événements imprévus avec facilité.

3. Structuré ✓
Avec un sens du détail, elle décompose ses projets en étapes et mini-objectifs. Elle a le goût de la discipline et a besoin d'évoluer dans un univers prévisible pour bâtir ses projets.

4. Vérificateur
Personne qui aborde la vie de façon rationnelle, aime les faits, veut la preuve de ce que l'on avance, est logique et parfois distancée de ses émotions.

5. Organisateur ✓
Sait gérer plusieurs variables en même temps et les orchestrer pour optimiser le résultat. Fonctionne en multitâche.

6. Précis ✓
Une fois sa décision prise, cette personne reste centrée sur l'objectif et y met toute son énergie jusqu'à ce que le but soit atteint.

7. Leadership ✓
Savoir et aimer commander, donner des directives. La confrontation n'est pas un problème. Au contraire, c'est le début de la résolution d'un problème.

8. Enthousiaste ✓
Personne qui voit le verre à moitié plein et le bon côté d'une

situation, mais avec lucidité ; elle excelle à mettre en lumière ce qui est positif.

9. Communicant
Comme un conteur, elle sait faire passer un message en le rendant captivant. Elle ne se contente pas d'énoncer les faits.

10. Convaincant
Sait convaincre les autres, les rallier à son point de vue, séduire et « vendre ».

11. Responsable
Son sens de la responsabilité et des valeurs fait que cette personne ne promet et ne s'engage que si elle le peut. Honnêteté, intégrité et loyauté sont les fondements de sa réputation.

12. Compétiteur
Personne consciente du niveau de performance des autres et qui se compare à eux. Son levier, c'est être la meilleure. Être en compétition lui donne l'énergie de la motivation.

13. Rassembleur
Générant un haut niveau de confiance, cette personne sait intégrer les gens dans un groupe, fédérer et fidéliser.

14. Empathique
Sait se mettre à la place de l'autre, ressent ce qu'il ressent. Sait nourrir et entretenir des relations avec un haut niveau de confiance, fidéliser.

15. Révélateur de talents
Détectant le potentiel autour d'elle, elle sait voir ce qui est unique et spécifique chez l'autre afin de l'épauler.

16. Négociateur
Établit des relations de partenariat et met en œuvre sa créativité afin d'envisager des situations selon des points de vue différents en générant de l'harmonie.

17. Optimisateur
Trouve les opportunités, fonctionne avec son « flair », tire le meilleur parti des situations pour les optimiser.

18. Visionnaire

Capte les tendances et détecte avant les autres ce qui va arriver. Souvent pionnière, a une forte vision du futur.

19. Créatif

Aborde le monde avec des yeux neufs, aime jouer et jongler avec les idées, imaginer : « Si... et puis si... et si... »

20. Stratège

Sait établir un bon diagnostic, choisir les meilleurs angles d'approche et trouve rapidement les options possibles pour parvenir à son but.

21. Collectionneur

Curieuse, aime apprendre et engranger de l'information. « Cela peut toujours servir. » Mais ne cherche pas forcément à développer une expertise précise.

22. Intellectuel

Aime creuser, décortiquer, approfondir. Peut parfois se couper de ses émotions.

23. Résilient

Personne convaincue qu'elle rebondira toujours. La critique n'entame pas son assurance et sa confiance en elle.

24. Relié à plus large que soi

Se sent reliée aux autres et à l'univers, a conscience de la globalité, respecte les interactions.

Comme le fait remarquer Xavier Cornette de Saint-Cyr, si vous en avez sélectionné très peu, sans doute vous sous-estimez-vous. Dans ce cas, essayez de voir s'il n'y en a pas d'autres qui pourraient vous correspondre.

⇨ Cherchez au moins deux preuves concrètes pour chaque talent que vous avez sélectionné. Demandez-vous : Où ? Quand ? Comment ?

Ce n'est pas grave si la liste se raccourcit, l'important, c'est de trouver vos réels talents.

⇨ Parmi ces talents, sélectionnez ceux qui vous procurent du plaisir, que vous exercez facilement et qui vous apportent de la reconnaissance.

- **S'ils remplissent tous ces attributs, ce sont bien des talents ! Bravo !**

⇨ Dans vos atouts, il y a aussi vos pièges

Si vous avez développé vos atouts, c'est que vous en aviez besoin. Tous nos comportements remplissent une fonction qui nous est utile. Ils peuvent par exemple combler une peur inconsciente ou remplir un besoin de reconnaissance.

D'un point de vue très pragmatique, comme le souligne Sébastien Millécamps (coach et entrepreneur, Les Pieds sur Terre), il est important d'observer que ces atouts peuvent être aussi des pièges. Il en est ainsi de la dualité de nos comportements. Chacun de nos points forts, s'il est par trop excessif, peut devenir un piège.

Par exemple, une personne imaginative et rêveuse va parfois manquer d'énergie pour convaincre. Elle pourra avoir une voix douce qui charmera, mais elle ne gagnera pas sa négociation.

Une personne trop commerciale finira par agacer son auditoire.

Une personne trop perfectionniste pourra devenir la caricature d'elle-même et se couper de ses émotions.

Une personne trop franche pourra devenir offensante.

Une personne autoritaire pourra devenir dictatoriale.

Regardez nos Présidents : les Français ont élu Nicolas Sarkozy parce qu'il était proactif et ambitieux, ils l'ont rejeté pour cette même ambition dévorante. Ils ont élu François Hollande parce qu'il promettait d'être normal, ils l'ont rejeté parce qu'il l'était trop...

- **Ne devenez pas la caricature de vous-même !**
- **Une fois que vous savez ce que vous faites bien, arrêtez d'en rajouter !**

Sébastien Millécamps a une jolie expression pour apprendre à contrôler son image : « *Be the BOS !* » (le bon observateur de soi). Pour cela, il conseille dans son livre *Image et image de soi*[23] d'aller chercher du feed-back dans le regard de l'autre.

Et comme chaque regard est subjectif et chargé du propre vécu de l'autre, il recommande d'aller chercher le feed-back de plusieurs personnes différentes. Si 80 % de vos collègues vous disent que vous êtes un bon manager, vous pourrez donc finir par le croire !

Recueillez le feed-back des autres !

Le feed-back est un outil puissant, couramment employé par les directions de ressources humaines quand elles cherchent à évaluer les comportements d'un manager par son N+1, ses pairs, ses collaborateurs, ses clients internes et/ou externes, et ses fournisseurs, souvent dans le cadre d'un bilan de compétences. Dans le jargon RH, cela s'appelle le « 360 degrés ».

À titre individuel, faites votre propre « 360 degrés » avec vos interlocuteurs. Invitez-les à être sincères, à dire « je » plutôt que « on ». Il ne s'agit pas d'un jugement mais d'un partage d'impressions dans le but de vous faire progresser. C'est un cadeau qu'ils vous font. Et cela renforcera la qualité de la relation que vous avez avec eux.

Voici les questions à leur poser :

- Selon toi, quelles sont mes cinq qualités principales ?
- Selon toi, que puis-je faire pour m'améliorer ?

Pour analyser ces retours d'image, voici trois questions à vous poser :

- Quels sont les atouts qui reviennent le plus souvent ?
- Quels sont les axes d'amélioration qui reviennent le plus souvent ?
- Que puis-je faire pour faire évoluer mon image dans le sens que je désire ?

Vous voici à présent consciente de vos atouts et de la façon dont les autres vous perçoivent.

⇨ Incarnez votre différence !

Être consciente de sa différence ne suffit pas, il faut l'incarner.

Avez-vous remarqué que l'on n'est jamais aussi légitime que lorsqu'on incarne ce que l'on exprime ? Lorsqu'on se sent aligné...

Pour bien incarner votre différence,
il est important de distinguer savoir-faire et savoir-être.

Les femmes n'ont généralement pas de difficulté avec leur **savoir-faire**. Elles sont compétentes et remplissent bien les fonctions qu'on leur demande.

C'est le **savoir-être** qui leur pose problème, surtout face à des hommes pour qui cela semble plus naturel. Parce qu'elles n'osent pas toujours affirmer ce qu'elles sont.

Le savoir-être, dans le monde professionnel, correspond à la capacité de savoir se comporter et trouver l'attitude appropriée à l'emploi considéré, c'est-à-dire adopter les comportements qui incarnent ce que l'on porte.

Pour savoir « être », il faut cesser de se comparer aux autres et de les imiter, suggère Sylvie Audibert, qui conseille de nombreux dirigeants depuis dix-huit ans, au sein de son cabinet AUDERE : « On ne peut pas être congruente si l'on imite les autres. Trop de gens se copient tout le temps car ils manquent de confiance en eux. » Copier les autres, c'est plus simple à court terme mais cela ne procure pas de légitimité. Elle propose aux femmes dirigeantes qu'elle coache de ne pas suivre les modes, mais de suivre leur voix intérieure et de trouver ce qui est congruent pour elles :

S'autoriser à être soi-même,
n'est-ce pas la meilleure autorisation
que l'on puisse se donner ?

Sylvie Audibert

Sylvie Audibert m'a confié qu'elle avait eu conscience très tôt de sa propre singularité. De son envie de travailler sur l'humain et de ce sentiment d'être connectée avec plus grand qu'elle.

Elle s'est formée avec une curiosité débordante dans les écoles les plus prestigieuses (EDHEC, HEC, la London School of Economics dont elle est sortie major) mais toujours avec une volonté farouche de conserver sa faculté de penser par elle-même. Cela l'a conduite à explorer les divers secteurs d'audit et de conseil stratégiques au sein des cabinets Arthur Andersen et Accenture puis, une fois qu'elle en a eu fait le tour, à créer son propre cabinet de conseil en utilisant sa spécificité : une approche immédiate et intuitive avec ses clients, un mode de fonctionnement quasi holistique. Sa différence à elle ! Elle l'a mise aussi au service de l'ENA, où elle fut longtemps conférencière. Elle m'a inspiré les conseils suivants pour développer votre savoir-être.

- J'arrête de me comparer aux autres.
- J'arrête d'imiter les autres.
- Je me connecte à moi-même, j'écoute mes vraies envies.
- J'adopte une attitude en accord avec moi-même.
- Je développe une attitude émotionnelle adaptée à ce que je veux faire.

Être connectée à soi-même demande de s'octroyer des moments d'intériorisation profonde. Ce n'est pas toujours évident dans des journées de travail surbookées et quand à la maison nous attend la gestion du quotidien familial...

J'ai rencontré des femmes dirigeantes qui ont trouvé des façons différentes d'accéder à cet alignement intérieur : l'une a fait un stage d'une semaine au Chili avec un chaman au retour duquel elle a opéré un changement de carrière ; l'autre s'autorise chaque jour cinq minutes de méditation ; une autre demande à son mari de partir une fois par an tout seul avec les enfants pour qu'elle puisse se ressourcer. La plupart ont réellement vu leur carrière se transformer quand elles ont réussi à trouver ce précieux alignement.

► **Je suis en accord avec moi-même. ⇨Je crois en ce que je dis. ⇨Cela se voit. ⇨Mon leadership est évident.**

⇨ Gagnez en visibilité !

Au **savoir-faire** et au **savoir-être** s'ajoute le **faire savoir**.

À quoi cela vous sert de savoir faire si vous oubliez de le faire savoir ?

Une fois que vous êtes bien ancrée dans vos talents et dans vos valeurs et consciente de vos réussites, faites-le savoir !

Cela n'étant pas naturel chez la plupart des femmes, il est important de vous former au marketing de soi. Nous sommes évaluées non pas sur ce que nous sommes mais sur la perception qu'ont les autres de ce que nous sommes. Chaque véhicule a sa propre marque ! À vous de décider si vous voulez laisser les autres définir votre marque ou bien concevoir vous-même votre propre marque distinctive...

⇨ Gérez votre image de façon proactive !

- **Rendez votre expertise attrayante !**

Dans un monde de plus en plus concurrentiel, et particulièrement si vous êtes à votre compte ou montez votre entreprise, il est important de synthétiser ce que l'on appelle communément son expertise, de l'adapter au goût du jour, aux besoins de ses clients et aux usages de son métier. Bref, de la rendre « sexy ».

Le terme « expertise » est ici utilisé dans son sens anglo-saxon décrivant la compétence de l'expert, comme il est d'usage de le faire en marketing.

Certes, la fonction d'*expert* est souvent galvaudée aujourd'hui, mais vous avez besoin que l'on puisse vous identifier rapidement avec la compétence la plus précise possible, surtout si vous êtes dans un nouveau métier. Une experte en *design thinking* sera plus repérable qu'une *designer* ; une experte en *home staging* sera plus identifiable que si elle se présente comme décoratrice...

⇨ **Pour vous démarquer, rendez votre expertise novatrice et « sexy » !**

- Simplifiez votre expertise en la synthétisant.
- Mettez en avant ce qui vous semble le plus différenciant.
- Montrez comment cette expertise est porteuse et répond à des besoins actuels.

- **Travaillez votre e-réputation**

Il est question ici du fameux marketing de soi.

De nombreuses formations existent à l'heure actuelle pour vous aider à travailler votre e-réputation. Point de salut aujourd'hui sans visibilité sur Internet et les réseaux sociaux. Votre profil sur Internet apporte une dimension médiatique à votre parcours professionnel. Il peut être lu par tous et doit être particulièrement bien soigné.

Votre profil, c'est votre spot publicitaire sur Internet.

Travaillez votre présence sur les réseaux sociaux comme Facebook, Viadeo, Twitter, Instagram et surtout sur LinkedIn qui a l'avantage d'être un réseau professionnel présent partout dans le monde et privilégié par les cadres supérieurs (il y a 463 millions de profils sur LinkedIn répartis sur 200 pays, dont 11 millions en France).

Ces réseaux vous permettent de vous raconter et de vous faire recommander.

Selon Étienne Grange, expert en réseaux professionnels, fondateur de la Linked Academy, voici les facteurs clés d'un profil gagnant :

- **La visibilité** : comme pour un site Web qui doit arriver en tête des résultats sur Google pour avoir une chance d'être visité, votre profil doit sortir dans les résultats de recherches des chasseurs de têtes. Pour cela, une seule solution : faites appel à un maximum de mots-clés utilisés par ces recruteurs. Soyez la plus exhaustive possible : recherchez tous les mots-clés de votre profession, de votre secteur, de vos postes, voire des formations que vous avez suivies.

- **Votre photo** : vous avez une fraction de seconde pour faire une bonne première impression. Alors soignez particulièrement votre photo, prise par un professionnel, en tenue professionnelle, avec un sourire avenant.
- **Votre titre professionnel** : c'est votre slogan publicitaire, il doit vanter vos mérites et donner envie d'en lire plus. La photo et le titre professionnels sont les 2 seuls éléments que l'on voit en résultats de recherches sur LinkedIn. Votre titre professionnel doit dire en 120 caractères pourquoi vous êtes la bonne personne : votre fonction, vos spécialités, voire clairement ce que vous pouvez apporter à votre prochain employeur (ou client, si vous êtes indépendante).
- **Votre résumé** : c'est la quatrième de couverture de votre autobiographie professionnelle : soyez accrocheuse, et ne racontez pas votre vie depuis la maternelle ! Ce qu'on veut savoir, c'est pourquoi vous êtes la bonne personne pour votre prochain job. Soyez concise et lisible : paragraphes de 3-5 lignes, espacés chacun entre eux, phrases courtes. Et en bas de votre résumé, listez des mots-clés en vrac, qui ne seront pas lus mais qui serviront à votre référencement.
- Jouer la carte du *storytelling* : racontez une histoire claire et agréable à lire.

- **Créez votre site ou votre blog**

Pour asseoir la crédibilité de votre expertise et renforcer votre image sur Internet, rien de mieux que la création d'un site ou d'un blog. Cela vous prendra du temps au départ, mais ensuite vous vous habituerez à le nourrir progressivement.

Plus spécifiquement recommandé pour celles qui sont à leur compte ou possèdent leur propre entreprise, un site vous permettra de communiquer efficacement sur l'actualité de votre société, de vos produits et services, et améliorera considérablement votre référencement.

Un blog pourra vous donner une crédibilité dans un nouveau domaine si vous êtes en période de transition et démarrez une nouvelle activité.

⇨ Faites évoluer vos savoirs et savoir-faire

Le monde bouge. Les savoir-faire évoluent et s'usent vite. Surtout à notre époque où les transformations technologiques s'accélèrent.

- Selon une étude du cabinet Wagepoint réalisée en 2015, 60 % des métiers qui seront exercés en 2030 n'existent pas encore !
- Parmi le classement des 10 emplois les plus sollicités de nos jours, aucun d'entre eux n'était exercé il y a onze ans !

Il y a onze ans, des postes tels que spécialiste du développement durable, développeur ou programmeur d'applications mobiles, technicien du *cloud computing, data miner* ou encore manager de réseau social n'existaient pas encore.

Parmi les métiers qui n'existent pas encore de nos jours et qui seront exercés dans quinze ans, Wagepoint dénombre des emplois tels qu'architecte du numérique pour la création d'immeubles virtuels pour les publicitaires et commerçants, spécialiste du bien-être du troisième âge, ingénieur du corps chargé de la création de morceaux de corps pour les transplantations, expert en nanomédecine, agriculteur vertical sur des surfaces réduites, contrôleur du climat, manager d'avatars...

Selon une étude d'Ernst & Young, la majorité des dirigeants d'entreprise a déjà prévu ces modifications des emplois au sein de ses effectifs, et 40 % des patrons estiment qu'une proportion de 25 % de leur personnel sera concernée par ces changements.

Si vous voulez accompagner ces évolutions ou même les devancer, il vous faudra continuer à acquérir de nouveaux savoirs et savoir-faire. C'est un apprentissage perpétuel. Et un cercle vertueux. Acquérir de nouvelles connaissances vous permet d'agir. En agissant, vous augmentez votre savoir-faire.

- **Ceux qui réussissent ne sont pas forcément ceux qui ont le plus de talent mais ceux qui savent faire évoluer leur savoir-faire et le faire savoir.**

Sois le changement que tu veux voir dans le monde.

Mahatma Gandhi

3e clé : Pensez *Bigger than life* !

- Autorisez-vous à voir grand. C'est vous qui vous assignez vos limites.
- Autorisez-vous un grain de folie. Sortez du moule !
- Ne restez pas assis au pied de la montagne à rêver du sommet : commencez à la gravir, il sera toujours temps de compléter votre savoir-faire en chemin.

Exercice pratique : Prévoyez l'évolution de vos savoir-faire

Remplissez ce tableau pour adapter l'évolution de vos savoir-faire à votre objectif. Même si vos réponses ont toutes les chances d'évoluer, c'est votre intention qui compte pour atteindre votre but.

Ce que je sais faire aujourd'hui	
Ce que je saurai faire dans un an	
Ce que je saurai faire dans cinq ans	
Ce que je saurai faire dans dix ans	

⇨ En résumé :

- ⇨ Identifiez et mettez en avant votre spécificité.
- ⇨ Développez savoir-faire, savoir-être et faire savoir.
- ⇨ Travaillez votre e-réputation.

Portrait

Sandra Rey
Designer et *start-upeuse* lumineuse

À 26 ans, cette jeune entrepreneure a été distinguée par le prestigieux *MIT Technology Review* comme « pionnière française » pour avoir créé Glowee, une start-up qui rend possible l'éclairage sans électricité en développant une lumière à partir de micro-organismes marins bioluminescents.

Après un bac S, Sandra intègre une prépa d'arts : « J'ai toujours aimé dessiner. » Elle rate toutefois les concours d'entrée en écoles publiques et se retrouve dans une école de design industriel (la Strate). Le destin fait bien les choses : elle se découvre plus créative qu'artiste !

Elle travaille en free-lance parallèlement à ses études. Mais c'est en participant à un concours étudiant, le prix ArtScience, sur le thème « Biologie synthétique », qu'elle conçoit un système de lumière biologique comme solution pour illuminer les vitrines dont l'éclairage vient d'être interdit. Glowee est née, proposant une lumière sans électricité. Sandra est déjà médiatisée.

Elle profite d'un partenariat de son école avec l'ESCP Madrid pour suivre une certification d'entrepreneuriat social. « J'avais déjà du mal à gérer mes trois clients en entrepreneuriat, je sentais le besoin d'acquérir une vision business. Et ça a été un déclic : je pouvais me laisser six mois sans avoir à chercher du travail pour essayer de monter mon projet. »

On lui propose une paillasse de laboratoire dans le cadre d'un programme d'incubation (le CRI). Elle prend un stagiaire en biotechnologie, trouve du matériel génétique en open source. Deux ans plus tard, sa société emploie 15 personnes, a levé 1,5 million d'euros et remporté de nombreux prix.

Sa difficulté : arriver à déléguer, mais, grâce à un coach, elle apprend à partager ses responsabilités.

Son ambition : révolutionner le paysage urbain par la lumière et, à terme, équiper les zones dépourvues d'électricité. Comme elle a les pieds sur terre, elle a déjà anticipé les étapes (usages événementiels, vitrines...), le temps de réaliser la transition technologique nécessaire.

« Mes limites, ce n'est pas d'être une femme mais d'avoir encore peu d'expérience. Être une femme, au contraire, m'a permis d'être remarquée, médiatisée, prise en exemple. Si j'avais été un homme, je n'aurais pas aussi bien réussi ! »

Son slogan : « L'entrepreneuriat ne s'apprend pas par le savoir. La seule manière d'apprendre, c'est d'échanger, d'être face à des questions et d'essayer d'y répondre. Il ne suffit pas d'avoir une idée, il faut y croire et la confronter aux autres pour ne pas être seule à y croire. »

Son conseil : « Identifiez les opportunités autour de vous et prenez toutes celles qui se présentent sans vous poser trop de questions. Faites confiance à la sérendipité : chaque opportunité en amène une autre qui nous mène parfois ailleurs que ce que l'on avait prévu et nous fait trouver autre chose que ce que l'on cherchait. »

CHAPITRE 4

APPRENEZ À DIRE « NON »

Dire « non » est un véritable défi ! Surtout pour celles qui aiment faire plaisir.

Cela nous demande d'aller à l'encontre des attentes de nos collègues et de notre société qui veulent que, en tant que femmes, nous soyons disponibles, dociles et consciencieuses et que nous pensions d'abord à l'autre avant de répondre à nos propres besoins.

Dire « non » contrarie notre besoin d'être gentilles et appréciées.

Concrètement, cette question perturbe notre quotidien professionnel : « Je suis charrette, mais cette collègue que j'apprécie me demande de l'aide sur son dossier, que dois-je lui répondre ? » « Mon patron me demande une nouvelle présentation pour demain alors que je travaille sur une offre pour mon client le plus important, comment refuser ? »

Il est tellement plus facile d'accepter, même à contrecœur, plutôt que de trouver la force de dire « non » ! Plus facile de se montrer aimable et agréable que de refuser de satisfaire l'autre. Surtout que dire « non » demande de s'expliquer, de faire un choix.

De quoi avons-nous peur : de ne plus être appréciées ? Que notre patron nous « gronde » ? D'être licenciées ? Ou bien d'oser nous confronter à l'autre ? Dans tous les cas, cela fait résonnance avec notre besoin d'appartenance et son corollaire : notre peur d'être rejetées.

Pourtant, sommes-nous blessées quand l'autre nous dit « non » ?

Est-ce que nous rejetons la personne qui nous dit « non » ?

Est-ce que nous nous sentons mieux considérées par l'autre quand nous répondons à toutes ses demandes ?

⇨ Ce que cela vous coûte de ne pas savoir dire « non »

Au travail, beaucoup de femmes (et d'hommes) oscillent entre deux attitudes psychologiques : soit elles obéissent en tous points à ce qu'on leur demande et accumulent de la frustration, soit elles explosent parce que justement la coupe est pleine – et cela se produit souvent à un moment inopportun –, quand les relations sont les plus tendues, avec le risque que cela laisse des traces...

Pour être bien au bureau, « il ne faut être ni paillasson ni hérisson », pour reprendre l'expression du psychiatre Christophe André.

La personne qui « s'écrase » perd progressivement l'habitude de parler en son nom, de discerner ce qui est important pour elle. Elle n'ose plus rien demander ni refuser. En s'effaçant au profit des autres, elle finit par se mépriser. Elle aura ensuite tendance à réagir comme une victime. Or une victime en puissance attire les persécuteurs potentiels... C'est un cercle vicieux dont il faut arriver à sortir.

Ne pas s'exprimer en cas de conflit peut également mener à des situations d'échec ou de blocage. On vous reprochera de ne pas avoir su faire valoir votre avis, surtout si vous aviez raison et que vous ne l'avez pas dit ! Et vous risquez d'entendre : « Mais enfin, pourquoi ne nous l'as-tu pas dit ? »

Après coup, vous pourrez vous sentir encore plus mal et oser d'autant moins faire valoir vos droits.

De même, si vous êtes de celles qui répondent toujours « Bien sûr, je te fais cela tout de suite », vous donnez l'impression que vous n'aviez rien d'autre à faire. Votre « oui » perd de sa valeur puisque vous dites « amen » à tout...

Surtout, en faisant passer les besoins des autres avant les vôtres, vous risquez de perdre de vue vos objectifs. Vous ne vous donnez pas les moyens de réussir.

- ▸ **Ne pas dire « non » vous coûte votre estime de vous-même et celle des autres.**
- ▸ **Ne pas dire « non » vous empêche d'atteindre vos objectifs.**

⇨ Les bénéfices à savoir dire « non »

Il n'est pas question de vous transformer en personne intransigeante, mais de protéger vos priorités.

Dire « non » vous aide alors à plus d'un titre :

- Vous posez vos limites et évitez d'accumuler des frustrations.
- Vous vous protégez de toutes les sollicitations inutiles ou malvenues.
- Vous restez maître de votre agenda.
- Dire « non » augmente la confiance mutuelle avec votre interlocuteur. Il saura que votre discours est sincère – bien plus qu'un « oui » prononcé de mauvaise grâce et qui risque de vous amener à le culpabiliser.
- Vous vous affirmez : vous êtes une personne qui ose dire ce qu'elle pense et qui a confiance dans son appréciation de la situation.

- Vous renforcez votre estime de soi : vous osez être vous-même, les autres en sont admiratifs et vous renvoient une image positive de vous.
- Vous affirmez vos valeurs et vos propres besoins.

▸ **Dire « non », c'est respecter vos besoins, vos engagements, votre intégrité.**
▸ **Dire « non », c'est être respectée.**
▸ **Dire « non », c'est prendre de la hauteur pour vous consacrer à vos priorités.**

⇨ Les femmes qui réussissent savent dire « non » à bon escient !

- **Non aux injonctions à être gentille, douce et malléable**

Les femmes ayant de hautes responsabilités ont toutes appris à dire « non ». Qu'elles soient chefs d'entreprise, responsables politiques ou même sportives, elles sont obligées de savoir dire « non » pour préserver leurs intérêts, leurs équipes, et surtout parce que cela fait partie intégrante de leur travail.

Toutes ont réussi à dépasser la peur d'être méjugées pour non-conformité aux critères de docilité et d'obéissance que l'on attend habituellement des femmes.

Mais cela a un prix. On sait aujourd'hui à quel point des attributs d'un bon leader, comme l'ambition ou l'autorité, sont observés comme des qualités chez un homme mais souvent perçus comme des défauts chez une femme. Combien les femmes dirigeantes ont souvent mauvaise presse... Une femme autoritaire va être traitée d'autoritariste ; une femme directe d'agressive... mais il est important de ne pas se laisser impressionner par ces jugements. De rester stoïque comme ont su le faire, par exemple, Christiane Taubira en politique ou Christine Lagarde à la tête du FMI puis de la Banque centrale européenne.

Aux États-Unis, elles sont nombreuses à avoir participé à la campagne *Ban Bossy* pour décomplexer les femmes puissantes. Lancée par Sheryl Sandberg et par la chef des Girl Scouts of USA, Anna Maria Chávez, cette campagne visait à débarrasser les femmes de pouvoir du terme péjoratif *bossy* qui renvoie à une attitude dirigiste, arrogante et agressive. Dans un clip qui a fait le tour du monde en 2014, Beyoncé, Jennifer Garner ou encore Diane Von Fürstenberg incitaient les femmes à se décomplexer, à oser être ambitieuses.

I'm not bossy, I'm the boss!

Beyoncé

- **Non à l'attente passive**

Sous couvert d'être patiente, vous laissez peut-être parfois passer les trains, vous attendez passivement au lieu d'être proactive. C'est d'autant plus inutile quand le poste que vous attendez n'est pas près de se libérer.

Mélanie Péron avait passé le concours territorial d'assistante qualifiée de conservation du patrimoine et de bibliothèque et travaillait comme bibliothécaire dans une association à Vannes en attendant qu'un poste se libère. En vain. C'est après la disparition de son compagnon, des suites d'un cancer, qu'elle décide de changer radicalement de carrière en créant sa société L'Effet Papillon, qui propose des services d'accompagnement non médicamenteux pour les personnes malades et leurs accompagnants : « Quand mon compagnon était au plus mal, j'ai envoyé un e-mail au chanteur Bénabar et, à ma grande surprise, il est venu ! Cela a été un très joli moment de vie et d'évasion, c'était magique... J'ai dit ensuite aux associations tous les manques et besoins que j'avais constatés pendant ces dix-huit mois d'accompagnement à l'hôpital, ce qu'il faudrait faire pour améliorer la vie des patients, on m'a répondu que c'était compliqué. Cela m'a poussée à agir par moi-même ! »

Depuis, ce sont des milliers de patients et familles qui ont reçu la visite de musiciens et conteurs ou ont bénéficié de soins individuels de sophrologie, esthétique et réflexologie à l'hôpital ou à domicile.

Mélanie Péron s'est documentée et inspirée d'études américaines qui montrent que les accompagnements tels que l'art-thérapie ou la relaxation font baisser le taux de cortisol, et elle a créé avec la société Enozone une application de réalité virtuelle, Bliss, qui permet de réduire la souffrance des patients et de diminuer les analgésiques pendant les soins douloureux.

Tout le monde l'avait pourtant dissuadée de se lancer dans ce métier d'entrepreneure sociale auprès d'un public fragilisé. Les banques, les premières, refusaient de la suivre ; plutôt que de les attendre, elle s'est financée grâce au *crowdfunding* (financement participatif) : « La deuxième campagne a été une belle réussite avec des contributeurs du monde entier. » À présent, les banques sont bien plus enthousiastes...

« J'ai appris à dire "non" ! Non aux compromis, notamment avec les structures et les personnes dont je ne partage pas les valeurs. Du coup, ils me regardent différemment, ils n'ont pas l'habitude qu'on leur dise "non" ! Maintenant, c'est moi qui choisis et c'est eux qui attendent. »

Un bel exemple de résilience et d'entrepreneuriat où le non amène à définir le oui...

Plus je dis « non », plus on me respecte.

Mélanie Péron, fondatrice de L'Effet Papillon

► **C'est le non qui définit le oui !**

- **Non aux injustices**

Dire « non » est d'autant plus essentiel en situation d'injustice. Ce sont des situations que les femmes rencontrent souvent : inégalité salariale, absence d'écoute ou de prise en compte de leurs besoins, non-respect de la parole donnée, comportements sexistes...

80 % des femmes disent avoir été confrontées au sexisme au travail, d'après le Conseil supérieur de l'égalité professionnelle entre les femmes et les hommes (2015).

Dire « non » vous permet de dire « oui » :

- En disant « non » au sexisme, vous dites « oui » à l'égalité.
- En disant « non » à un mensonge, vous dites « oui » à la vérité.
- En disant « non » à l'indifférence, vous dites « oui » à l'écoute.

► **Demandez-vous toujours à quoi vous dites « oui » quand vous dites « non », cela vous permettra de le formuler de façon constructive.**

Plutôt que de dire « Je refuse de faire ce travail supplémentaire car je ne suis déjà pas suffisamment payée », pourquoi ne diriez-vous pas « J'accepterais ce travail supplémentaire à condition qu'il soit rémunéré à hauteur de... » ? Cela vous permettrait, en plus, d'améliorer vos conditions de travail.

L'humour, un bon moyen pour dire « non » !

L'humour permet souvent de recadrer les choses de façon naturelle, enjouée et décomplexée.

Une bonne repartie a le mérite de n'être ni violente ni définitive. Tout en étant intelligente, elle inspire le respect. À un homme qui vous demanderait de faire un café en réunion sous prétexte que vous êtes la seule femme présente, vous pourriez ainsi rétorquer malicieusement : « Depuis George Clooney, on n'a plus besoin d'être une femme pour savoir faire le café... »

Si vous n'avez pas la repartie facile lors de remarques sexistes, n'hésitez pas à demander de l'aide, comme *via* cette application participative 365Raiponce, au travers de laquelle vous pourrez demander des conseils aux internautes. À la question en entretien d'embauche « Et pour vous, la famille, c'est important ? », on y lit, par exemple, la proposition de réponse suivante : « Non pas du tout, je travaille pour fuir mes enfants ! »

Le harcèlement moral est un délit pénal.

Si vous êtes victime de harcèlement moral, les faits sont graves et nécessitent que vous parliez à votre responsable RH si vous en avez un, à vos collègues ou même à un avocat.

N'hésitez pas à être très ferme avec la personne qui vous harcèle, mais essayez de ne pas vous énerver pour éviter que la critique ne se retourne contre vous.

⇨ Fixez votre interlocuteur dans les yeux et dites-lui très précisément ce que vous n'acceptez pas de lui.

Si vous n'avez pas la repartie ou le sang-froid pour le faire sur le moment, revenez vers lui en différé et expliquez-lui clairement les limites à ne pas dépasser.

⇨ Il faudra probablement que vous reveniez à la charge plusieurs fois pour qu'il cesse ses comportements toxiques, mais votre obstination à dire « non » finira par payer.

Si votre patron ou patronne – les hommes n'en ont pas l'apanage – est profondément tyrannique ou pervers narcissique, le mieux sera de vous en protéger en quittant son service ou son entreprise.

⇨ Inutile de vous faire du mal avec quelqu'un qui ne sera jamais capable de changer.

Enfin, si votre métier est public, n'hésitez pas à vous servir de votre notoriété pour dénoncer les abus.

⇨ Dire « non » publiquement, quand on est célèbre, permet d'interpeller l'opinion, de braquer les projecteurs sur sa situation et d'aider ainsi toutes les autres femmes.

L'actrice césarisée Adèle Haenel, en témoignant publiquement en 2019 du harcèlement sexuel qu'elle avait subi, mineure, de la part du réalisateur Christophe Ruggia, a créé une onde de choc. Son témoignage a permis de dénoncer « le système de silence et de complicité qui joue toujours en faveur des coupables », dans le milieu du cinéma comme dans toute la société.

De nombreuses actrices américaines, comme Jennifer Lawrence et Mila Kunis, se battent pour dire « non » aux inégalités de salaires et aux situations dégradantes. Dans un texte publié sur le site Aplus.com, Mila Kunis a expliqué qu'elle ne voulait « plus de compromis » : « Tout au long de ma carrière, il y a eu des moments où j'ai été insultée, mise de côté, moins payée, où ma créativité a été ignorée, où en somme j'ai été dévalorisée en raison de mon sexe. » Elle raconte ce moment où le producteur d'un film à gros budget lui a imposé de poser à demi nue pour la couverture d'un magazine masculin. Sinon, « tu ne trouveras plus de travail ici », l'a-t-il menacée. Mais « pour la première fois, j'ai dit "non" », raconte l'actrice. Et cela n'a en rien plombé sa carrière.

▸ **Prenez conscience que ce non doit être collectif.**

⇨ Pour savoir dire « non » : développez votre assertivité

L'assertivité est la caractéristique d'une personne qui exprime avec aisance son point de vue et ses intérêts, sans anxiété, sans dénier ceux des autres[24].

C'est donc un mode de communication qui permet l'affirmation de soi, en même temps que le respect de l'autre. C'est une façon d'agir équilibrée – ni passive ni agressive – qui permet d'exprimer ses émotions et d'affirmer ses droits, tout en respectant les émotions et les droits de l'autre.

Elle permet de savoir dire « non » sans se sentir coupable.

Elle permet de déjouer les jeux psychologiques et les manipulations.

Et, bonne nouvelle, si elle n'est pas acquise, cette capacité peut facilement s'apprendre.

Elle vous permettra de choisir sereinement de dire « oui » ou « non » à votre interlocuteur, en en assumant pleinement les conséquences.

J'ai le souvenir d'Émilie, une chargée de production, qui restait tous les soirs la dernière au bureau, toujours prête à accepter un dossier même si elle était surchargée de travail, pensant que cela lui permettrait d'obtenir plus de reconnaissance de son patron. Elle ne sortait même pas pour déjeuner, se mettait une pression phénoménale pour essayer de rendre ses dossiers à temps. Résultat, elle était épuisée, faisait de plus en plus d'erreurs et risquait paradoxalement de se faire renvoyer à force d'en faire toujours plus. Elle payait cher son manque d'assertivité...

Si vous voulez savoir si vous êtes assertive, posez-vous les questions suivantes :

- Acceptez-vous difficilement les critiques constructives ?
- Dites-vous souvent « oui » alors que vous pensez « non », juste pour éviter les problèmes ou les conflits ?
- Avez-vous des difficultés à exprimer vos divergences d'opinions ?
- Les gens vous reprochent-ils votre style de communication quand vous êtes en profond désaccord avec eux ?
- Vous sentez-vous attaquée quand quelqu'un a une opinion différente de la vôtre ?

Si vous avez répondu « oui » à plusieurs de ces questions, c'est qu'il vous faut probablement développer votre assertivité, et les conseils suivants sont pour vous. Ils vous serviront autant dans le domaine professionnel que dans les autres aspects de votre vie et vous aideront à réduire les tensions et à renforcer vos liens avec les autres.

Voici quelques pistes pour développer votre assertivité et savoir comment répondre à une demande :

- Arrêtez, regardez, écoutez : prenez le temps d'observer l'autre et la situation.
- Reconnaissez que l'autre personne est différente de vous et essayez de comprendre ses besoins : soyez en empathie.
- Essayez seulement ensuite de trouver la réponse la plus appropriée en fonction de vos besoins.
- Ayez pour objectif la résolution de la situation et non l'autodéfense.
- Parlez à la première personne, dites ce que vous ressentez.
- Pesez vos mots, sans porter de jugement. Cela poussera votre interlocuteur à faire de même.
- Répondez « non » si c'est votre choix. Rappelez-vous que vous ne dites pas « non » à la personne mais à sa demande.

- Expliquez-lui que vous aimeriez lui faire plaisir mais que vous avez par ailleurs des engagements auxquels vous devez donner la priorité.
- Si vous pensez pouvoir satisfaire positivement sa demande plus tard, précisez-le et négociez un délai.
- Si vous avez besoin de plus de temps avant de répondre, temporisez. Il vaut mieux prendre votre temps pour répondre que regretter ensuite votre réponse.
- Si c'est un oui conditionné, entamez clairement la négociation : « C'est oui si... on augmente mon domaine de compétence, si je suis plus rémunérée, si vous acceptez que j'étoffe mon équipe... »
- N'hésitez pas à utiliser votre souplesse féminine pour refuser « en douceur ».

▸ **Développer votre assertivité vous donne confiance et vous permet de vous affirmer d'autant mieux : c'est un cercle vertueux.**

⇨ Le cas du harcèlement sexuel

Le harcèlement sexuel consiste à imposer à quelqu'un de façon répétée des propos ou gestes à caractère sexuel intimidants qui portent atteinte à sa dignité. Souvent assimilé à un (faux) humour, il se matérialise par des blagues sexistes, des e-mails, des SMS, explicites ou déguisés d'ironie, du style « Charmant, ce décolleté... », « Tu peux passer dans mon bureau ce soir, je serai de permanence et seul... », « C'est agréable de te voir arpenter ce couloir en jupe courte », « Tu as beaucoup couché pour gravir les échelons ? »...

Le but ultime du harceleur, qu'il soit supérieur ou collègue, n'est pas forcément de finir au lit avec l'autre. En revanche, sa cible subit toujours une perte de confiance en elle vertigineuse.

Une femme sur deux se dit avoir été victime de harcèlement sexuel sur son lieu de travail en France[25] !

Selon une enquête menée par l'Agence des droits fondamentaux de l'Union européenne, publiée en 2014 et citée dans les conclusions de la Convention du Conseil de l'Europe sur la prévention et la lutte contre la violence à l'égard des femmes[26], 75 % des femmes exerçant un emploi qualifié ou assumant des fonctions d'encadrement supérieur ont été victimes de harcèlement sexuel dans leur vie, et une femme sur dix a été harcelée sexuellement ou traquée au moyen des nouvelles technologies.

Harcèlement sexuel au travail en France

- 55 % des Françaises se déclarent victimes d'atteintes sexistes ou sexuelles au travail.
- Près d'une Française sur 3 a déjà été harcelée ou agressée sexuellement sur son lieu de travail.
- 40 % ont fait l'objet de sifflements, de commentaires grossiers ou de regards insistants.
- 33 % ont fait l'objet de remarques gênantes sur leur physique.
- 18 % ont dû subir des propos obscènes.
- 8 % ont dû recevoir des photos obscènes.
- 28 % se sont vu imposer des contacts physiques légers (effleurements de mains, de cuisses...).
- 14 % ont subi des attouchements sexuels.
- 8 % ont fait l'objet de pression afin d'obtenir une faveur sexuelle.

Source : rapport Ifop pour la Fondation Jean-Jaurès et la Fondation européenne d'études progressives (FEPS), 8 octobre 2019

Un sondage britannique sur le harcèlement sexuel au travail rapporte ceci :

- Dans 9 cas sur 10, l'auteur du harcèlement est un homme.
- Dans 1 cas sur 5, le harceleur est le supérieur direct.
- Dans 4 cas sur 5, la victime n'a pas signalé le harcèlement à son employeur.

Si je m'en tiens aux femmes de mon entourage et à celles que j'ai interviewées sur ce thème, je remarque que ce taux peut être bien plus élevé : environ 90 % de ces femmes m'ont avoué avoir été victimes de harcèlement sexuel au travail. C'est une observation très empirique, à partir d'un panel de métiers plutôt de la communication, des médias et de la politique, mais elle indique que ces comportements abusifs sont bien plus répandus et tabous qu'on ne le croit.

Beaucoup de ces femmes m'ont confié n'en avoir quasiment jamais parlé auparavant. Comme si la honte devait en rejaillir sur elles. Sur le coup, elles se sont culpabilisées : « Est-ce que j'ai fait ou dit quelque chose qui a autorisé l'autre à ce genre de comportement ? » ou « Je n'aurais peut-être pas dû accepter cette invitation à déjeuner ? »... L'une d'elles est allée tous les jours au travail, la boule au ventre, vomissant avant d'arriver au bureau pendant des années avant de trouver le courage d'aller en parler à son responsable RH, encouragée par une collègue également victime de la même personne. À plusieurs, il est toujours plus facile de dénoncer l'injustice.

D'autres, isolées, restent dans le déni et c'est souvent des années plus tard, voire plusieurs décennies plus tard, qu'elles osent reconnaître le harcèlement dont elles ont été victimes. Parfois, avec le recul, elles se rendent compte que cela a eu des répercussions sur toute leur carrière. À l'une d'elles qui devait être embauchée dans une rédaction de la télévision publique, le directeur du service concerné lui a demandé si elle avait « quelqu'un dans sa vie », s'il était « jaloux » car il souhaitait « la voir essayer de la lingerie dans la boutique d'à côté » : surréaliste et pourtant vrai ! Cette jeune femme de 25 ans, en déclinant la proposition, s'est vu retirer l'offre d'embauche. Surtout, elle a renoncé pendant les dix années suivantes à exercer le métier de ses rêves.

Ces comportements n'ont en effet rien d'anodin et ont souvent des répercussions bien plus fortes qu'on ne voudrait le voir. S'ils ne sont pas « violents » en apparence, les dégâts psychologiques peuvent être considérables et induire les femmes à sacrifier leur ambition, un poste, une entreprise, une situation financière confortable ou même toute une carrière...

La vague #MeToo, en libérant la parole, a permis à un grand nombre de femmes de conscientiser les abus ou les comportements sexistes dont elles avaient été victimes et surtout de s'autoriser à les dénoncer et à ne plus jamais accepter cela : un grand pas !

▸ Il est important de réagir dès les premiers signes !

Tous les psychologues le disent, il faut réagir dès les premiers mots, dès les premiers textos ou regards insidieux.

Comme l'explique l'avocate Anne-Constance Coll : « Plus le harceleur voit qu'il vous met mal à l'aise, plus il va continuer[27]. » Il est donc très important de montrer que vous êtes ferme et décidée à vous opposer à lui.

Si vous avez tardé à le faire dès le départ, inutile de vous enfermer dans la culpabilité avec des pensées du genre : « Mais je n'ai rien dit sur le coup, il va penser que j'étais d'accord... »

Votre harceleur a mille raisons de plus que vous de trembler, puisqu'il est très difficile de harceler quelqu'un sans laisser de preuves !

Anne-Constance Coll, avocate

Refusez l'omerta, appuyez-vous sur un avocat et/ou sur des associations. Et même si le harceleur est une personnalité reconnue, dénoncez tout comportement inadmissible.

Sachez que le code pénal est très clair : depuis la loi du 31 juillet 2012, le délit de harcèlement sexuel peut être puni de deux ans d'emprisonnement et de 30000 euros d'amende. Vous êtes en position de force si – et seulement si – vous avez réussi à réunir des preuves de votre côté.

Toutefois, évaluez bien à qui vous avez affaire avant de porter plainte : si la personne a une importance cruciale pour le chiffre d'affaires de l'entreprise, l'organisation ou le parti politique, soyez sûre d'avoir les reins assez solides pour partir dans une croisade judiciaire qui risque d'être d'une violence inouïe... Il sera peut-être préférable de vous protéger en transigeant avec les RH ou la direction au mieux de vos intérêts.

Voici une stratégie progressive de défense, en cas de harcèlement sexuel, élaborée en concertation avec des juristes et des responsables RH :

- ⇨ Rappelez à votre agresseur que ce qu'il fait est interdit par la loi.
- ⇨ Menacez-le par e-mail d'en informer votre direction s'il ne cesse pas immédiatement son comportement, en décrivant les faits précis reprochés.
- ⇨ Informez (par lettre recommandée) votre patron ainsi que les RH : l'employeur a une obligation de protection de ses employés.
- ⇨ Consignez les faits précis et faites attester les témoins.
- ⇨ Consignez les preuves du harcèlement (messages téléphoniques, e-mails, textos, certificats médicaux prouvant l'état d'anxiété...) et faites faire un constat d'huissier.
- ⇨ Imprimez tous les e-mails échangés avec le harceleur au fur et à mesure.

- ⇨ Recherchez discrètement s'il y aurait d'autres victimes dans l'entreprise ou l'organisation (voire au sein des précédentes entreprises de votre agresseur).
- ⇨ Contactez les syndicats et l'inspection du travail en leur demandant de garder si besoin la confidentialité, cela pourra vous servir le cas échéant en cas de licenciement abusif.
- ⇨ Mesurez les conséquences d'un procès en termes de coûts (avocat, jours de congé), de temps (de quatre à dix ans si l'on épuise tous les recours) et de stress (c'est épuisant). N'y allez que si vous avez des preuves irréfutables (plus de la moitié des procédures sont classées sans suite).
- ⇨ Agissez devant le tribunal correctionnel ou devant le conseil de prud'hommes (la procédure y est moins violente), sinon privilégiez la négociation avec votre direction.

Refusez d'avoir peur !

Sur Internet, où le sexisme ordinaire et anonyme bat son plein, plusieurs jeunes YouTubeuses (Marinette, Camille Ghanassia et Sophie Garric du Meufisme, Marie Marquis, *alias* « la Castor »...) se sont mises à dénoncer ces comportements en maniant humour et intelligence, déconstruisant au passage les injonctions souvent paradoxales de la société. Marion Seclin, actrice de 29 ans, qui a posté pendant quatre ans des vidéos résolument féministes *via* le webmagazine *MadmoiZelle*, s'est pourtant retrouvée elle-même harcelée : « Après une vidéo sur le harcèlement de rue, j'ai été l'objet d'un cyberharcèlement ultraviolent, avec menace de mort et de viol... Je suis féministe et j'ai décidé de ne plus avoir peur [...]. Il faut que ça s'arrête ! » a-t-elle confié au magazine *Elle* du 10 novembre 2016.

Avec elle, une nouvelle génération de *Frenchies*, de 18-35 ans, revendiquent leur combat néoféministe ou tout simplement « égalitariste ». Elles sont d'horizons variés, comme Natoo, cette jeune femme de 34 ans qui a commencé à travailler dans la police avant de devenir une icône chez les ados grâce à ses vidéos humoristiques - elle a plus de 3 millions d'abonnés sur YouTube, 2 millions sur Instagram - où elle bouscule « les hommes qui traitent les femmes comme des petits objets, des handicapées ou des putes ».

Ina Mihalache, *alias* Solange, incarne depuis huit ans un personnage doux, intello et lunaire qui partage ses convictions sans militantisme, juste avec humanisme, sur sa chaîne YouTube *Solange te parle* : « J'ai eu un déclic en interrogeant des filles sur leur sexualité pour le Mouv', j'ai été bouleversée par les humiliations dont on ne parle jamais, cela a été mon éveil au féminisme [...]. Je suis atterrée par la facilité avec laquelle arrivent les insultes sur le physique et les menaces de viol. Ces clichés sont absolument vrais ! En France, les filles s'excusent encore trop, se surveillent trop. Du côté anglo-saxon, on voit arriver un féminisme non *apologetic* (qui ne s'excuse pas) décomplexé et joyeux[28]. »

Vous non plus, n'ayez pas peur de vous servir de l'humour comme d'une arme. Et si vous êtes l'objet de compliments graveleux, un conseil, retournez le « compliment ».

Des humoristes françaises talentueuses et audacieuses s'emparent aussi du sujet sur scène, telles Typhaine D, Noémie de Lattre, Blanche Gardin, Caroline Vigneaux et un homme féministe, Laurent Sciamma.

De votre côté, pour peu que vous sachiez manier le sarcasme, fonctionnez en miroir et renvoyez l'autre à son propre statut d'objet sexuel : « Ma jupe est transparente ? Ton pantalon à toi te moule tellement qu'on devine ce qu'il y a dessous... »

► **À force d'être toujours plus nombreuses à dénoncer ces abus, vous renverrez définitivement la honte à ceux qui la méritent.**

4e clé : Choisissez d'être respectée plutôt que d'être aimée

- **Abandonnez le schéma de la petite fille qui a besoin d'être aimée**

Pour assumer votre leadership, vous serez amenée à trancher, à prendre des décisions qui ne font pas toujours l'unanimité, à penser à l'intérêt collectif avant de faire plaisir à chacun.

Sheryl Sandberg parle ainsi de sa première réunion d'évaluation officielle avec Mark Zuckerberg, six mois après son arrivée chez Facebook : « Mark m'a lâché, entre autres, que mon désir d'être appréciée de tous risquait de m'empêcher d'aller de l'avant. Il a ajouté que quand on veut faire bouger les choses, on ne peut satisfaire tout le monde [...]. Mark a raison. »

- **Être respectée sera votre objectif**

Il vous faudra poser vos limites, savoir dire « non » quand cela est nécessaire, agir de façon juste et respectueuse. Donnez l'exemple pour que vos collègues s'identifient à ces marques de respect et les reproduisent. Et si, en plus, vos collègues vous aiment, ce sera tout bonus !

Exercice pratique :
Les bonnes questions à se poser avant de dire « non »

- **Pensez à une personne à qui vous n'arrivez pas à dire « non ».**
  Qui ? Dans quelles circonstances ?

  ....

  ....

- **Quelles sont vos peurs ?**
  Prenez le temps d'analyser la situation. Que craignez-vous qu'il vous arrive si vous dites « non » : d'être rejetée, critiquée, de perdre un client, de paraître incompétente ?
  ....
  ....

- **Quels sont les risques réels que vous courez si vous osez dire « non » ?**
  Qu'est-ce qui peut vous arriver ? Êtes-vous prête à assumer ce risque ?
  ....
  ....

- **Quels sont vos besoins que vous comblez si vous dites « non » ?**
  Les besoins que vous privilégiez : vos engagements, votre emploi du temps, vos résultats, vos finances...
  ....
  ....

- **Quels sont vos besoins que vous comblez si vous dites « oui » ?**
  Les besoins auxquels vous donnez ainsi la priorité : être appréciée, satisfaire votre patron, vous conformer au fonctionnement de l'entreprise...
  ....
  ....

- **Que choisissez-vous ?**
  Quels sont les besoins qui vous semblent les plus importants pour vous ?
  ....
  ....

⇨ En résumé :

- ⇨ Osez dire « non » : vous vous respecterez et vous vous ferez respecter.
- ⇨ Renforcez votre assertivité.
- ⇨ Quand vous dites « non », demandez-vous à quoi vous dites « oui »...

Portrait

Caroline De Haas
Une féministe nouvelle génération

Créatrice de Osez le féminisme, chef d'entreprise, ex-conseillère de Najat Vallaud-Belkacem au ministère des Droits des femmes, ex-directrice de campagne de Cécile Duflot, cette jeune femme de 36 ans est avant tout une femme engagée.

De son enfance catholique où ils étaient huit enfants élevés par deux parents médecins, Caroline De Haas s'est forgé cette conviction : « Il faut aider les plus démunis. »

À travers le syndicalisme étudiant, elle prend ensuite conscience qu'« être démuni n'est pas une fatalité » et devient militante.

En faculté d'histoire, Caroline se partage entre Lyon et Paris en devenant la secrétaire générale de l'UNEF en 2006. Le féminisme, elle dit être tombée dedans par hasard quand le syndicat étudiant l'a envoyée aux réunions du Collectif national sur les droits des femmes. « À l'époque j'avais l'impression d'être LA féministe de service », confie-t-elle. Un « féminisme intellectuel » qui se transforme en « féminisme viscéral » lorsqu'elle se rend compte que, dans son entourage, plusieurs jeunes femmes ont été victimes de violences.

Aujourd'hui encore, on la sent en colère : elle parle vite, fait des petits dessins pour être bien sûre de se faire comprendre, est toujours dans l'action, habitée par son combat.

Le plafond de verre ? Elle dessine un cube. « Ce n'est pas qu'un plafond ! Il y a des parois partout pour les femmes : des parois verticales parce que 50 % des femmes sont cantonnées dans seulement 15 % des métiers (services, soins, éducation…), qu'elles représentent 82 % des temps partiels mais qu'elles ne l'ont pas choisi pour deux tiers d'entre elles. Il y a aussi un plancher collant ! Beaucoup de femmes sont scotchées à des postes précaires et ne peuvent tout simplement pas décoller ! »

Caroline De Haas participe en 2009 à la création de Osez le féminisme, dont elle devient la porte-parole. À coups de slogans chocs et de campagnes d'affichage (« Comment appelle-t-on un salarié payé 25 % de moins pour le même boulot ? Réponse : une salariée »), l'association fait parler d'elle, lutte contre toutes les formes d'inégalités et de violences faites aux femmes.

Caroline De Haas a également son propre groupe, Egae, qui réunit deux sociétés vouées à l'égalité femmes-hommes dans les domaines du conseil, de la communication et de la formation (notamment pour lutter contre l'autocensure des femmes et proposer du média-training).

Elle coanime le site Expertes.eu qui propose aux médias 2000 profils de femmes expertes.

À la fin de notre entretien, elle repart les bras chargés de gros paquets pour la chasse au trésor de son fils : une maman comme les autres…

Son slogan : « Soyez aussi sympa avec vous-même que vous l'êtes avec votre meilleure amie. »

Son conseil : « L'égalité n'est pas innée, elle s'apprend : les femmes, formez-vous, ou plutôt déformez-vous ! »

CHAPITRE 5

ACTION !

Vous connaissez mieux ce que l'on pourrait appeler votre « socle » (vos croyances, vos moteurs, vos atouts) et savez comment poser vos limites. C'est le moment de faire sauter les derniers verrous et d'agir !

Le non aura permis de poser vos limites, le oui sera l'affirmation de votre désir.

Le désir, c'est la revendication d'une évolution.

« Le désir, c'est même la revendication d'une jouissance. Jouir de soi, jouir de ses possibles dans la rencontre avec l'autre ou avec le monde », commente la psychanalyste et sexologue Catherine Blanc. En tout cas, c'est un mouvement qui vous conduit à affirmer ce que vous souhaitez et à agir pour l'obtenir.

Et c'est en entrant dans l'action que vous vous découvrirez de nouvelles capacités. C'est un cercle vertueux.

Si vous êtes prête,
fixez l'étoile que vous voulez décrocher et foncez !

⇨ Entrez dans la compétition

Un fait que l'on mentionne très rarement m'a sauté aux yeux pendant que j'effectuais mon enquête : les plus grandes dirigeantes ont quasiment toutes pratiqué un sport à un niveau de compétition : Isabelle Kocher, première femme DG du CAC

40 (Engie), faisait de la natation de compétition et de l'escrime ; Martine Monteil, première femme directrice de la police judiciaire, était excellente en équitation, en tennis et en sports collectifs ; Marion Darrieutort, présidente d'Elan Edelman, faisait des compétitions de tennis ; Valérie Gauthier, professeur et ex-directrice du programme MBA de HEC, était championne de ski et de tennis...

⇨ La liste complète serait longue... Toutes revendiquent avoir appris, grâce au sport, la discipline et l'esprit de compétition qui donnent la détermination à viser les premières places et le courage pour atteindre son but.

Dominique Druon, ex-DGA d'Altran, a été sélectionnée aux championnats de France de gymnastique. Elle explique : « La compétition, c'est sain, on travaille sur soi, et quand on tombe, on doit se relever. On ne peut jamais dire “c'est la faute des autres”. C'est une culture de l'excellence. Il faut certes travailler, mais aussi être à son meilleur niveau le jour J. Rien n'est gagné par avance. Et surtout, tout est toujours possible ! Ce qui était grave un jour, on le relativise un autre jour. »

Est-ce pour cela qu'elle a été la seule à se relever quand Altran a connu une grave crise de gouvernance en 2004 (huit mises en examen) ? Alors seule femme au milieu de onze hommes au comité exécutif, elle m'a confié : « Cette crise de gouvernance m'a permis de démystifier en partie les hommes autour de moi ; ce ne sont pas les plus courageux. C'est le déclic qui m'a permis de briser mon plafond de verre... » Au sortir de cette crise, elle est récompensée en obtenant la DG France, puis la DG adjointe de ce groupe de 18 000 personnes.

Et en tant que directrice générale, elle met en valeur l'esprit sportif de ses équipes.

Le sport de compétition était un critère de sélection pour les managers chez Altran.

Dominique Druon

Entre autres qualités que développe le sport, il y a en effet l'esprit d'équipe, l'humilité, la persévérance mais aussi le goût de l'effort, l'envie de se dépasser, de sortir de sa zone de confort qui sont précieux en termes de leadership.

Angélique Gérard, directrice de la relation abonnés chez Iliad, était à 16 ans la plus jeune entraîneuse de basket-ball de France tout en étant médaillée d'athlétisme. Elle court aujourd'hui le marathon de Paris et de New York… « Quand on court 42 kilomètres, on rencontre, entre le 27e et le 32e kilomètre, ce que l'on appelle "le mur" : on a mal partout, on a des ampoules, c'est la panne de carburant musculaire (plus de glycogène), et là, ce qui fait la différence, c'est le mental ! Vous venez de vous taper 30 bornes, vous n'allez pas arrêter alors qu'il vous en reste 12 ! C'est une question d'orgueil. Et de volonté : le mental n'est rien sans le *fighting spirit*. Et quand vous voyez, aux États-Unis, ceux qui courent de plus en plus nombreux en handisport, vous vous dites : "Je n'ai pas droit de me plaindre, j'ai peut-être les pieds en sang mais eux, qu'est-ce qu'ils doivent supporter avec le frottement de leurs prothèses sur leurs membres…" »

Pour elle, la victoire n'appartient jamais à un seul athlète : « Elle est le fruit d'un travail étroit avec les coéquipiers, les soigneurs, les logisticiens, les entraîneurs. L'entreprise repose sur le même schéma. » Elle n'a pas hésité d'ailleurs à partager son aventure du marathon sur le réseau social de l'entreprise, comme si elle pouvait avoir valeur d'exemplarité pour les 6 500 personnes qu'elle accompagne.

Le sport comme vecteur de leadership, c'est ce que vient corroborer une étude d'Ernst & Young Global Limited, réalisée en 2013.

Parmi les 20 femmes les plus puissantes du monde, 19 ont fait du sport de compétition.

- Christine Lagarde a fait partie de l'équipe nationale française de natation synchronisée.
- L'ex-présidente brésilienne Dilma Rousseff est une ancienne joueuse de volley-ball.
- Hillary Clinton était joueuse de basket et de football.
- L'ancienne secrétaire d'État américaine Condoleezza Rice a été championne de patin à glace et de tennis.
- Susan Wojcicki, CEO de Youtube, faisait de la natation en compétition.
- La femme d'affaires chinoise Weili Dai, cofondatrice de Marvell Technology Group, a été joueuse de basket semi-professionnelle.
- La femme d'affaires Indra Nooyi, P-DG de PepsiCo, joueuse de cricket en Inde, s'est mise au base-ball quand elle est venue travailler aux États-Unis, rejoignant l'équipe des New York Yankees. Une façon également de mieux s'intégrer...

- 80 % des femmes managers ont pratiqué un sport dans leur enfance.
- 69 % prétendent que cela les a aidées à développer des qualités de leadership qui ont participé à leur réussite professionnelle[29].

Pour Stéphane Pallez, actuelle P-DG de la Française des jeux qui avait une « pratique sportive familiale depuis l'enfance » (tennis, voile, ski, escrime, hand), « le sport, même sans participer à des compétitions, est déjà une compétition avec soi-même. Cela donne une forme d'assurance. Il peut faire partie des facteurs de réussite et de leadership. »

Les seules limites sont celles que l'on s'impose.
Le reste, ce sont des excuses parce que l'on a peur.

Stéphanie Gicquel, avocate

Stéphanie Gicquel, jeune femme toute menue de 36 ans, a fait sensation lors de l'un des derniers Women's Forums de Deauville : inscrite au *Livre Guinness des records* comme la femme ayant réalisé la plus longue traversée de l'Antarctique à ski (sans voile de traction), elle l'a fait en soixante-quatorze jours en janvier 2015. Une aventure menée avec son mari, Jérémie, avocat lui aussi, et pour laquelle il leur a fallu trois ans de préparation physique et mentale. « C'était fou au début de penser à ce défi. À force de le préparer, on absorbe cette idée, et l'idée devient un objectif. Finalement on vit avec, et d'un coup ça nous paraît moins fou. »

Une belle preuve de dépassement de soi et une leçon aussi pour nous toutes : le courage peut aider à franchir bien des barrières.

Si l'envie de vous remettre au sport vous vient à la lecture de ces lignes, sachez que beaucoup d'entreprises aujourd'hui proposent de former des équipes de sports collectifs ou de course à pied entre collègues. Une occasion à saisir, peut-être ?

- **Le sport forme au dépassement de soi.**
- **À l'instar de ces femmes sportives, osez sortir de votre zone de confort !**
- **Fixez-vous un objectif.**

⇨ Définissez votre cap

Étape incontournable si vous voulez réaliser votre désir : fixer clairement votre cap.

Parmi les femmes qui se sentent sous-employées ou incomprises dans leur travail, beaucoup ont des difficultés à expliquer précisément ce qu'elles souhaiteraient faire. Peut-être déjà parce que leurs ambitions ne sont pas claires pour elles-mêmes.

Certaines voudraient changer complètement de domaine mais elles en ont une vision idéaliste et se retrouvent déçues au moment de se confronter à la réalité. D'autres se lancent tête baissée dans une création d'entreprise, en oubliant de se poser les bonnes questions. Enfin, les plus nombreuses sont paralysées par la peur. La peur de ne pas être légitime, la peur de ne pas être bien perçue, la peur de se tromper, la peur de ne pas y arriver. Parfois même la peur de réussir. La tentation est si forte de ne pas bouger... Donc on ne définit surtout pas de cap précis, de peur de s'apercevoir qu'on pourrait y arriver.

Le doute ne doit pourtant pas vous décourager. Il doit au contraire vous inciter à agir ! Faites-en un ami qui sera toujours là pour vous aider à rectifier votre cap le moment venu.

Tout semble impossible jusqu'à ce que vous le fassiez !

Blanca Garcia, vice-présidente communications, Nissan Motor Corporation

Blanca Garcia est une femme pleine d'un enthousiasme communicatif. Mexicaine, elle a accepté un premier poste de DG communication externe chez Renault Nissan à Paris sans même maîtriser le français : « J'apprendrai en chemin », m'a-t-elle dit (en anglais). Son leitmotiv : « N'attendez pas de validation, vous êtes la seule personne qui puisse vous la donner ! » « C'est vous l'architecte de votre vie. »

Cap, donc, sur votre avenir professionnel !

Pour définir ce cap, voici quelques questions utiles à vous poser :

- Parmi la liste de vos priorités professionnelles, quelle est aujourd'hui la plus importante pour vous ?
  ....
  ....
- D'ici trois ou cinq ans, quelle est la réussite professionnelle que vous désirez atteindre ?
  ....
  ....
- Quels sont les moyens que vous vous donnez pour l'atteindre ?
  ....
  ....

► **Vous ordonnerez vos autres priorités en fonction de ce but final et des moyens que vous avez décidé de mettre en œuvre.**

Si vous souhaitez, par exemple, vous orienter vers un poste de management alors que vous êtes avant tout ingénieure, choisissez de tout faire pour développer vos talents de leadership, et ordonnez vos autres priorités (entretien annuel, formation, *mentoring*, présentation stratégique, rencontres professionnelles...) en fonction de votre objectif.

Vous aurez constamment à faire des choix.

Validez-les en fonction de leur compatibilité par rapport à cet objectif.

Cela ne veut pas dire que vous ne pouvez pas mener plusieurs objectifs de front, mais faites en sorte que vos autres activités ne vous empêchent pas de réaliser votre objectif principal.

Vous serez amenée probablement à corriger ce cap.

« Détermination » ne veut pas dire « obstination ». La vie est un changement permanent. Votre environnement peut évoluer (nouvel actionnaire, nouvelle équipe, déménagement, santé...), vos enjeux également. À vous de savoir vous adapter avec intelligence, comme un capitaine qui trace sa route en contournant les obstacles et en s'adaptant aux aléas de la météo.

De nouvelles opportunités vous pousseront peut-être à changer complètement de cap, vers des horizons que vous n'imaginiez même pas. Il faut savoir saisir sa chance : la sérendipité (l'art de trouver ce que l'on ne cherchait pas) est aussi une clé !

L'un des plus célèbres exemples de sérendipité est la découverte de la pénicilline par Alexander Fleming quand il réalisa, à son retour de vacances, que les moisissures de pénicilline avaient tué les bactéries contenues dans une boîte de Petri de son laboratoire. On n'est jamais à l'abri d'une bonne surprise.

***La sérendipité pourrait se résumer en un mot :
la « curiosité ».***

Pour en profiter, restez ouverte, élargissez vos champs de connaissance et aiguisez votre sens du discernement pour distinguer les bonnes des fausses opportunités.

De nouveaux métiers émergent et font partie de ces nouvelles opportunités qui pourront s'offrir à vous pour décloisonner votre carrière, compléter votre savoir-faire et briguer des postes qui vous donneront une plus grande marge de manœuvre.

À vous à présent d'entrer en action !

⇨ Planifiez les étapes qui vont mener vers votre cap

Votre cap sera d'autant plus ambitieux qu'il vous faudra plusieurs étapes pour l'atteindre.

1. Quelles sont les trois étapes clés pour l'atteindre ?
2. Quels sont vos talents à mettre au service de la cible ?
3. Quels sont les talents complémentaires à acquérir ?
4. Quelles sont les actions qu'il vous faut mettre en œuvre pour y arriver ?

▸ **Décomposez votre objectif en plusieurs étapes concrètes**

Dans le chapitre 7, nous aborderons la « stratégie des petits pas » pour aboutir progressivement à votre objectif sans vous décourager.

⇨ Prenez le pouvoir avec ses risques

Parmi les qualités que l'on attend d'un leader, il y a celle de décider. Contrairement aux suiveurs qui hésitent toujours par peur de faire les mauvais choix, une dirigeante sera amenée à prendre les devants.

Tout le monde n'a pas ces qualités, mais si vous avez de l'énergie, de la vivacité, du courage et de la détermination, osez les prises de risque !

Si le patron ne prend pas de risques dans un environnement incertain, qui va en prendre ?

Stéphane Pallez, P-DG de la Française des jeux

Diriger, c'est donc courir des risques, se mettre en danger. Cela demande de la confiance en soi. Cette confiance que nous travaillons *in fine* à travers tout ce livre.

Au moment de prendre des risques, il faut accepter que l'on puisse perdre, mais le voir comme une façon de progresser à l'instar du célèbre *try and learn* anglo-saxon : on apprend en essayant.

Dans ses recherches, Carol Dweck, professeure de psychologie sociale à l'université de Stanford, a distingué deux sortes d'individus :

- les individus « à mentalité fixe » (*fixed mindset*), qui pensent que le talent est inné et vivent mal les échecs car ils les perçoivent comme une remise en cause de leurs talents ;
- les individus « à mentalité de développement » (*growth mindset*), qui pensent que le talent peut s'acquérir et qui voient les échecs comme un moyen de progresser.

Pour elle, il en est de même au niveau des entreprises :

- Les entreprises « à mentalité fixe » recrutent en priorité des pointures et sanctionnent les échecs de leurs employés.
- Celles « à mentalité de développement » s'attachent à faire progresser tous leurs employés et elles ont intégré que cela passe souvent par des échecs.

« On ne peut pas innover sans développer d'expérimentation, les échecs sont inévitables », conclut Jérôme Barthélemy, professeur de stratégie et management à l'ESSEC Business School, dans l'une de ses vidéos, *Precepta*, sur Internet.

Prendre des risques, c'est important pour progresser et en même temps se renouveler, développer des regards différents.

Général Isabelle Guion de Méritens

▸ **Apprenez à tirer les leçons de vos échecs.**

En cas d'échec, faites votre autodiagnostic :

- Qu'est-ce qui n'a pas marché ?
- Quels sont les enseignements à en tirer ?
- Quelles sont les pistes d'amélioration ?

Clara Gaymard, ex-présidente du Women's Forum, encourage à ne pas baisser les bras : « Résistez au sentiment de frustration. Ne vous mettez jamais en position de victime ou de coupable. Et ne regrettez jamais ! »

Selon l'adage bien connu, « on apprend plus de ses erreurs que de ses succès ». À condition de faire ce travail d'analyse et de ne pas se décourager.

⇨ Réfléchissez quand même avant d'accepter une mission commando !

J'ai rencontré plusieurs femmes remarquables qui ont grimpé les échelons de leurs sociétés en acceptant des missions commandos dont personne ne voulait.

L'une d'elles, Catherine Guillouard, a ainsi occupé cinq postes en dix ans chez Air France. « Les quatre premiers étaient des postes dont personne ne voulait parce qu'il fallait éteindre des feux », explique-t-elle. Elle a eu le courage d'effectuer ce qu'aucun homme ne voulait faire, comme diminuer le coût de pilotes. Et enfin, au bout de huit ans, on lui a confié la direction financière qu'elle désirait.

Le pouvoir, c'est aussi pour les femmes, il faut le prendre !

Catherine Guillouard, actuelle P-DG de la RATP

Toutefois, sachez distinguer courage et témérité.

Valérie Rocoplan, coach, propose d'être vigilante dans son ouvrage *Oser être la chef* (aux éditions Quotidien malin) : « Repérez les falaises de verre ! » Si vous acceptez des missions commandos, faites-le en connaissance de cause.

L'expression « falaise de verre » a été introduite en 2004 par Mrs Ryan et Mrs Aslam, deux scientifiques anglaises. « Leurs recherches montrent que lorsque des femmes accèdent à des responsabilités élevées, elles s'exposent davantage que les hommes à occuper des positions précaires et risquées [...]. Elles acceptent parfois des challenges sans mesurer le niveau de réalisme des objectifs demandés ou bien elles ne savent pas négocier les ressources nécessaires à la réussite des défis qui leur sont confiés. »

Il est alors d'autant plus important d'évaluer les risques que vous prenez et les moyens dont vous aurez besoin.

Combien de femmes politiques ont accepté d'être parachutées dans des combats que l'on savait perdus d'avance ? On se souvient encore de la défaite malheureuse de Ségolène Royal aux législatives de 2012 (lui coûtant le perchoir de l'Assemblée nationale) face au socialiste dissident Olivier Falorni, à La Rochelle.

La même Ségolène Royal avait pourtant lancé sa carrière en attirant l'attention de François Mitterrand, lui demandant le jour de son investiture à l'Élysée en mai 1988 une première circonscription à un mois des législatives ! Il lui avait donné celle des Deux-Sèvres, réputée ingagnable par la gauche, et elle l'avait remportée.

Marie-Jo Zimmermann, elle, a pris le risque d'avertir qu'elle se présenterait dans la troisième circonscription de Moselle même si son parti ne l'investissait pas, et son aplomb a payé, puisqu'elle a gagné : depuis 1998, elle a été sans cesse réélue et a pu devenir vice-présidente du groupe LR à l'Assemblée nationale.

▸ **Ces femmes n'auraient pas réussi si elles n'avaient pas pris de risque.**

Quand l'objectif semble quasi hors de portée, voici ce que vous pouvez analyser :

- Les raisons qui poussent les autres à vous laisser prendre ce risque : bonnes ou malveillantes ?
- Les opportunités : ce que vous avez à gagner en cas de réussite. Est-ce que les résultats attendus valent cette prise de risque par rapport à la situation actuelle ?
- Les risques : une fois que vous les avez analysés, essayez d'envisager comment les prévenir et comment réagir ensuite s'ils adviennent.
- Qui seront vos meilleurs alliés ?
- Quelles sont vos conditions pour maximiser vos chances de réussite ? Délais, ressources humaines, moyens…
- En cas d'échec : est-ce que cela entamera votre légitimité ? Est-ce que cela vous coûtera votre job ? Quelles seront les conséquences pour vos équipes ? Est-ce que vous aurez gagné de nouvelles compétences ?

Pour rester dans l'exemple politique, se présenter à une élection que l'on sait perdue d'avance peut permettre de gagner en visibilité. Les candidats à la présidentielle, dont le nombre s'accroît au fil des élections, l'ont d'ailleurs bien compris.

Avoir analysé la situation vous permettra :

- d'orienter la décision qui minimisera les risques ;
- d'informer et de préparer au mieux les équipes qui vont vous suivre ;
- d'obtenir l'accord de votre hiérarchie en connaissance de cause.

► **Soyez pragmatique avant tout. Courageuse, oui, mais pas inconsciente !**

⇨ Un bon plan : prévoyez un plan B !

Quand vous prenez un pari sur l'avenir, il est important d'envisager les diverses situations : si vous échouez à ce concours administratif, si le produit que vous lancez n'est pas labellisé, si vous ne trouvez pas les financements pour créer votre entreprise, si votre hiérarchie change d'avis... préparez votre plan B !

- Quelles sont vos autres opportunités ?
- Vos projets de substitution ?

Préparer une alternative crédible aura l'avantage de vous sécuriser. Vous serez alors plus sereine et libre pour vous consacrer pleinement à votre plan A.

⇨ En cas de succès, communiquez sur votre réussite !

C'était très risqué, et vous y êtes arrivée ?

N'hésitez pas à communiquer sur ce challenge que vous avez remporté pour en tirer le plus de bénéfices possible.

Faites en sorte que votre environnement professionnel soit informé des compétences qui ont été déployées par vous et votre équipe, et des résultats obtenus. Expliquez les actions réalisées et les résultats obtenus.

J'ai appris à marketer mes réalisations.

Angélique Gérard,
élue « femme du numérique de l'année » en 2016

5e clé : Sortez de votre zone de confort !

- Ce n'est qu'en faisant des choses nouvelles que vous progresserez.
- Ayez confiance, votre objectif crée l'énergie qu'il vous faut pour l'atteindre.
- Prenez plaisir dans ce dépassement de vous-même !

Exercice pratique : Pensez votre objectif vers l'action

La pensée fait l'action !

Travailler en pensée la définition de votre objectif va vous aider à agir.

Cet exercice est fondé sur des principes de programmation neurolinguistique (PNL) et couramment utilisé en autohypnose.

Nombreux d'ailleurs sont les sportifs qui ont recours à l'autohypnose pour améliorer leurs performances. C'est le cas de Bertrand Piccard qui l'utilise pour piloter son avion, *Solar Impulse*, pendant cinq jours et cinq nuits d'affilée.

1. Définissez votre objectif

Votre objectif doit être :

- **Affirmatif**

C'est l'un des principes clés de la PNL : votre objectif doit être formulé de façon positive. Car si vous dites que vous ne voulez pas d'une chose, vous projetez en fait cette réalité dans vos possibles… Bannissez donc les formulations négatives du genre « Je ne veux plus être l'éternelle adjointe » ou vous risquez de le rester. Remplacez-les par des phrases positives du type : « Je veux prendre la direction de telle unité », « Je veux endosser le rôle de numéro 1 ». Ainsi, vous adopterez progressivement le « savoir-être » d'une numéro 1 et agirez en fonction.

- **Précis**

Exit les objectifs vagues du genre « Je voudrais plus d'épanouissement et de reconnaissance » : votre objectif doit être précis pour que vous puissiez l'ancrer dans vos pensées et le visualiser. Quels sont concrètement les éléments qui vous apporteront cet épanouissement que vous recherchez ? Nommez-les... Cela peut être un genre de mission particulier, une rémunération précise, etc.

Si vous désirez élargir votre champ de responsabilités ou bien changer d'activité, creusez l'affirmation, cherchez quels sont vos besoins exacts, vérifiez si cet objectif va les combler. Sinon, rectifiez. Plus votre objectif sera précis, plus il vous sera facile de le mettre en œuvre et de vérifier son avancement.

- **Possible**

Vous n'allez pas devenir pilote de chasse si vous avez 45 ans et aucun bagage scientifique. Un minimum de réalisme s'impose. Au risque sinon que le réveil soit douloureux... Toutefois, si vous voulez vous donner un maximum de chances de réussite, choisissez un objectif ambitieux : si vous dites « Je veux être avocate », vous avez toutes les chances de devenir une avocate lambda, mais si vous vous dites « Je veux être une grande avocate », vous vous donnerez de meilleurs moyens pour y réussir.

⇨ Notez votre objectif

....

2. Écrivez la phrase qui va résumer cet objectif au présent

Cette phrase vous servira à vous convaincre et à agir selon les règles de la suggestion verbale.

- **Construisez cette phrase affirmative au présent**

Utiliser le présent vous aide dès maintenant à engager un processus de transformation et à commencer à agir vers votre but.

Par exemple :

- « Je mets tout en œuvre pour réussir à doubler ma performance et gagner d'ici la fin de l'année X milliers d'euros. »

- **Utilisez, si besoin, des expressions progressives**

Elles vont induire une amélioration croissante.

Par exemple :

- « À partir de maintenant, j'effectue de plus en plus rapidement et facilement mes missions pour qu'elles me permettent d'ici un an de prendre la direction du service X. »
- « À partir de maintenant, j'adopte toutes les attitudes d'autorité, de calme et d'ouverture pour réussir parfaitement à incarner mon poste de directrice. »

⇨ Notez votre affirmation

....

3. Répétez-vous cette phrase le plus souvent possible

- **Choisissez un moment rituel**

L'idée est de rattacher cette pensée à une activité afin de pouvoir créer un quasi-automatisme entre cette activité et cette pensée.

Cela peut être chaque soir en vous endormant. Le cerveau continuera à faire son travail d'autoconviction pendant votre sommeil.

Si vous pratiquez la méditation, c'est également un moment idéal.

- **Répéter cette phrase en faisant une activité physique peut augmenter son effet**

Pendant une activité physique que vous pratiquez régulièrement (gymnastique, yoga, *running*), répétez cette phrase à haute voix.

Des chercheurs comme Wendy Suzuki, professeure de neurosciences à l'université de New York, ont mis en exergue les relations directes entre l'activité physique et les neurones[30]. Elle s'est inspirée d'une discipline inventée par Patricia Moreno (l'IntenSati) qui combine des exercices de cardio et des phrases positives énoncées à haute voix. Chacun peut les pratiquer dans sa vie courante pendant quatre minutes, que ce soit en montant les escaliers plus vite que d'habitude ou en marchant à grandes enjambées. Au final, elle a observé que « l'exercice physique stimule la neurogenèse » qui facilite notre mémoire à long terme ; de leur côté, les affirmations positives reçues par le cerveau « contribuent à modifier le métabolisme, à développer un meilleur tonus physique ».

Dans cette variante, vous avez un double impact sur le corps et sur le cerveau. Profitez-en pour ajouter d'autres phrases très simples (« Je me sens bien », « Je me sens puissante »...) qui boosteront votre confiance !

⇨ En résumé :

- ⇨ Fixez votre cap.
- ⇨ Osez sortir de votre zone de confort.
- ⇨ N'ayez plus peur de l'échec, se tromper apprend à progresser : « *Try and Learn.* »

Portrait

Christine Lagarde
La Française la plus puissante du monde

Première femme à la tête de l'un des plus gros cabinets d'avocats internationaux, Baker & McKenzie, première femme ministre de l'Économie et des Finances dans un pays du G8, première femme directrice générale du Fonds monétaire international (FMI), première femme à la tête de la Banque centrale européenne, Christine Lagarde n'a cessé de briser le plafond de verre. Elle reste pourtant d'une discrétion et d'un fair-play qui lui valent l'admiration de tous.

Toutes celles et tous ceux qui étaient présents au 10e anniversaire du Women's Forum à Deauville (en 2014) se souviennent encore de son accueil sous un tonnerre d'applaudissements avec standing ovation. Digne d'une rock star dont elle avait d'ailleurs l'allure – perfecto, jean *slim* et crinière blanche –, le chic en plus.

Fille d'enseignants au Havre, Christine Lagarde avait confié dans une interview rare à *La Tribune* (1er octobre 2010) l'importance du scoutisme et de la natation synchronisée dans son parcours : « Scoute, j'étais chef de sizaine. Toutes ces responsabilités que l'on regarde aujourd'hui avec un œil cynique vous structurent. Je n'ai jamais fonctionné en solitaire, que ce soit avec mes frères ou dans la vie. En natation synchronisée, on cherche la verticalité parfaite mais en même temps on doit se synchroniser parfaitement avec les autres. »

Après son bac, Christine Lagarde obtient une bourse pour aller passer un an dans un lycée américain. Une décision qu'elle ne regrettera jamais car elle l'a rendue bilingue et l'a « ouverte au monde ». Formée ensuite à l'Institut d'études politiques d'Aix-en-Provence, elle échoue au concours d'entrée de l'ENA, mais n'a aucun regret :

ses deux maîtrises de droit et d'anglais lui ouvrent les portes d'une brillante carrière d'avocate d'affaires.

Lors d'un entretien d'embauche dans un cabinet d'avocats français, elle découvre qu'être une femme peut être un handicap : on lui explique qu'elle ne pourra jamais être associée. C'est le déclic qui la pousse à tenter d'aller s'imposer dans un cabinet anglo-saxon. Elle y arrivera avec le succès qu'on lui connaît, gravissant pendant vingt-cinq ans tous les échelons de Baker & McKenzie jusqu'à en devenir présidente en 1999 et réussir à en doubler le chiffre d'affaires.

Inconnue en France mais repérée par Jean-Pierre Raffarin, elle quitte les États-Unis en 2005 pour entamer une carrière politique en France. Elle occupera deux postes de ministres (du Commerce extérieur puis de l'Agriculture et de la Pêche) avant de devenir rapidement ministre de l'Économie et des Finances de 2007 à 2011. En 2009, le *Financial Times* la désigne comme étant la meilleure ministre des Finances de la zone euro.

En juillet 2011, elle prend la tête du FMI et le magazine *Forbes* la classe 6e et seule Française dans sa liste des 100 personnes les plus puissantes du monde.

Face à des hommes grands argentiers et des chefs d'État du monde entier, elle aura parfois le sentiment, durant les premiers temps, d'essuyer des commentaires sexistes et de devoir se justifier d'être à ce poste à chaque début de rendez-vous. Pourtant, plutôt que de singer les hommes, elle assume sa féminité et son sens de l'humour avec succès, comme lorsqu'elle explique malicieusement au *Guardian* (le 25 mai 2012) : « Les hommes ont beaucoup de difficulté à dire "non" à une femme qui vient leur réclamer de l'argent. » Maniant naturellement l'empathie et les petites attentions avec ses interlocuteurs, elle sait user de l'art du compromis en avocate aguerrie comme de sa bienveillance féminine.

À la naissance de ses fils, elle a changé ses horaires, ne travaillant plus le mercredi après-midi. Alors jeune associée, elle s'est confrontée au scepticisme de certains mais elle a « osé la différence ».

Jamais, dans son ascension du pouvoir, elle n'a cessé de défendre la cause des femmes.

Elle a même créé, en marge du G20 de 2015, le W20 (« Women 20 »), groupe ayant pour mission l'*empowerment* des femmes dans la sphère économique mondiale par la promotion du travail des femmes comme facteur de croissance du PIB mondial. Selon elle, cela ne doit pas être un combat individuel mais collectif : « Il s'agit de changer les choses pour toutes les femmes. »

Son slogan : Le succès n'est jamais acquis. Comme son père le répétait : « rien n'est dû, tout est devoir ».

Son conseil : « Une jeune femme qui veut réussir doit se considérer elle-même comme un potentiel. » Et si on a l'impression de ne pas y arriver ? « Quand je me sens submergée, je respire très profondément, et je prends conseil auprès de quelqu'un dans mon équipe. » Ne pas y arriver n'est pas une option possible : « Si je ne réussis pas, ça ne se retournera pas seulement contre moi, mais contre les femmes dans leur ensemble. Cela met une pression positive. Vous ne pouvez pas laisser tomber vos sœurs » (Women's Forum 2014).

CHAPITRE 6

UNE OCCASION HISTORIQUE

⇨ C'est le moment ou jamais d'intégrer un conseil d'administration !

Les femmes ont une occasion historique de rentrer dans les conseils d'administration, depuis la loi Copé-Zimmermann de 2011 qui a fixé une obligation de 40 % de femmes dans les conseils d'administration et de surveillance des entreprises de plus de 500 salariés à partir de 2017 (sous peine d'annulation des nominations suivantes et de suppression des jetons de présence).

La proportion de femmes dans les conseils d'administration ou de surveillance est de :

- 45,4 % dans les entreprises du CAC 40,
- 45,3 % dans celles du SBF 120.

⇨ Cette part a quadruplé en huit ans !

Pour le CAC 40 et le SBF 120, six femmes sont présidentes de conseil :

- Sophie Bellon (Sodexo), CAC 40,
- Vivienne Cox (Vallourec), Anne-Marie Couderc (Air France-KLM), Christel Bories (Eramet), Alice Cavalier-Feuillet (Trigano), Marie-Hélène Dick-Madelpuech (Virbac), SBF 120[31].

Autre grande révolution : il y a 50 % de femmes dans les comités de rémunération et 47 % de femmes dans les comités de nomination, et la moitié de leurs présidents sont des présidentes (source : Ethics & Boards).

Certes devoir imposer des quotas n'est jamais idéal. Beaucoup de femmes n'y étaient pas favorables, voulant n'être jugées que sur leurs compétences. Toutefois, sans quota, comme le rappelait Aude de Thuin (entrepreneure, créatrice du Women's Forum), « il aurait fallu 190 années pour y arriver[32] ».

Beaucoup d'administratrices déclarent qu'elles n'auraient jamais osé se présenter sans cette loi. Elles doivent toutefois prouver plus que jamais leurs compétences et ressentent le besoin de se former. « On n'a pourtant jamais posé la question de la formation d'un homme en tant qu'administrateur, comme si un homme naissait administrateur et qu'une femme le devenait », remarque la députée Marie-Jo Zimmermann. De fait, depuis cette loi, il y a eu une éclosion de formations exclusivement réservées aux femmes qui souhaitent devenir administratrices, comme à l'Essec ou à l'EM Lyon.

Dominique Druon, qui a aujourd'hui créé Aliath, son cabinet en conseil de gouvernance, dispense aussi des formations à l'ESSEC, à l'EM Lyon et à l'Insead : *Get on board* pour un premier mandat, ou *Be smart on board* quand on y est déjà. Elle explique : « Il faut ouvrir les yeux : rejoindre un conseil d'administration, c'est ne pas renouveler un homme expérimenté qui a la confiance du président depuis longtemps, pour le remplacer par une femme que l'on ne connaît pas. La question, c'est la confiance ! Le fait d'être une femme ne suffit pas. »

Voici ses conseils pour celles qui souhaiteraient rentrer dans un conseil d'administration :

- **Bien se poser la question « Pourquoi veut-on être administratrice ? »** Pour le pouvoir ? Le secteur d'activité ? Dans un conseil d'administration, on n'a pas le pouvoir d'agir, mais celui de valider, soutenir, contrôler, challenger... Cela ne convient pas à celles qui cherchent des fonctions opérationnelles.

- **S'autoriser à dire qu'on cherche un mandat** et oser le demander.
- **Trouver un sponsor :** utiliser la recommandation. Pour aller chercher le pouvoir, il faut s'appuyer sur des personnes qui ne sont plus en quête de pouvoir mais dans un esprit de transmission (souvent de grands dirigeants d'un certain âge ou des personnes qui ont été vos clients). Vos sponsors doivent être bienveillants et constituer un gage de confiance pour le président du conseil d'administration visé.
- **Ne jamais demander de « l'aide » mais un « service ».** « Je ne connais personne qui ne soit flatté d'être sollicité par une femme compétente plus jeune qui sollicite un conseil. »
- **Se rendre visible :** se présenter, par exemple, à des trophées et inviter un de ses anciens mentors à la remise des prix.
- **À quel âge ?** La moyenne d'âge des administratrices est de 55 ans. Dans les métiers classiques (finance, gestion, RH...), cela demande une telle expertise qu'on recrute plutôt à la cinquantaine. Mais les trentenaires ou quadras ont une carte à jouer, surtout quand elles apportent une expertise pointue dans le digital.

Quand elle accompagne les femmes qui veulent devenir administratrices, Dominique Druon travaille avec le président pour qu'elles réussissent leur mandat. Elle le questionne notamment sur les enjeux majeurs de son groupe et, dans de nombreux cas, remarque qu'il s'agit du digital.

Comme c'est rarement la compétence de ses administrateurs, il est plus facile de le pousser à aller chercher cette expertise ailleurs...

18,2 % des administratrices élues en AG 2016 dans les conseils du SBF 120 ont un parcours professionnel dans la technologie ou les médias (contre 13,2 % pour les administrateurs élus[33]).

Estelle Metayer, entrepreneure et conférencière de 49 ans, a fait ses études en école de commerce à la fois en France (EM Lyon) et aux Pays-Bas (MBA, Nyenrode Business University). Elle a passé avec succès le certificat d'administrateur de société de Sciences-Po-IFA. Franco-canadienne, elle a créé sa société de conseil et de formation Competia à Ottawa, et confirme que les quotas en France ont été son tremplin. Première femme administratrice indépendante chez Ubisoft de 2012 à 2016, elle en a aussi été la présidente du comité de rémunération. Depuis, elle a pu devenir également administratrice chez Bombardier Produits récréatifs, Ricardo Médias et Zag Bank au Canada.

Être administratrice, c'est un challenge intellectuel et personnel incroyable.

Estelle Metayer, présidente de Competia

« Cela permet de voir la complexité d'une entreprise et sa dynamique, explique Estelle Metayer. Cela vous force à élever votre niveau. J'ai dû apprendre, tour à tour, l'aspect manufacturier, la dynamique de la création d'un jeu, la réglementation pour créer une banque... Ça vous sort de votre zone de confort ! Cela vous demande aussi d'avoir un esprit d'équipe, une capacité de rapports avec des gens que l'on n'a pas forcément choisis. »

Il faut pouvoir proposer une spécialisation pointue, selon elle, « un endroit où l'on excelle ». La sienne : « Travailler autour des angles morts stratégiques. » De fait, elle travaille directement avec les comités exécutifs et les conseils d'administration d'industries « en train de basculer » pour les challenger sur leur stratégie.

La chef d'orchestre Zahia Ziouani a, elle, été appelée en conseil d'administration pour sa capacité à favoriser l'accès de tous les publics à la culture. Elle a su ainsi faire connaître et rendre populaire la musique classique dans des territoires oubliés comme le 93. Elle siège aujourd'hui dans plusieurs conseils d'administration de fondations, dont celle de France Télévisions et celle de Jean-Luc Lagardère, ainsi qu'au conseil d'orientation de la Cité nationale de l'histoire de l'immigration. Elle s'occupe également du mécénat musical de la Société générale. « Je les conseille dans leurs actions de mécénat, et c'est instructif de se confronter aux problématiques d'entreprises qui ne peuvent se permettre d'être dans l'immobilisme. Cela apporte aussi des partenaires économiques intéressants, solides et investis, et donne d'autant plus de légitimité à mon travail. C'est un échange de bons services que nous nous rendons. »

Lucille Desjonquères, chasseuse de têtes (Leyders Associates) et présidente de Femmes au cœur des conseils, œuvre aussi pour pousser les femmes à entrer dans des conseils d'administration. Elle a constitué depuis 2013 un vivier de plus de 1 000 femmes ayant le potentiel de devenir administratrices, et entretient un esprit de club fondé sur la bienveillance. Elle observe que ces femmes sont bien accueillies dans les conseils.

Parmi les présidents les plus réfractaires à l'arrivée de femmes dans leur conseil, beaucoup se félicitent aujourd'hui des transformations qu'elles y ont apportées.

Lucille Desjonquères, présidente de Femmes au cœur des conseils

Angélique Gérard, directrice de la relation abonnés chez Iliad (Free & Free Mobile), a aussi été membre du *board* de plusieurs sociétés, dont Europcar (de 2015 à 2018), un challenge qu'elle trouva excitant du fait des gros projets de transformation du groupe. À la première place du Choiseul 100 en 2015, sacrée « femme du numérique de l'année » par *L'Usine nouvelle* en 2016, elle fait partie de ces jeunes dirigeantes du digital qui intéressent les présidents de conseil, mais elle remarque : « C'est amusant de voir que les entreprises qui ont besoin de recruter des femmes en raison des quotas et des sanctions ne se rendent pas compte qu'il y a des femmes brillantes et remarquables dans leurs réseaux : ils passent tous par des cabinets de chasse ! Quand ils recrutent des hommes, la cooptation est encore souvent de mise. »

Il y avait trois femmes dans le conseil d'administration d'Europcar, dont Virginie Fauvel, directrice digitale et marketing d'Allianz France. « Par rapport aux hommes, on n'avait pas la même approche, dit Angélique Gérard, on osait plus, on était plus intuitives, on commençait à se dire qu'il fallait *chasser en meute* pour faire bouger les choses ! » Elle précise qu'il y a eu une évolution entre la première année où elles observaient surtout et les suivantes où elles étaient plus actives, où elles s'appelaient entre administratrices : « Il faut avoir une certaine maîtrise de la prise de parole en *board*. Me considérant en période d'apprentissage, j'ai observé pour mieux comprendre en particulier les comportements de chacun, aujourd'hui je n'ai aucune réserve pour intervenir si j'estime que c'est important. »

Marie-Jo Zimmermann reçoit déjà beaucoup de retours qui témoignent que la mixité a changé les comportements managériaux de ces conseils. Elle est pleine d'espoir pour la suite : « Une fois que ces femmes seront en place et auront acquis leur légitimité, elles ne pourront pas être délogées car on se rend compte des avantages de cette mixité. »

Un bémol toutefois : dans les conseils d'administration des entreprises de taille intermédiaire (ETI), la proportion de femmes dépasse à peine les 20 % et certaines de ces entreprises non cotées sont en train de modifier leur cadre juridique et passer en SAS pour contourner la loi...

La voie est escarpée, mais... elle est à prendre !

⇨ Refusez d'être la « femme-alibi »

Les administratrices sont nombreuses à témoigner qu'il leur a été difficile de s'imposer quand elles étaient la seule femme au milieu d'un comex ou d'un conseil d'administration. Certes, cela peut être agréable de se sentir l'unique femme dans un milieu d'hommes, à l'instar d'une héroïne, chouchoutée... mais pas forcément considérée. Comme si l'on pouvait suspecter que cette présence dans un conseil d'administration ou à un poste de direction serve à mettre un nom féminin dans l'organigramme.

« Au-dessous d'au moins 30 %, elles n'interviennent pas », explique Marie-Jo Zimmermann. En tout cas, il semble que ce soit plus facile, dès qu'elles sont deux ou trois, de commencer à se faire entendre et d'insuffler une énergie nouvelle. Elles échangent également plus facilement entre elles en dehors des réunions du conseil. « J'ai travaillé pour que d'autres femmes me rejoignent chez Ubisoft », m'a confié Estelle Metayer.

Je n'ai pas l'impression d'être un quota.

Carine Salvy, consultante (Calla Consult) et administratrice

À 45 ans, Carine Salvy a une expérience d'administratrice antérieure à la loi, et un parcours surprenant : après un début de carrière dans la finance internationale, elle a choisi de suivre sa passion pour la montagne en s'installant à Chamonix. Cela ne l'a pas empêchée d'être administratrice de cinq sociétés à travers la France dont des groupes cotés et des ETI patrimoniales.

« J'ai eu mon premier mandat d'administratrice en 2010 chez Poweo (opérateur alternatif d'énergie), dont le fonds d'investissement pour lequel je travaillais était actionnaire à plus de 30 %. Le conseil m'a mandatée pour prendre la direction générale en 2012, cela m'a ouverte sur le monde de l'entreprise et la gouvernance. J'ai mené la fusion-absorption avec Direct Energie. Ensuite je me suis mise à mon compte pour faire du conseil en stratégie. »

« La professionnalisation des conseils d'administration date de la crise 2008-2009 : on a pris la mesure de la responsabilité des administrateurs avec des scandales comme ceux de Vivendi ou Swiss Air, où les conseils d'administration ont été mis en cause pour ne pas avoir exercé un contrôle suffisant. Pour moi, c'est ça, la révolution des conseils d'administration : la professionnalisation. Elle arrive en même temps que la loi Copé-Zimmerman qui pousse à diversifier et à s'ouvrir à des personnes formées à la gouvernance et qui sont très compétentes ».

Carine Salvy ne sent donc nullement placée là juste parce qu'elle est une femme, et ses multiples nominations en attestent.

Toutefois, à l'instar de ce que la coach Émilie Devienne explique[34], « si vous acceptez d'endosser le statut de la femme-alibi, profitez-en pour déjouer la tactique et prendre votre place. Donnez du contenu à votre poste, prenez des responsabilités ou arrachez-les quasiment de force si besoin est ! ».

▸ **Donnez à voir vos compétences pour que l'on ne vous juge que sur elles.**

Sinon, attention ! Vous risquez de vous enfermer dans un rôle de faire-valoir qui servira surtout à masquer la sous-représentation des femmes aux autres postes de direction.

Cela pourrait avoir comme effet pervers que vous vous sentiez déniée de vos qualités intrinsèques et dévalorisée à vos propres yeux.

Surtout qu'en tant que pionnière vous aurez valeur de test et serez toujours scrutée, jugée dans toutes vos prises de parole, dans toutes vos initiatives. Et vous n'aurez aucun repère féminin autour de vous.

En politique, sans doute plus qu'ailleurs encore, il faut lutter pour refuser d'être la « femme-alibi ».

Simone Veil, qui était encore la femme préférée des Français dans le sondage Ifop d'août 2016, avait répondu à la question « Être une femme vous a-t-il freiné dans votre carrière ? » par la réponse suivante : « Non, mais j'ai souvent eu l'impression d'être une femme-alibi. Partout où je suis passée, j'ai entendu "Mais si, on donne la parole aux femmes, puisqu'il y a Simone Veil[35]". »

Aujourd'hui, grâce aux lois sur la parité en politique, les femmes sont certes à parts égales dans les élections locales, mais elles ne sont quasiment jamais en tête de liste. Les dernières élections départementales ont ainsi porté 50 % de femmes parmi les élus, mais... seulement 10 femmes sur 101 sont à la présidence de l'exécutif (9,90 %).

À la présidence de régions, elles ne sont que 3 (Valérie Pécresse, Marie-Guite Dufay et Carole Delga) sur 18 (16,6 %).

Elles doivent agir avec habileté pour ne pas servir d'alibi...

▶ **Refusez que l'on vous nomme juste parce que vous êtes une femme. Ou sachez l'utiliser comme un tremplin pour développer ensuite tout votre savoir-faire.**

⇨ Challengez l'exécutif !

C'est l'une des missions d'un conseil d'administration. Alors, si vous êtes administratrice, n'hésitez pas !

- **Questionnez, proposez !**

Challengez les dirigeants par votre questionnement ouvert, sur le modèle économique, les concurrents, les nouveaux entrants, les risques majeurs… Faites-vous remarquer par votre pertinence !

Challengez-les également par les audits que vous effectuerez. Dominique Druon, elle-même administratrice chez April, a mené, à la demande du conseil d'administration, un audit sur l'implémentation du plan stratégique ; elle a donc, à ce titre, challengé l'exécutif et quelque part gagné sa légitimité auprès du conseil d'administration et du comité exécutif.

Surtout, prenez du plaisir ! C'est tout l'intérêt de cette fonction de pouvoir : avoir une vue d'ensemble sur une société et accompagner les équipes exécutives dans leur transformation.

- **Ne vous arrêtez pas aux conseils d'administration, visez les comités exécutifs.**

Pour Marie-Christine Mahéas, directrice commerciale Europe de SilverRail Technologies et ex-présidente du réseau féminin PWN : « Les conseils d'administration sont un rideau de fumée. Il n'y a aucune porosité entre ce qui se passe dans les conseils d'administration et dans les équipes de direction, là où les décisions importantes se prennent. »

Trop souvent, quand les femmes acceptent un poste de direction, elles oublient de demander d'être au comité exécutif (ou comité de direction), même si leur prédécesseur y était.

Une femme prend souvent le job d'un homme, mais sans demander le même titre ni à être nommée au comex.

Marion Darrieutort, présidente d'Elan Edelman

Les femmes auront bien plus de poids quand elles intégreront en nombre les comités exécutifs. Cela commence à bouger car leur proportion dans les comex est passée de 11,8 % en 2015 à 21,2 % en 2020 dans les entreprises du CAC 40.

Dans les comités de rémunération, elles ont dépassé le tiers des membres en 2016.

La part des femmes dans les comex est de :

- 21,2 % dans les entreprises du CAC 40,
- 19,2 % dans celles du SBF 120[36].

Toutefois en France, 13,3 % des entreprises du SBF 120 ne comptent encore aucune femme dans leur comité exécutif. « Les femmes n'entrent pas dans les lieux de pouvoir, là où les nominations se font par cooptation et où la loi ne s'intéresse pas à la parité », a lancé Laurence Rossignol, l'ancienne ministre des Droits des femmes, le 15 novembre 2016, lors de la présentation du quatrième palmarès de la féminisation des instances dirigeantes des grandes entreprises françaises.

Floriane de Saint-Pierre, fondatrice d'Ethics & Boards, fait néanmoins remarquer que certaines sociétés ont fait d'énormes efforts pour augmenter la part des femmes dans ces conseils :

« Début 2020, quinze sociétés comptent au moins 50 % de femmes dans leur conseil. Trois d'entre elles en comptent 60 % : Kering, Sodexo et Vivendi.

Des chiffres qui placent nos entreprises cotées à la première place mondiale en termes de mixité des conseils d'administration.

Il vous faudra toutefois être proactive si vous voulez intégrer un comex ! »

Voici les conseils de Dominique Druon (cabinet Aliath) :

- Développez votre réseau dans l'entreprise pour vous faire connaître et reconnaître.
- Ne vous contentez pas de juste bien faire – voire trop bien faire – votre travail en attendant que l'on vous propose une promotion.
- Levez la main, valorisez vos succès, n'hésitez pas à en faire la promotion.
- Faites savoir – et pas seulement à votre patron ou à votre DRH – que vous êtes motivée pour rejoindre le comex.

On finira par vous identifier !

C'est une question de temps...

⇨ Les entreprises dirigées par des femmes sont plus performantes que les autres

Pour vous encourager, il est bon de savoir que les entreprises qui comptent le plus de femmes au sein de leur conseil d'administration ou de leurs instances de direction inscrivent de meilleures performances. De nombreux rapports et études ont mis en avant ce lien, telle l'étude publiée par la banque helvétique Crédit Suisse en septembre 2014 qui montre que ces sociétés affichent de meilleures performances en termes de capitalisation boursière et d'évolution du montant des dividendes[37].

L'interprétation de ces chiffres est toujours délicate : est-ce le signe que ces entreprises sont modernes dans leur organisation en employant plus de femmes, et donc plus propices à l'innovation ? Sont-ce les femmes qui choisissent de travailler pour les sociétés qui ont plus de succès ? Ou est-ce l'action des femmes, qui ont toujours été habituées à devoir faire leurs preuves, qui aident ces entreprises à devenir plus performantes ? Probablement la conjonction des trois.

Il reste que les femmes ne dirigent pour l'instant que 3 % des 500 plus grosses entreprises mondiales et, dans les comités exécutifs des 100 plus grandes sociétés européennes, elles ne représentent qu'à peine un peu plus de 10 % des membres des comités exécutifs[38].

« Tout le monde s'accorde aujourd'hui pour dire que la mixité des équipes dirigeantes est bonne pour le business et pour la société, alors pourquoi ça bouge si lentement ? » s'interroge Claire Dorland-Clauzel, membre du comité exécutif du groupe Michelin. Peut-être parce que l'efficacité n'est pas toujours récompensée... Claire Dorland-Clauzel, elle, a toujours fait en sorte que ses compétences soient reconnues. Énarque, elle a quitté la haute administration publique après dix années passées au ministère de l'Économie et des Finances, pour rejoindre le privé en commençant par Axa. Elle a su fixer ses conditions.

Voici ses conseils :

- Il faut déjà savoir si l'on veut vraiment diriger : « Quand on m'a "chassée" pour rejoindre Axa, j'ai dit clairement à Claude Bébéar, alors P-DG d'Axa, que j'avais envie d'être un manager, un patron, je voulais des fonctions opérationnelles. »

- Il faut oser demander : « Chez Axa comme chez Michelin, j'ai demandé clairement à faire partie du comex, alors que mes prédécesseurs masculins ne l'étaient pas. Cela n'a pas été de soi mais j'ai tenu bon : comment bien s'occuper de la marque d'un groupe si on n'est pas au comex ? C'est impossible. »
- « On doit convaincre les autres de ce dont on est capable. Mes années passées dans la haute administration m'ont aidée parce que j'ai été soutenue par des gens comme Christian Noyer, directeur du Trésor, qui ont cru en moi. Il faut chercher des mentors. »
- « Il faut avoir un esprit d'équipe : dans un comex, on ne représente plus seulement la fonction, on est en charge d'une partie de l'entreprise. Sur ce point, ma formation publique m'aide encore. L'intérêt général dans une entreprise existe aussi. »

Cela ne m'impressionne pas du tout d'être dans un environnement masculin à partir du moment où je connais mon sujet.

Claire Dorland-Clauzel, membre du comité exécutif du groupe Michelin

⇨ Tirez avantage des nouvelles lois concernant les nominations dans la haute fonction publique

Dans la fonction publique, les femmes sont plus nombreuses que les hommes, mais peu présentes dans les hauts postes malgré leurs compétences. L'Insee a observé un véritable plafond de verre.

Part des femmes dans la fonction publique (Insee) :
- 62 % des agents de la fonction publique,
- 30 % des emplois d'encadrement supérieur et de direction,
- 10 % des dirigeants dans l'enseignement supérieur.

Au sein de la magistrature, par exemple, où ce plafond de verre est évident, les femmes représentent :

- 77 % des élèves de l'École nationale de la magistrature ;
- 65 % des juges ;
- 32 % seulement des échelons les plus élevés de la magistrature[39].

Cette réalité est en train de changer avec les viviers de candidats qui sont préparés en amont des nominations. Là aussi, il y a des places à prendre. La loi sur les nominations équilibrées dans la haute fonction publique (loi de mars 2012 modifiée par la loi pour l'égalité réelle du 4 août 2014) a fait avancer la parité en imposant la nomination d'au moins 40 % de l'un ou l'autre sexe aux postes d'encadrement à partir de 2017. Elle a pour effet d'accélérer fortement la féminisation de l'encadrement en général, et de la haute fonction publique en particulier.

Pour la première fois depuis plus de deux cents ans, la parité dans les rectorats a même pu être atteinte en 2016 à la suite d'une politique volontariste du ministère de l'Éducation nationale, de l'Enseignement supérieur et de la Recherche. Mais en 2018, nous sommes tombés à douze rectrices pour trente recteurs.

Dans les métiers à très forte mobilité, les femmes sont encore peu présentes. La proportion des femmes préfets est toutefois passée de 13 % en 2014 à 20 % fin 2016. Celle des femmes ambassadrices, de 18 % en 2014 à 25 % en 2018.

Florence Méaux, déléguée aux cadres dirigeants de l'État au Secrétariat général du gouvernement, l'annonce franchement : « Je suis pour les quotas imposés par la loi de 2012, car j'ai observé maintes et maintes fois que, sans ces quotas, des femmes n'auraient pas été prises. Elles étaient 20 % des cadres dirigeants de l'État en 2013 et sont passées à 30 % depuis 2015. Cet étiage des 30 % paraît encore difficile à dépasser mais il se maintient grâce à des actions volontaristes. En Grande-Bretagne où ils n'ont pas de quotas, 30 % pour eux serait le Graal ! »

Un bon résultat de cette politique proactive : la part des femmes dans les primo-nominations de cadres dirigeants de l'État est passée de 24 % en 2012 à 31 % en 2016 et 37 % en 2019.

Pour chaque poste à pourvoir, dans une **short list** *de trois personnes, il y a toujours au moins une femme*

« Nous avons une obligation de présenter quelqu'un de compétent, car si la personne échoue, c'est la pertinence de ces quotas qui risque d'être remise en cause ! » À cette remarque, on reconnaît la volonté - presque l'obligation - qu'ont les femmes de devoir toujours être parfaites...

Florence Méaux elle-même est issue de Normale sup, est agrégée de sciences physiques et diplômée de Télécom ParisTech. Elle a commencé sa carrière chez France Télécom puis est devenue magistrate à la Cour des comptes avant de prendre la direction d'AFNOR Certification pendant huit ans. Elle a rejoint Matignon avec pour mission principale de faire émerger des leaders ayant de la vision, mettant en œuvre des transformations en décloisonnant et diversifiant les nominations des directeurs.

Pour aider les femmes à briser le plafond de verre dans la haute administration, voici ses deux pistes d'action principales :

- **Objectiver les compétences dans les nominations**

Trop souvent, les processus de recrutement sont opaques et fondés sur la cooptation : ils désavantagent les femmes, qui sont moins intégrées dans les « circuits » que les hommes. « Dès lors qu'on ouvre le processus, qu'on le met en lumière, on donne leur chance à des femmes auxquelles on n'aurait pas pensé. »

Pour objectiver ces nominations, depuis le 24 mai 2016, les directeurs d'administration centrale sont nommés après avis d'aptitude sur trois candidatures par un comité d'audition, se fondant sur une fiche de poste et une grille d'évaluation très précise.

- **Lutter contre l'autocensure des femmes**

C'est ce que Nathalie Loiseau, ex-directrice de l'ENA, appelle le « conditionnement » (dont nous avons traité précédemment).

Des accompagnements collectifs et individuels ont été mis en place pour que les femmes qui le souhaitent osent davantage se projeter dans des fonctions de haut niveau :

- plan de développement individualisé post-assessment
- mentorat collectif
- ateliers (prise de parole, valoriser son parcours, savoir parler de soi...)
- rencontres, déjeuners de femmes du « vivier » ou cadres dirigeantes : travail sur les freins intérieurs, sur les leviers, les réussites personnelles...

Son conseil : « Ne renoncez pas à l'éducation de vos enfants pour votre carrière. Cela demande des sacrifices, mais les deux sont possibles ! Rien ne vous empêche d'aller chercher votre enfant à l'école, ne serait-ce qu'une fois tous les quinze jours, quitte à vous remettre à travailler dans la soirée. »

► **Profitez des accompagnements mis en place dans la fonction publique pour viser les plus hautes marches.**

6e clé : Plutôt que d'essayer de convaincre, provoquez l'adhésion !

- **Adaptez-vous à vos interlocuteurs.** Dans une réunion, l'envie de convaincre les autres peut vous rendre obstinée, aveugle à leurs opinions, alors que prendre en considération leurs besoins, les valoriser vous aidera à les amener en douceur à partager votre point de vue.
- **Instillez de la bonne humeur.** Si vous êtes détendue et positive en réunion, vos interlocuteurs auront toutes les chances de l'être et vous répondront favorablement.
- **Misez sur vos alliés et ralliez ceux qui hésitent**, plutôt que de vous épuiser à essayer de convaincre vos opposants.

Exercice pratique : Augmentez votre pouvoir d'influence

À des fonctions stratégiques, les compétences techniques ne suffisent pas, il vous faudra développer votre influence et votre sens politique.

Important : ne confondez pas influence et manipulation !

Si vous voulez avoir de l'influence, soyez intègre et loyale.

Voici quelques pistes d'action pour développer votre influence :

1. Identifiez les personnes clés de votre cercle d'influence

Voyez-les en tête à tête, en « bilatéral », comme on dit en entreprise, avant une réunion importante.

2. Écoutez, écoutez, écoutez...

Le but n'est pas forcément de parler la première, mais de parler en ayant conscience des problématiques et des enjeux de chacun.

3. Utilisez la maïeutique : faites accoucher les idées des gens

L'influence passe aussi beaucoup par ce que vous donnez à voir aux gens d'eux-mêmes...

4. Proposez des solutions gagnant-gagnant

Négociez en mettant en avant les bénéfices pour chacun, ils s'impliqueront d'autant plus pour vous suivre.

5. Ayez toujours à cœur l'intérêt général

Décidez en faisant primer l'intérêt général sur les querelles d'ego et les luttes intestines de pouvoir.

6. Soyez disruptive !

Osez proposer des solutions innovantes, des alternatives astucieuses : devenez une ressource clé !

7. Soyez enthousiaste !

L'enthousiasme est irrésistible...

⇨ En résumé :

- ⇨ Saisissez les opportunités d'entrer dans les conseils d'administration, la haute administration, en politique...
- ⇨ Ne soyez pas la femme-alibi : faites-vous reconnaître pour vos compétences.
- ⇨ Apprenez à développer votre pouvoir d'influence.

Portrait

Angélique Gérard
Prêtresse de l'« enchantement »

Élancée, élégante, cheveux longs et sourire angélique, la directrice de la relation abonnés d'Iliad dirige à elle seule 84 % des 9000 personnes du groupe et préside 9 des 25 filiales comme une amazone, seule femme au milieu des 9 dirigeants du comex de Xavier Niel.

Elle a grandi à Fontainebleau dans un milieu modeste, ses parents étant employés dans une imprimerie. « J'ai eu une éducation très stricte, j'ai gagné ma légitimité auprès de mon père en faisant du sport, il en était fier. J'accumulais les médailles de sprint, 5 kilomètres, 10 kilomètres... À 17 ans, j'entraînais une équipe de seniors garçons de basket-ball. »

Au divorce de ses parents, elle devient, à 18 ans, soutien de famille pour sa mère et son petit frère. En plus de ses études, elle cumule alors trois jobs : serveuse dans des bars les soirs de la semaine, relations publiques en discothèque et arbitre officiel de basket-ball le week-end. « Je dormais trois heures par nuit, j'ai toujours eu cette forte capacité de travail. »

Quand elle me reçoit dans les magnifiques bureaux d'Iliad, près de la Madeleine, elle est resplendissante et fière d'avoir réalisé le marathon de New York : « Je suis *finisher* ! C'était mon défi après ma troisième grossesse ! » Angélique Gérard vient en effet de faire trois bébés en trois ans et demi tout en continuant ses entraînements sportifs tous les matins aux aurores.

À côté de cela, elle n'a rien fait de moins que lancer le mobile chez Free et développer toute la clientèle en partant de zéro, remportant 3 millions d'abonnés dès le premier trimestre : un record de croissance de parc ! Ultra résistante au stress, elle confie : « Je vois dans la difficulté une occasion supplémentaire de m'éclater, de me surpasser. » Une superwoman, ça existe donc ? !

Angélique Gérard s'est pourtant longtemps sentie illégitime. Rentrée à 24 ans chez Iliad avec seulement un bac + 2, dirigeant rapidement 2 000 personnes dans cette société en pleine expansion, elle dit avoir souffert d'un « syndrome d'imposture » et de sexisme. « J'ai vécu le cliché de la grande blonde, les regards désobligeants dans les réunions ministérielles où je n'avais que 28 ans, au milieu d'une trentaine d'hommes qui en avaient 50 et se disaient que je devais être celle qui apporte le café. Je vivais ma différence comme une frustration. Certes, quand j'appuyais sur le bouton du micro pour prendre la parole, tout le monde m'écoutait, mais c'était pour savoir "Qu'est-ce que la blonde a à dire ?" Xavier Niel, lui, avait compris que ma différence était un atout : il m'envoyait sur des négociations difficiles car il savait que j'allais les mener avec le sourire. »

Pour se rassurer, Angélique reprend des études à 30 ans et accumule les diplômes qui manquaient à son CV : Insead, HEC, Institut Multimédias. Contre l'avis de son patron : « D'après lui, je n'en avais pas besoin. J'aurais pu aller chez le psy, cela m'aurait coûté moins cher ! Mais je ne regrette pas, cela m'a permis de mettre des mots sur ce que je faisais intuitivement. Sans cela, jamais je n'aurais dépassé mes barrières psychologiques. » Fière de cette autoformation, elle revendique aujourd'hui sa différence.

Depuis, elle a arrêté de s'habiller comme un garçon, ose même les robes fourreaux au boulot : « Je ne veux plus rien m'interdire. Je suis dix fois plus heureuse depuis que je suis moi. »

Son secret : son homme, bienveillant, « super époux, super copain, super papa, super amant ». Angélique Gérard a trouvé en secondes noces l'homme qui partage ses valeurs, ses réussites et son goût de l'effort. « La notion de couple égalitaire est fondamentale ! »

Elle pratique un management ouvert, partageant l'information avec tous de la même façon *via* le réseau social de l'entreprise. Elle est fière d'avoir mis en place depuis deux ans une « politique de l'enchantement » : « Dans un métier de service, pour enchanter les autres, il faut être soi-même enchanté, vivre des émotions. » Elle a donc inventé le premier « baromètre de la symétrie des attentions » : « Si vous gagnez deux points de satisfaction auprès de vos collaborateurs, vos abonnés gagneront un point de satisfaction ! » Pour elle, la satisfaction client est un moteur de performance financière souvent ignoré.

Angélique Gérard tient aussi à partager sa chance. Elle aide de jeunes entrepreneurs à créer leur boîte en tant que *business angel* et consacre une semaine de vacances par an à s'occuper des malades de Lourdes : « Je reviens boostée à bloc, ils me rendent tellement plus que je leur donne. »

Son slogan : « Trouvez les moyens qui vous correspondent pour dépasser vos angoisses. Faites preuve d'audace, parce qu'au bout, il peut vous arriver quelque chose de terrible : la réussite ! »

Son conseil : « Imposez-vous subtilement. Soignez vos éléments de langage. Gérez vos émotions. Exprimez votre ambition et demandez sans même donner d'importance à cette différence homme-femme. »

CHAPITRE 7

MAÎTRISEZ VOTRE TIMING

Il y a des moments pour faire des bonds dans un parcours professionnel, d'autres pour asseoir sa légitimité, se former ou privilégier un événement personnel comme une maternité.

Plutôt que de subir les événements, décidez vous-même du tempo que vous donnez à votre carrière en fonction de vos impératifs !

⇨ Vos choix professionnels sont liés à vos choix privés

Même si tous les cas de figure et d'organisation familiale existent, ce sont chez les femmes que les choix professionnels sont le plus souvent corrélés à la vie privée.

Notre rythme biologique, familial, social, intellectuel nous amène à faire évoluer nos priorités selon les diverses étapes de notre vie. Certes, à n'importe quel moment nous sommes capables de saisir les occasions qui se présentent pour progresser mais, prendre conscience de ces moments clés permet plus facilement de les anticiper et de les traverser.

Voici quelques moments charnières :

- **En début de carrière**

On est encore dans l'apprentissage, la question de l'accomplissement professionnel ne se pose pas encore en ces termes et l'on est parfois plus occupé à la construction de sa vie amoureuse et familiale.

Il est toutefois judicieux de choisir dès le départ les bonnes entreprises, celles qui sont les plus performantes ou innovantes dans votre secteur, mais aussi celles qui font le plus progresser les femmes. Cela pourra vous être d'une grande aide pour la suite de votre parcours professionnel. L'affichage et le niveau élevé de leur « index Pénicaud » fera partie des bons indices.

C'est le moment aussi de vous trouver des mentors qui pourront se révéler un fort facteur d'accélération de votre carrière.

- **L'arrivée d'un enfant**

Elle vient souvent bouleverser vos plans préétablis, vos priorités, vos perspectives. Le travail ne vous définit plus.

Durant les premiers mois, les toutes premières années, selon votre nature, vous ressentirez probablement le besoin d'éviter de vous surcharger de nouvelles responsabilités ou de voyages fréquents, sauf exigence expresse : il vaut mieux en effet vous ménager pour éviter l'épuisement.

La maternité est aussi une occasion de progresser dans la connaissance de soi et dans l'apprentissage du lâcher-prise. On s'y découvre souvent plus forte qu'on ne l'imaginait. Profitez-en pour gagner en confiance et pour vous organiser.

- **Le congé de maternité**

Marine Goubault, consultante en gestion de carrière, explique sur son blog qu'elle entend souvent les femmes annoncer qu'elles utiliseront leur congé de maternité pour faire le point sur leur situation professionnelle. Mais elle le dit tout net : « C'est une idée qui n'aboutit jamais. À ce moment-là, nous ne sommes pas du tout dans l'état de recul et de concentration sur soi nécessaire à la réflexion sur la carrière. Il vaut mieux tout de suite rayer cette option de la liste. » Gardez en effet ce moment exclusif pour votre famille, sauf si vous n'avez pas le choix.

- **Le congé parental**

Il est bien plus propice au bilan sur soi et au travail de reconversion pour celles qui peuvent se le permettre, comme ce fut le cas pour Margaret Milan qui a créé les prémices de sa société Oxybul éveil et jeux pendant son congé parental. Il donne la disponibilité et la tranquillité pour envisager un projet dans sa complexité en dehors des contraintes professionnelles quotidiennes.

C'est aussi le cas des périodes de chômage ou d'inactivité.

- **L'équilibre avec son conjoint**

Pour réussir un challenge professionnel, une création d'entreprise, une mutation, il est important d'obtenir l'adhésion de la personne qui partage votre vie et dc prendre en compte son propre timing. Dans un couple équilibré, c'est souvent à tour de rôle que l'on prend le plus de risques et cela n'empêche pas de faire carrière. Il est bon en effet de pouvoir alterner celle ou celui qui aura la prépondérance professionnelle pour favoriser le bien-être de tous, ne pas passer à côté des joies de sa famille et ne pas surajouter au stress ou aux risques financiers. Si les deux créent chacun leur société en même temps, par exemple, cela multiplie les risques financiers. De même si les deux privilégient une carrière internationale, ils peuvent vite se retrouver à vivre éloignés.

- **L'entrée dans la deuxième partie de sa vie professionnelle**

Quand les enfants grandissent, on récupère beaucoup de temps pour soi, on est au top de ses capacités et l'on connaît ses atouts. En fait, c'est le moment idéal où l'on pourrait occuper des postes à responsabilité, mais c'est souvent là que l'on se rend compte que les hommes nous sont passés devant.

Il ne faut pas hésiter alors à demander à évoluer, à travailler sur soi, à mettre à jour ses savoirs ou se reconvertir si besoin, bref à être très proactive pour anticiper les vingt prochaines années. Avec cette question plus importante que jamais : comment est-ce que je désire me réaliser professionnellement ? Qu'est-ce que je veux avoir accompli qui me nourrisse personnellement, intellectuellement, financièrement, socialement, selon mes priorités ?

Autour de la quarantaine, on sait ce qu'on ne veut plus et, on sait mieux, ce que l'on veut. Profitez-en pour prendre tout le temps nécessaire pour définir vos projets, agrandir votre réseau, vous projeter dans votre réussite.

- **Reprendre le travail après un arrêt de carrière**

Une fois les enfants éduqués, parfois après un divorce ou pour toute autre raison, il n'est pas rare que l'on veuille reprendre une activité professionnelle passé 45 ou 50 ans.

Une association comme Force femmes a créé une dynamique d'aide pour les femmes de plus de 45 ans, considérant qu'il était plus difficile pour elles de prendre part à la lutte pour l'emploi. Sous l'impulsion d'un conseil d'administration composé de femmes célèbres et engagées (Françoise Holder, Véronique Saubot, Véronique Morali, Anne Méaux, Ruth Elkrief...) et animé par une dizaine de salariés et un réseau de 600 bénévoles (issus des ressources humaines et de l'entrepreneuriat) dans 11 villes françaises, l'association propose des accompagnements personnalisés et des ateliers pratiques pour aider les femmes à trouver du travail : « Nous voulons les aider en leur redonnant la chance que nous avons eue. Combattre cette inégalité est un enjeu de liberté, d'égalité et de cohésion sociale. » Cela va de l'aide pour obtenir un premier emploi de secrétaire jusqu'à l'accompagnement complet pour créer son entreprise. Leur Prix de la créatrice met en lumière certaines de leurs nouvelles entrepreneures.

Margaret Milan a elle aussi eu envie de transmettre son expérience en créant le think tank international Professional Women's Network (PWN) ainsi qu'un incubateur de start-up pour les femmes. Elle précise : « Il y a des femmes cadres qui ont eu des carrières découpées, qui sont très diplômées mais qui ne se retrouvent pas dans le poste qu'elles occupent. Je leur préconise parfois de faire une petite formation et puis d'aller pitcher leurs idées à des *business angels*, d'aller dans des incubateurs. Il faut avoir l'humilité d'apprendre à acquérir les petits réflexes qui nous manquent. »

Les femmes de 50 ans sont au sommet de leur expérience et souvent de leur forme. Cela peut être le moment de se lancer !

Margaret Milan, fondatrice d'Oxybul éveil et jeux

⇨ L'ascension linéaire devenant exception, tracez votre propre chemin !

La métaphore de l'échelle que l'on grimpe n'est plus de mise aujourd'hui pour symboliser une ascension professionnelle, tant les carrières se construisent de moins en moins de façon linéaire.

Le parcours classique de la personne qui gravissait un à un les échelons de la même société est devenu l'exception.

Les salariés vont changer en moyenne treize fois d'emploi dans leur vie.

Organisation de coopération et de développement économique - OCDE

Une tendance actuelle est de s'octroyer de plus en plus de pas de côté. Des pas plus ou moins forcés, dans des périodes où l'on ne trouve pas d'emploi dans son cœur de métier ou quand l'évolution de son métier le nécessite. Ou bien des changements volontaires, liés à des envies personnelles de progression ou de diversification.

- On change de poste pour élargir son champ de compétences.
- On prend une pause pour se former.
- On remet les pendules à zéro pour apprendre un nouveau métier.
- On tente l'entrepreneuriat.
- On ralentit – ou on s'arrête – pendant quelques années pour élever ses enfants.
- On multiplie les emplois parallèles...

Il n'y a plus un modèle, mais des modèles ! À vous de trouver celui qui vous correspond le mieux et de fixer votre propre timing.

La crise récente liée à la pandémie du Covid-19 a agi comme un révélateur de nos désirs et besoins profonds, parfois même insoupçonnés, qui peuvent bouleverser nos paradigmes et nous donner l'envie précieuse de nous réinventer.

Mobilité des cadres

- 22 % des cadres ont changé de poste dans l'année.
- 52 % de ces mobilités se sont faites en externe.
- 56 % des femmes (contre 50 % des hommes) ont changé d'entreprise.

⇨ Les femmes ont davantage changé d'entreprise que les hommes. L'insatisfaction au travail semble être leur facteur décisif[40].

Ceux qui bougent le plus sont les jeunes (un tiers des moins de 35 ans) mais aussi les 40-44 ans, car c'est le moment où l'on cherche à gagner en responsabilité, à passer un cap pour la seconde partie de carrière.

Les décideurs femmes se montrent plus enclines à quitter leur entreprise que les hommes. Cette différence s'explique, selon Deloitte, par la nature même des postes qu'elles occupent majoritairement (marketing, communication, ressources humaines) et qui les incite à explorer de nouveaux horizons si elles veulent évoluer.

La recherche d'une rémunération attractive n'est plus le facteur premier d'un changement de poste. 18 % des décideurs acceptent même de réduire leur rémunération dans le cadre d'une mobilité externe. Les motivations principales sont devenues la possibilité d'étendre son champ de responsabilité, une perspective d'évolution de carrière plus importante ou le besoin de changer d'environnement.

Les carrières s'apparentent à des cages à grimper, pas à des échelles.

Pattie Sellers, cofondatrice de Sellers Easton Media

Sheryl Sandberg a repris cette expression de « cage à grimper » dans son livre *En avant toutes,* soulignant le fait qu'il n'existe pas qu'une seule voie pour atteindre les sommets, mais plusieurs, différentes faces, divers points de vue, comme sur une cage à grimper. « La possibilité de tracer sa propre voie, quitte à reculer d'un niveau, faire un détour ou rencontrer une impasse, garantit plus de chances de s'épanouir qu'une ascension rectiligne », écrit-elle.

Elle-même se l'est appliqué, faisant des pauses dans sa carrière comme en 2001 où, sans emploi à la fin du mandat Clinton, elle a quitté la direction du Trésor à Washington pour s'installer dans la Silicon Valley. Elle s'est alors donné quatre mois pour trouver du travail dans les nouvelles technologies ; il lui a finalement fallu un an, mais elle a refusé de se laisser influencer par ceux qui prétendaient que son parcours dans l'administration ne la préparait pas à intégrer cette industrie.

À des sociétés qui lui proposaient de vraies équipes à diriger, elle a finalement préféré un poste de directrice commerciale, inférieur en hiérarchie et sans équipe. Pourquoi ? Parce qu'Eric Schmidt, P-DG de Google, lui donna à l'époque ce qu'elle considère comme « le meilleur conseil professionnel » qu'elle ait jamais reçu : « Si on t'offre un poste dans une fusée, tu ne demandes pas quel siège, tu embarques, c'est tout ! »

Au moment de choisir un poste, un seul critère importe en effet, selon Eric Schmidt : le rythme de croissance de l'entreprise.

Aujourd'hui, Sheryl Sandberg, en tant que n° 2 de Facebook, est la femme la plus riche des nouveaux médias.

Si vous n'avez pas forcément envie de travailler dans les nouvelles technologies, sachez qu'il existe des entreprises « fusées » et des activités porteuses dans tous les secteurs : à vous de les identifier.

- **Privilégiez les « fusées »**

Il se peut que vous ayez une tout autre motivation pour évoluer que devenir rapidement riche ou puissante. Surtout, respectez-la !

Peut-être que le rêve de votre vie est de vous mettre enfin à votre compte, de vivre de votre plume ou de travailler dans une entreprise qui correspond à vos valeurs.

- **Dans tous les cas, n'ayez pas peur de faire un pas de côté.**

⇨ Autorisez-vous à changer de métier

Avoir l'expérience d'une large palette de métiers est un atout dans votre profil professionnel, particulièrement valorisé dans les pays anglo-saxons.

En France, les entreprises traditionnelles ont longtemps privilégié les profils linéaires, les trouvant plus « cohérents »... Mais dans un monde en pleine transformation, les profils transverses et atypiques sont de plus en plus recherchés. Ils sont une preuve de curiosité, de capacité de remise en cause et de prise de risque que l'on attend d'un ou d'une leader.

Osez changer de cœur de métier !

Catherine Euvrard, chasseuse de têtes

Mercedes Erra fait partie de ces pionnières qui ont osé très tôt changer de métier sans avoir froid aux yeux. Professeure de lettres, elle ne comprenait pas pourquoi les enseignants n'étaient jamais évalués et touchaient tous le même salaire. Elle décide alors de quitter l'enseignement et intègre HEC, puis se lance dans la publicité, d'abord comme stagiaire chez Saatchi & Saatchi Advertising. Elle créera l'agence BETC, qui deviendra la plus grosse agence française de publicité.

Si on est mal quelque part,
il ne faut pas accepter, il faut partir !

Mercedes Erra, fondatrice de BETC,
présidente exécutive de Havas Worldwide

Mercedes Erra conseille toutefois d'être prudente : « Dans le contexte actuel, il vaut mieux chercher un emploi et ne partir que lorsqu'on l'a trouvé. Il y a un âge difficile, à 40-50 ans, où les femmes donnent beaucoup de temps et d'énergie à leurs enfants et à leurs parents vieillissants. Or, c'est l'âge où se présentent les hauts postes. Il faut éviter de cumuler les ennuis, et de partir sans filet, sans sécuriser son poste. »

Inutile donc de vous mettre trop de pression, comme nous le verrons dans le chapitre 9.

L'important, c'est de respecter votre propre rythme.

Votre cas est forcément particulier, c'est à vous d'analyser quand franchir des paliers avec discernement. Comme on l'a vu, vous ne pouvez progresser sans prises de risque, sans sortir de votre zone de confort. Mais vous pouvez le faire avec bienveillance pour vous-même.

⇨ Profitez des nouvelles opportunités du marché

- **Les avantages de l'entrepreneuriat**

Avec l'essor du e-commerce, de l'entrepreneuriat social, du développement durable et des nouvelles technologies, c'est toute une génération de jeunes entrepreneures qui est en train d'émerger.

Les femmes, souvent plus souples, plus enclines au travail à domicile, au dialogue, au bien-être et au travail collaboratif, ont des atouts majeurs à jouer sur ce nouveau terrain...

***La part des femmes dans l'entrepreneuriat en France est de 33,9 % contre moins de 15 % de femmes dirigeantes d'entreprise de 10 à 5000 salariés*[41].**

Margaret Milan a fait figure de pionnière dans ce domaine. Elle était chef de produit puis chef de groupe marketing chez Procter & Gamble. Elle m'a confié qu'elle comptait alors les strates entre elle et son grand patron et se désolait du temps qu'il lui faudrait pour atteindre le sommet. Elle avait soif de liberté...

Elle a profité de son congé parental et du fait que son mari assure leur autonomie financière à cette période pour se lancer dans l'aventure de l'auto-entreprise. « Je dis souvent aux jeunes : c'est bien que l'un fasse bouillir la marmite pendant que l'autre construit l'avenir ! »

Pragmatique et prudente, Margaret Milan l'a aussi été pour monter son affaire au début des années 1990. Elle a préféré prendre son temps, a tâtonné pour trouver le bon projet, a envisagé au départ d'importer des pulls en laine de son pays natal, l'Écosse, mais y a renoncé car elle ne voulait pas se retrouver simple intermédiaire. Puis elle s'est finalement lancée de façon intuitive : ne trouvant pas en France les jouets qu'elle aurait voulu pour son enfant, elle est allée les chercher à l'étranger et a créé son propre catalogue - un simple fascicule photocopié pour démarrer - qu'elle a commencé à tester auprès de 1 000 personnes de l'association Croire en son enfant : « J'ai eu 25 % de taux de commande ! dit-elle, amusée. C'est cela qui m'a donné confiance. La beauté de la vente par correspondance - et du e-commerce aujourd'hui -, c'est que cela permet de tester des choses et d'obtenir une réaction immédiate, on avance vite. Je crois beaucoup au *test and learn*, on ajuste et on réajuste. » Quand sa société Oxybul éveil et jeux a commencé à croître rapidement, son mari a quitté son poste dans un gros cabinet de conseil et l'a rejointe comme DG. Entre 1998 et 2000, ils ont surfé sur la vague Internet et sont devenus rapidement le premier site de e-commerce français. « On est montés à 70 millions de chiffres d'affaires, ensuite on est rentrés dans le groupe Fnac qui a fini par acheter la société. »

L'auto-entrepreneuriat offre aujourd'hui de larges avantages pour tenter une nouvelle activité : « Il peut se tester en parallèle à un autre job, pendant un congé parental, pendant une période de chômage. Il ne faut pas hésiter à se lancer, surtout qu'il y a aussi des risques dans un CDI ! » fait remarquer Margaret Milan.

L'auto-entrepreneuriat permet de mettre un orteil dans la piscine.

Magaret Milan, fondatrice d'Oxybul éveil et jeux

Son conseil pour celles qui souhaiteraient se lancer dans la création de leur entreprise pourrait se résumer en une phrase : soyez curieuses !

- Observez : si on regarde, si on écoute, on arrive à relier les différents points entre eux et l'on voit quelque chose se dessiner.
- Il faut beaucoup parler avec les autres, lire, se documenter pour pouvoir « tirer des fils ».
- Il faut savoir écouter les signaux faibles, les retours des clients.
- Trouvez toujours le moyen de tester, même si vous n'avez pas d'argent.

Fany Péchiodat, heureuse cofondatrice de My Little Paris dont elle a vendu 60 % pour 26 millions à Auféminin, en 2012, a, elle aussi, commencé par tester sa newsletter de bons plans avec peu de moyens en 2008, tout en étant salariée : « Je n'avais pas l'entrepreneuriat chevillé au corps [...]. J'ai gardé mon job et j'ai créé My Little Paris en parallèle. Au bout d'un an, j'ai donné ma démission, après avoir réussi à fédérer 10 000 abonnés, quasiment sans moyens. J'avais envie d'indépendance et, surtout, ce projet a fini par prendre le dessus [...]. On n'avait pas réalisé 1 euro de chiffre d'affaires ni vendu un e-mail partenaire quand j'ai démissionné. Il y avait un côté vertigineux. Cela a sans doute été pour moi le moment le plus dur, lorsqu'on hésite entre "J'y vais ?" et "Je renonce ?"... Ensuite, une fois lancé, on déploie une énergie incroyable[42]. »

Cette jeune Clermontoise de 38 ans s'est vite adaptée à son nouveau rôle d'entrepreneure du digital : « Aujourd'hui, on lance une nouveauté tous les trois mois (une appli, une nouvelle maquette du site...). Certaines idées ne marchent pas, mais on a une culture de l'échec positif. Notre philosophie, c'est "mieux vaut essayer vite que réfléchir longtemps". »

Fany Péchiodat avoue : « Personnellement, je n'aurais jamais pu grimper très haut en entreprise. J'aurais vite plafonné car je ne suis pas à l'aise en public, je n'ai pas assez de sens politique[43]. »

Monter sa boîte est plus facile aujourd'hui car il y a une redistribution des cartes qui ouvre le champ des possibles.

Fany Péchiodat, cofondatrice de My Little Paris

L'entrepreneuriat comporte toutefois ses risques. Marion Darrieutort, fondatrice et présidente d'Elan Edelman tient à le souligner : « Ce qui me fait peur, c'est que si l'on suit le mouvement actuel et que plus de 50 % des femmes deviennent auto-entrepreneures, les femmes risquent de devenir les laissées-pour-compte de ce système car elles se lancent souvent dans l'auto-entrepreneuriat sans ambition, comme pour mettre une rustine à leur parcours professionnel. Si vous voulez réussir, il faut de l'ambition, et ce n'est pas facile. Il faut avoir la culture du risque. »

Seuls ceux qui se risqueront à peut-être aller trop loin sauront jusqu'où il est possible d'aller.

Thomas Stearns Eliot, prix Nobel de littérature

▸ **L'entrepreneuriat est un bon moyen pour changer de métier, mais pensez à assurer vos arrières.**

- **Les avantages de l'intra-entrepreneuriat ou « intrapreneuriat »**

Si votre souhait n'est pas de vous mettre à votre compte, mais de trouver un emploi qui corresponde bien à vos capacités, une autre option peut être ce que Jérôme Chouraqui, chasseur de têtes et directeur de Talent Sphere, appelle « l'intra-entrepreneuriat ».

« Étant donné qu'il y a de moins en moins de postes à pourvoir et que les sociétés passent de moins en moins d'annonces (il leur est fastidieux de gérer les centaines, voire les milliers de retours), les entreprises privilégient le bouche-à-oreille et le recrutement en interne. Pour vous donner une chance de vous faire remarquer en venant de l'interne comme de l'externe, créez donc votre boulot ! Allez vendre votre projet au chef d'entreprise. Proposez-lui de créer un nouveau département innovant en fonction des évolutions de son marché », encourage Jérôme Chouraqui, citant par exemple une DGA d'un groupe de télévision devenue consultante qui a réintégré un groupe de production audiovisuelle en proposant de développer une activité consacrée aux nouvelles écritures (Web, réalité virtuelle, etc.).

Un bel exemple d'intrapreneure est le cas de Cécile Brosset, patronne, à 32 ans, du Hub de la Banque publique d'investissement (BPIfrance) : « J'étais salariée de BPIfrance mais j'ai proposé ce projet comme si j'étais entrepreneure, en m'y investissant totalement et en défendant mes idées auprès du management. Du coup, ils m'ont donné le budget, la liberté et la confiance pour le développer vraiment. » Son idée : accompagner les grands groupes et les start-up pour qu'ils se rapprochent. « La seule solution pour que les grands groupes arrivent à travailler avec des start-up, c'est d'avoir des intrapreneurs chez eux pour avoir cette agilité, cette rapidité de *process* et cette aisance à prendre des risques qui est propre aux start-up. Au-delà de cette offre corporate, elle a créé un accélérateur de start-up mais aussi un lieu, le Hub Network, devenu une référence et accueillant 300 événements par an, et une plate-forme digitale en construction. »

L'intrapreneuriat, c'est une opportunité qu'une femme peut saisir pour goûter à l'entrepreneuriat sans en avoir les risques.

Cécile Brosset, directrice de Hub de BPIfrance

Elle ajoute, passionnée : « C'est très enthousiasmant, on est porté par ce que l'on fait mais on est souvent confronté au reste de l'entreprise. Il faut arriver à vivre avec ce genre de contradictions, à ne pas être trop dans l'émotion, à pousser son projet malgré les obstacles, les jalousies, les réticences. C'est un positionnement très intéressant qui permet de beaucoup grandir. »

Si vous êtes dans une entreprise en pleine réorganisation, c'est peut-être l'occasion pour vous de faire de l'intra-entrepreneuriat : proposez de participer à la réflexion et avancez un véritable projet en redéfinissant les contours de votre travail.

Penser au collectif ne vous empêche pas de faire progresser votre propre position, au contraire !

Les pratiques des salariés qui innovent et progressent vite ressemblent d'ailleurs de plus en plus à celles d'entrepreneurs.

Parmi elles, on note :

- la création d'un réseau professionnel
- la tendance à l'autoformation
- la tendance au *personal branding*
- la production de contenus par la création, par exemple, de blogs.

Anthony Hussenot, maître de conférences en théorie des organisations et management à l'université de Paris Dauphine, souligne que la sécurité de l'emploi a disparu : « 87 % des nouvelles embauches se font en CDD selon la DARES, tandis que le taux de conversion en CDI n'est que de 21 %, selon l'OCDE. Dans ce contexte, de nombreux salariés n'ont pas d'autre choix que de sécuriser leur parcours professionnel autrement que par la signature d'un CDI[44]. »

Un rapport du RGCS[45] suggère d'ailleurs que le clivage entre le salariat et l'entrepreneuriat a vécu. 1,2 million de salariés en France ont même choisi la pluriactivité.

Chez ces « slasheurs » qui cumulent les jobs, il y a beaucoup de jeunes femmes, en particulier dans les nouvelles technologies. Sabrina Cheref, par exemple, est à la fois spécialiste du marketing technologique, manager musical et chanteuse de jazz. Elle a fini par cofonder sa propre agence événementielle, SAY YAY, où elle réorganise des événements dans lesquels elle chante également. Une initiative maligne qui prouve que l'on n'est jamais mieux servie que par soi-même...

Si vous avez un parcours atypique, vos potentiels employeurs ne sauront pas forcément dans quelle case vous ranger. Ne vous laissez donc pas « ranger » ! Proposez-leur vous-même une définition de ce que vous pouvez leur apporter en fonction de leurs besoins. Soyez à leur écoute, et proposez un projet cohérent avec vous-même.

- **Créez les contours de votre job : faites de l'intra-entrepreneuriat.**

⇨ Donnez-vous le temps

La réussite n'arrive pas en un jour. Elle se construit jour après jour.

C'est bien d'avoir un cap, une direction, mais il faut se fixer des objectifs intermédiaires réalisables pour ne pas se décourager. Et savoir se féliciter des réussites, même les plus petites.

- **Adoptez la « stratégie des petits pas »**

Elle est souvent recommandée en coaching et vous trouverez un exercice en fin de chapitre à cet effet.

Évelyne Chabrot, coach et ex-DRH d'Accor, prévient : « Il faut se méfier des illusions. Pour éviter cela, je préconise de ne pas changer deux choses en même temps ; on peut difficilement changer de pays et de métier, par exemple, il y a trop de choses à intégrer. »

- Donnez-vous donc le temps pour intégrer les nouveaux savoir-faire requis à chaque étape.
- Recueillez le feed-back positif qui va booster votre confiance pour franchir le palier suivant.
- Célébrez vos réussites au fur et à mesure.

- **Prenez rendez-vous avec vous-même**

Chine Lanzmann a une jolie expression dans son *Guide de l'auto-coaching pour les femmes*[46] : c'est le « rendez-vous avec soi-même ».

Je le trouve particulièrement efficace pour atteindre ses objectifs, pas à pas, et booster sa confiance en mesurant chaque semaine le chemin parcouru. Cela permet, comme elle le dit, de « voir le verre à moitié plein » en réalisant toutes ses réussites (professionnelles et privées) et en dressant un plan concret de ce qu'il faut améliorer.

Je l'adapte avec succès avec les personnes que j'accompagne et vous préconise de l'utiliser de la façon suivante :

Toutes les semaines (ou tous les mois), octroyez-vous dans votre agenda ce rendez-vous avec vous-même. Procurez-vous de préférence un beau carnet que vous aurez plaisir à consulter et procédez en deux étapes :

1. **Notez tout ce que vous avez réalisé avec succès dans la semaine**

À votre grand étonnement, vous trouverez probablement une dizaine de réalisations, grandes ou petites, qui vous ont fait du bien.

Par exemple, une conférence que vous avez brillamment réussie, un nouveau client que vous avez convaincu, les prochaines vacances que vous avez réservées.

2. Écrivez ce vers quoi vous voulez mobiliser votre énergie cette semaine

Quelles sont les actions à mener cette semaine qui vous feront du bien et vous aideront à avancer vers votre objectif ?

Par exemple, décrocher un rendez-vous avec votre P-DG, déléguer une mission qui vous prend trop de temps, reprendre la natation…

Cet exercice est simple, mais une fois que vous l'aurez adopté, vous ne pourrez plus vous en passer.

Vous pourrez même vous octroyer des *super* rendez-vous d'une demi-journée entière avec vous-même, pour vos anniversaires ou pour le nouvel an, par exemple, pour faire un bilan complet de vos réalisations passées et à venir. Et fixer un nouveau cap pour l'année suivante.

⇨ Cherchez vos mentors

Très développé aux États-Unis comme au Canada, le *mentoring* (ou mentorat) arrive depuis quelques années en France dans les grandes entreprises. Si vous avez la chance que l'on vous propose de vous trouver un mentor dans votre entreprise – ou même dans un autre groupe si votre entreprise a monté des *mentorings* croisés –, foncez ! Vous aurez l'opportunité d'être guidée et accompagnée pendant quelques mois par une femme (ou un homme) ayant de l'expérience et sans lien hiérarchique avec vous. C'est une occasion à ne pas laisser passer.

Le mentoring m'a apporté la confiance en moi et le déclic pour y aller.

Elodie Wanet, manager chez A.T. Kearney

« Mon mentor, directrice principale, me prépare, me pousse… Je suis chaque fois passée en *fast track* alors que je ne me sentais pas du tout prête. Elle m'a fait sortir de ma zone de confort. On discute après chaque mission, elle me donne des conseils. Cela m'aide beaucoup », témoigne Elodie Wanet, consultante manager chez A.T. Kearney.

Si votre entreprise ne propose pas de tels programmes ou si vous êtes à votre compte, il est également possible de trouver des mentors à travers des structures de formation, de coaching ou des réseaux professionnels de femmes. Vous pourrez ainsi profiter d'un transfert de pratiques et surtout d'une personne qui va vous challenger et vous motiver, ce qui a été prouvé comme très efficace pour briser le plafond de verre. Des entreprises parrainent également des programmes de *mentoring* et des Prix décernés à des femmes entrepreneurs. C'est le cas de Veuve Clicquot avec son *Bold Woman Award* et son excellent programme de *mentoring* pour cheffes d'entreprise lancé avec le collectif de femmes entrepreneurs et investisseurs SISTA ; ces entretiens permettent aux jeunes femmes entrepreneurs d'être mentorées par une centaine de décideurs. Je viens moi-même de lancer avec Nathalie Hutter-Lardeau (WomUp) et quatre autres expertes, le numéro Vert Entrepreneur.E.s Info Service pour les femmes qui rencontrent des difficultés. Notre plateforme recueille leurs besoins et leur propose des pistes de relance économique et d'accompagnement.

Enfin, vous avez bien sûr la possibilité de partir vous-même à la recherche de mentors femmes et hommes. Identifiez des personnes-ressources autour de vous qui ne sont pas forcément plus âgées que vous mais qui sont plus expérimentées dans les domaines où vous avez besoin de conseils.

Et n'hésitez pas à devenir mentor vous-même. Le bonheur est aussi dans la transmission.

- **Le *mentoring* vous permettra d'acquérir des pratiques, astuces et conseils précieux, en plus d'une relation qui se tissera pendant de longs mois et pourra perdurer tout au long de la vie.**

7e clé : Prenez le temps de décompresser !

- **Offrez-vous une pause quotidienne**

Les femmes qui ont des responsabilités sont souvent sous pression, proches du burn out, tout le temps connectées et sollicitées. Il est primordial de savoir mettre votre cerveau en mode « pause » pour vous ressourcer, de « décrocher » de tous vos instruments électroniques, de toutes vos contraintes pour vous offrir un temps rien que pour vous. De préférence dans le silence, à l'écoute de votre corps et de votre esprit : cela peut être une balade dans la nature, un massage, une méditation. Bref, un moment suspendu à créer le vide pour accueillir ce qui viendra à vous.

- **Accordez-vous une pause prolongée à un moment charnière de votre existence**

Un congé sabbatique, une formation peuvent changer votre carrière en vous donnant le recul nécessaire ou les compétences utiles pour vous réorienter. Et repartir de plus belle !

Exercice pratique :
La « stratégie des petits pas »

Avoir fixé un cap, comme nous l'avons fait au chapitre 5, vous a permis de définir la direction que vous voulez emprunter.

Il est important de vous fixer des objectifs intermédiaires, à dix-huit mois maximum chacun, pour ne pas vous décourager.

La montagne semble plus facile à gravir quand on vise chaque col un par un.

Cet exercice va vous aider à planifier votre réussite tout en la rendant accessible, concrète, réalisable.

L'idée est de vous concentrer à chaque étape sur le moment présent afin de prendre confiance là où vous êtes, avant de passer à l'étape suivante.

- **Décomposez votre objectif en plusieurs étapes concrètes**

Sur une ligne du temps, identifiez ces étapes à un mois, un an, dix-huit mois, trois ans, dix ans même pour votre but ultime.

Écrivez tout votre plan d'action à l'avance, peu importe s'il devra être modifié ensuite. Au moins, vous savez où chaque pas vous mène : vers votre objectif !

Commencez par une première action qui vous semble facile à réaliser, comme l'impression de vos cartes de visite, votre inscription comme auto-entrepreneure ou la recommandation de l'un de vos clients, par exemple.

⇨ Réussir ce premier pas vous donnera confiance et vous mettra « en marche » : vous passerez au deuxième pas, puis au troisième d'autant plus facilement...

- **Tenez un tableau de bord de ces étapes intermédiaires**

Pour chaque mois qui vient, identifiez les actions sur lesquelles vous voulez vous focaliser.

De quels moyens avez-vous besoin pour franchir ces étapes ?

Ces moyens peuvent être de tout ordre : formation professionnelle, personnes à rencontrer, article à écrire, appel d'offres à remporter...

N'hésitez pas à réfléchir à ce qui, dans votre vie privée ou sociale, peut vous aider à atteindre ces objectifs, comme une nounou à trouver ou une amie à interroger.

Votre prof de yoga ou votre voisine sera parfois mieux placée que vos collègues pour vous donner un contact ou un regard nouveau.

⇨ N'hésitez pas à regarder autour de vous à 360 degrés : vos ressources sont plus importantes que vous ne l'imaginez.

- **Fêtez vos réussites**

À chaque petit pas de gagné, n'hésitez pas à vous féliciter.

Votre « rendez-vous avec vous-même » en sera l'occasion, ou un déjeuner avec un partenaire, ou bien un petit article sur votre blog ou même un petit cadeau que vous vous offrirez.

⇨ En résumé :

- ⇨ Soyez imaginative pour adapter vos choix professionnels à votre timing privé.
- ⇨ Osez les pas de côté pour changer d'angle et vous diversifier.
- ⇨ L'entrepreneuriat ou l'intrapreneuriat peuvent être votre solution.

Portrait

Évelyne Chabrot
Une gouvernante devenue DRH

Évelyne Chabrot, c'est de la bienveillance à l'état pur, deux petits yeux malicieux, un large sourire et des intonations chantantes qu'elle garde de son enfance près de Toulon.

Avec un BEP d'hôtellerie pour seul bagage scolaire, elle a gravi tous les échelons du groupe Accor, commençant comme assistante de gouvernante pour finir DRH monde : un parcours hors du commun !

Ses parents, tour à tour hôteliers et restaurateurs dans les environs de Toulon, n'ont pas pu lui financer son bac professionnel. Évelyne se lance toute seule : à 18 ans, elle saisit la proposition d'un ami et part comme assistante de gouvernante au Novotel Coventry au Royaume-Uni, un billet d'avion et 20 pounds en poche. À peine trois mois plus tard, elle devient gouvernante.

Toujours partante pour participer à des formations internes, elle est vite repérée et appelée en France, à 19 ans, pour prendre un poste à Saclay. « Toute ma vie, ce qui m'a portée, c'est ma soif d'apprendre », avoue-t-elle.

Elle grimpera très vite les échelons : à 20 ans, elle devient chef d'hébergement puis attachée commerciale, et ensuite comptable. À 24 ans, c'est la plus jeune directrice d'hôtel du groupe. À la tête du Mercure des Ulis, à redresser, elle fait remarquer à son patron qu'il lui a donné « un hôtel difficile » : « C'est pour voir ce que vous avez dans le ventre », lui rétorque-t-il. Elle relèvera le défi et remontera l'hôtel avec succès. Ses atouts : un engagement total, la franchise de dire ce qui ne va pas, et le courage de demander de l'aide quand elle ne sait pas... Deux ans plus tard, c'est au Novotel Palaiseau qu'elle obtiendra des résultats records.

Pourtant, à son deuxième retour de congé maternité, une surprise l'attend : elle n'a plus d'hôtel. « Évelyne, on lui donne des promotions et elle nous fait des gamins », aurait dit son patron. Elle prend sur-le-champ rendez-vous avec lui, exige et obtient un nouvel hôtel !

Pour suivre son mari et donner plus de temps à sa famille, elle se met quelque temps plus tard en disponibilité et se consacre à la formation technique. Elle se forme pour former les autres et là, c'est le déclic : au cours d'une formation sur le dépassement de soi, et après un voyage initiatique au Chili, elle crée son projet : elle sera directrice des ressources humaines !

Mais quand elle confie son projet au DRH de l'époque, il éclate de rire... Vexée, elle en tirera la force de lui prouver qu'il a tort. Elle se formera à tout-va pendant trois ans : coaching, analyse systémique des organisations, cohésion d'équipe... Avec une boulimie de savoir, elle compense la honte de ne pas avoir fait d'études.

Évelyne Chabrot n'en garde pas moins sa volonté et suit son intuition : elle prépare tout un plan de transformation pour Novotel... et remporte le poste de DRH de Novotel. Tirant sa légitimité de ses compétences et de ses innovations, elle montera ensuite au *board*, et deviendra DRH France.

Il ne lui a pas été pour autant facile de se faire reconnaître par ses pairs, jaloux de son succès alors qu'elle n'avait pas le bac. Quand elle obtient la DRH opérationnelle monde, ils sont nombreux à boycotter ses réunions, à oublier leur *reporting* mais elle tient bon, ne s'effondre qu'en privé, et finit par être admirée pour son courage et ses réalisations. Elle restera en poste jusqu'à sa retraite.

Elle en profitera pour instaurer des mesures phares pour les femmes, comme l'objectif de 35 % de femmes dans les comités de direction.

Après avoir quitté Accor en 2015, Évelyne Chabrot est devenue actionnaire puis directrice générale de la société de coaching United Coaching pour transmettre à présent son expérience.

Son slogan : « Ne croyez pas que l'amour et la bienveillance soient des preuves de faiblesse. Soyez vraies ! »

Son conseil : Réfléchissez à ce que vous voulez vraiment. Analysez les difficultés qui vont se présenter pour pouvoir les dépasser en conscience. Si vous êtes cantonnée dans un poste, par exemple de chef de projet, pensez à un poste latéral qui pourrait vous permettre d'évoluer en faisant un pas de côté.

CHAPITRE 8

CETTE DÉESSE MÈRE QUI EST EN VOUS

⇨ La féminité est source de puissance

Il y a des dirigeantes qui endossent les codes masculins quand elles prennent le pouvoir, nous en connaissons tous. D'ailleurs, on dit souvent d'elles : « C'est un mec ! »

En début de carrière, les femmes propulsées à de hauts postes sont nombreuses à témoigner s'être senties obligées de gommer tout signe de féminité, comme Angélique Gérard (chez Free), ou Marion Darrieutort (chez TBWA)... En prenant confiance en elles, toutes les deux - comme d'autres - ont réussi à assumer leur féminité et à en tirer une véritable force pour briser leur plafond de verre.

C'est une erreur de penser que les femmes renoncent à leur féminité en dirigeant.

Catherine Blanc, psychanalyste et sexologue

« Comment ne pas considérer que donner la vie, en prendre soin, l'accompagner dans son épanouissement... est autre chose que l'expression de capacités formidables : patience, abnégation, endurance, énergie, bienveillance, pugnacité, confiance, générosité, adaptabilité... Pourquoi les femmes n'en tireraient pas une compréhension de leurs aptitudes, prompte à nourrir chez elles le projet d'une direction d'entreprise sans avoir besoin du moindre recours au modèle masculin ? Ceci étant, la féminité n'a pas lieu de se réduire à la maternité, pas plus que ces qualités ne sont l'expression d'un genre », souligne Catherine Blanc.

► **En tant que dirigeantes, il ne faut pas pour autant oublier les archétypes de notre capacité créatrice. Au contraire, assumons notre féminité !**

Certes, comme l'explique Valérie Colin-Simard, psychothérapeute et formatrice, dans son livre *Masculin-féminin. La grande réconciliation*[47], nous vivons dans une société qui, tout en prônant le principe de l'égalité des hommes et des femmes, survalorise en fait les valeurs dites masculines comme la compétition, les chiffres, le faire, la rigidité, l'intellect, au mépris de valeurs dites féminines, comme l'émotion et la créativité. Cela nous conduit droit dans le mur. Et ce, dans tous les domaines, de la vie privée à la vie professionnelle jusqu'à l'échelle des crises boursières, des États en faillite et des relations que notre humanité entretient avec la biosphère.

Pourtant, écrit-elle, « dans le monde du travail, bien des hommes découvrent que les valeurs féminines que sont l'écoute, l'empathie ou la coopération, alliées à des valeurs masculines, nous donnent du charisme et améliorent nos performances. Tandis qu'à trop vouloir suivre les seules valeurs du masculin, bien des femmes s'épuisent ». Nous avons donc besoin d'une vision plus large et tel est son message : il nous faut réconcilier le féminin et le masculin.

Je me souviens encore de ce conseil d'un chaman brésilien qui m'avait interpellée : « Connecte-toi avec ta *déesse mère*, avec ta puissance solaire. » Pour les chamans, en effet, comme pour toutes les premières civilisations qui peuplèrent notre Terre, le sens du sacré avait les attributs et les formes du féminin (comme en attestent les statuettes préhistoriques retrouvées par les paléontologues). Dieu était femme ! La femme était associée à l'astre, au Soleil, à l'action (contrairement à aujourd'hui où elle est associée à la Lune, à la passivité). Dans les langues celtiques et en allemand, « soleil » est d'ailleurs féminin, et « lune », masculin. En Égypte, la Lune était associée au masculin (Osiris) tout comme en Inde (Shiva) ou à Babylone (Sin).

La Grande Déesse fut aussi associée à l'arbre de vie car elle présidait à l'abondance de la nature, mais aussi au serpent ou au dragon, forces de vie positives.

La femme était alors considérée comme l'incarnation dans la matière de cette déesse, elle représentait le pouvoir créateur, la source des richesses. Elle seule pouvait communiquer avec l'invisible. Elle était chamane, guérisseuse, magicienne, prêtresse. Elle dominait la société humaine, matriarcale.

Cette époque fut révolue quand les hommes comprirent qu'ils jouaient également un rôle dans la procréation, et que la naissance des cités et des organisations militaires demandait des rois pour les diriger. Il leur fallut alors des dieux dominateurs à leur image, pour justifier leur prise de pouvoir. Commença également l'asservissement de la femme pour le plaisir de l'homme et la procréation, quelques milliers d'années avant notre ère. Le serpent fut présenté comme l'ennemi corrupteur, et prit la forme de Lilith puis d'Ève. La Grande Déesse devint alors lunaire : un pâle reflet d'elle-même. La femme symbolisant la nature incontrôlable, les hommes voulurent la tenir à distance et la régir. Elle devint par la suite la porte des Enfers, à la création des religions judéo-chrétiennes. Et inutile de dire combien, aujourd'hui, pour tous les fanatiques islamistes, elle est devenue provocation, fauteuse de troubles, incarnant les énergies libres qui échappent au contrôle des mâles.

Ce petit retour sur l'histoire de l'humanité me semblait utile pour que chaque femme comprenne que sa féminité n'est pas signe de faiblesse, bien au contraire. C'est parce que la femme fut toute-puissante qu'elle fut crainte des hommes.

C'est pour cela aussi qu'une réconciliation s'impose au plus profond de nos sociétés : il faut que s'arrête la guerre des sexes et que masculin et féminin finissent de s'opposer. Comme l'explique Catherine Blanc : « L'opposition homme/femme est un processus normal, parce que l'autre nous renvoie ce que nous ne sommes pas. Il nous semble alors nier ou brusquer ce que nous sommes, par le seul fait de sa différence.

Chaque génération, siècle après siècle, doit se réapproprier la tranquillité de son genre pour ne pas regarder l'autre avec défiance. Le fait qu'aujourd'hui la réalisation professionnelle s'offre aux femmes comme aux hommes et ce, dans des domaines similaires, rend plus que jamais nécessaire d'incarner qui nous sommes intrinsèquement afin que le partage du territoire ne soit pas entendu comme une bataille pour un lopin de terre considéré toujours trop étriqué car rogné par l'autre ou en passe de l'être, mais comme une fertilisation par la richesse de ces deux spécificités agissant de concert. »

Arrêtons également de les opposer à l'intérieur de nous-mêmes : réconcilions notre féminin avec notre masculin au cœur de notre être afin de pouvoir créer et réussir, tout en choisissant d'être heureuses.

- **Réussir est un chemin où le résultat est aussi important que les moyens.**
- **Vous serez pleinement épanouie quand vous arriverez à trouver votre propre harmonie.**

⇨ Femmes : un nouveau mode de management ?

J'ai rencontré des femmes chefs d'entreprise, juges, entraîneuses sportives ou politiques qui refusent que l'on fasse une distinction de genre dans les compétences managériales des hommes et des femmes. Caroline De Haas m'a prévenue : « C'est un piège, une façon de nous laisser dans une case en fonction de notre sexe. »

En particulier quand elles font figure de pionnières dans des mondes d'hommes, comme Corinne Diacre, ex-entraîneuse du club de foot masculin Clermont Foot 63 et aujourd'hui entraîneuse de l'équipe de France féminine de football, ou Isabelle Kocher, qui fut scrutée chez Engie et par les médias comme première femme à la tête d'une entreprise du CAC 40 ; on comprend qu'elles n'aient pas envie de mettre en avant un management féminin, sachant que leur singularité braque déjà tous les projecteurs sur elles.

D'autres, au contraire, comme Christine Lagarde, Mercedes Erra ou Jacinda Ardern, première ministre de la Nouvelle-Zélande, ont misé sur leur féminité comme un exemple inspirant pour d'autres femmes dans l'entreprise ou en politique, ou tout simplement comme la revendication de leur liberté. Et elles ont poussé à la reconnaissance et à la valorisation des compétences féminines dans leurs équipes.

Aujourd'hui, on observe, aux dires mêmes des salariés, hommes et femmes, qu'il existe un management dit « féminin » qui, lorsqu'il met en valeur ces vertus « féminines », apporte une véritable plus-value : priorité au dialogue, baisse des conflits, mise en avant des compétences techniques mais aussi sociales, amélioration du bien-être au travail... Tous en bénéficient.

Le but ici n'est pas de faire du prosélytisme. Encore moins d'être caricaturale. Il n'y a pas de « compétence genrée », on observe juste que certaines valeurs managériales sont plus répandues chez les femmes. La richesse est évidemment dans la diversité et dans les valeurs intrinsèques de chaque femme dirigeante, comme Angela Merkel qui a rarement pris particulièrement fait et cause pour les femmes mais n'en reste pas moins considérée comme la plus grande leader européenne de cette époque, tous sexes confondus.

Les prendre en compte est source de perfectionnement aussi bien en termes de gestion des ressources humaines qu'à titre privé pour pouvoir assurer un leadership de qualité.

Une étude de l'institut Catalyst[48], réalisée auprès des cadres à haut niveau et haut potentiel dans le monde entier, a d'ailleurs mis en lumière que, contrairement aux idées reçues, si les femmes adoptent les mêmes stratégies et modes de management que les hommes, elles continuent à progresser bien moins vite qu'eux. Il est donc préférable pour elles de réinventer un mode de management mettant en avant leurs propres atouts.

Singer les hommes est contre-productif, mieux vaut capitaliser sur vos atouts, mais sans vous y enfermer. Réalisez votre propre union du masculin et du féminin.

Valérie Colin-Simard a décrypté sept exemples de valeurs du féminin devenues indispensables pour orienter les décisions du leader de demain et son style de management. Sept clés d'un leadership réussi. Elle précise que, seules, ces valeurs du féminin se révéleraient inefficaces. En excès, elles pourraient être nocives ; c'est seulement en alliance avec les valeurs du masculin qu'elles génèrent la réussite.

Ces valeurs sont présentes – et heureusement – chez de nombreux hommes. *A contrario*, certaines femmes en manquent profondément. Mais puisque l'on explore les archétypes, il est intéressant de noter qu'on les retrouve plus fortement chez les femmes.

Surtout, elles sont au cœur de l'évolution du management qui valorise comme clés de réussite la motivation, le bien-être, le lien, l'intelligence émotionnelle, le désir de donner du sens à sa mission. Bref, un management plus humain qui ne doit pas pour autant négliger la rentabilité, surtout en temps de crise, et qui s'en révèle même un très bon allié.

Lisez ci-dessous ces sept valeurs dites « féminines », en fait profondément humaines.

Je vous propose d'en profiter pour vous demander si vous savez les mettre à profit ou quelles sont celles qui mériteraient que vous les développiez.

1. Donner du sens

Est-ce que votre travail satisfait votre besoin de sens ? Est-ce que vous savez mettre du sens dans votre façon de manager ?

Lever les yeux plus loin que la rentabilité à court terme et l'affairisme à outrance pour miser sur l'humain donne en fait de meilleurs résultats sur le long terme.

Dans leur best-seller, *Le Prix de l'excellence,* les consultants Thomas Peters et Robert Waterman démontrent d'ailleurs que les compagnies américaines qui réussissent le mieux sont celles qui ont du cœur, à l'instar de Microsoft, créée par Bill Gates.

2. Créer du lien

Savez-vous créer du lien, entrer en empathie avec vos collaborateurs ?

Jacinda Ardern a acquis une popularité mondiale en affichant un nouveau modèle de leadership politique qui mêle empathie, fermeté et humour.

Une femme comme Christine Lagarde a su très bien créer ce lien, ayant toujours une attention personnelle pour ses interlocuteurs, avec des petits cadeaux provenant parfois de sa campagne française, tout en traçant une carrière alliant raison, droit et devoir – bref, en maniant parfaitement cette réconciliation entre féminin et masculin.

Cette notion de lien est tout aussi importante à l'échelle de l'entreprise : le lien proposé est souvent gratuit, c'est le modèle économique de Facebook par exemple, mais il se rentabilise autrement, en particulier par la publicité.

Plus loin, nous verrons avec Valérie Gauthier comment le leadership relationnel peut être mis en pratique.

3. S'arrimer au concret

Avez-vous l'esprit pratique ?

Probablement parce qu'elles sont généralement plus investies des tâches familiales, les femmes ont souvent développé un sens pratique qui leur permet de privilégier le terrain, le concret aux discours de puissance ou querelles théoriques.

4. Oser l'égalité

Avez-vous besoin qu'un supérieur hiérarchique vous dise quoi faire, ou aspirez-vous à une égalité de prise de décision ?

Fondé sur cette notion d'égalité très affirmée, le management horizontal est une tendance du moment encore osée, mais qui peut donner des effets positifs, comme dans le cas de l'« entreprise libérée » de Marion Darrieutort (Elan Edelman), détaillée un peu plus loin. La hiérarchie verticale et les postes de directeurs n'existent quasiment plus. La confiance règne en maître mot.

Valérie Colin-Simard cite, pour sa part, une étude du *Wall Street Journal*[49], réalisée par les universités de l'Iowa et du Texas aux États-Unis, qui montre que les équipes qui se cosupervisent ont une performance supérieure à celles qui ont une hiérarchie plus traditionnelle.

Ce modèle n'est pas adapté à tout le monde, mais celles qui aiment être engagées et ont le sens de l'initiative ont toutes les chances de s'y épanouir.

5. Équilibrer vie privée et vie professionnelle

Arrivez-vous à préserver votre vie privée ou vous laissez-vous envahir par les contraintes de votre travail ?

Les femmes ont apporté beaucoup d'innovations dans ce domaine, influençant le développement de la flexibilité du travail, du télétravail ou de la gestion des doubles carrières.

Elles ne sont pas les seules à ressentir aujourd'hui le besoin de ne pas sacrifier leur vie privée à leur vie professionnelle. Ce serait le cas de plus des deux tiers de managers hommes trentenaires, d'après une étude de la Commission européenne[50].

Il y a toutefois encore beaucoup de femmes dirigeantes qui paient cher le prix de ne jamais avoir la joie d'aller chercher leurs enfants à l'école, d'être à ce point stressées qu'elles en profitent mal quand elles sont avec eux ou tout simplement de ne pas en avoir le temps. Dans leur cas, arriver à trouver des solutions pour plus d'équilibre peut être indispensable pour éviter le burn out.

6. Choisir l'humilité

Est-ce que vous pensez souvent tout savoir ou êtes-vous capable de vous remettre en cause ?

La capacité des femmes à se questionner, à vouloir se perfectionner, à ne pas se prendre pour le centre de la Terre et à ne pas se croire toutes-puissantes leur permet souvent d'être mieux appréciées par leurs collaborateurs et de mieux s'adapter à leur environnement.

Elles savent aussi plus facilement encaisser les échecs sans en faire un blocage d'ego et proposent plus aisément des alternatives constructives.

Stéphane Pallez, P-DG de la Française des jeux, ne croit plus au patron qui sait tout, mais valorise l'importance du collectif et de l'humilité : « La première qualité aujourd'hui, c'est de reconnaître qu'on ne sait pas tout, et même qu'on peut se tromper. La dernière personne qui a dit cela est l'ancienne patronne des services secrets britanniques, donc je pense que c'est un aveu qu'on peut considérer comme sérieux. »

Si ce n'est pas votre cas, développez votre humilité : l'ambiance de votre équipe s'en ressentira immédiatement.

7. Respecter ses émotions

Osez-vous dire ce que vous ressentez ?

Que cela soit clair : les femmes n'ont pas plus de glandes lacrymales que les hommes ! Toutefois, culturellement, elles ont plus l'habitude de laisser percer leurs émotions et de les partager avec leur entourage. Ces émotions, positives comme négatives, permettent de nourrir le feed-back, de créer le lien, d'oser dire, par exemple, « non, ta critique me blesse » sans tomber dans la victimisation, mais juste en dévoilant ce que l'on ressent.

Cela permet aussi, en tant que dirigeante, d'aborder des situations délicates ou des plans de restructuration avec plus d'humanité.

⇨ Deux façons de développer deux de ces valeurs

Zoom sur deux de ces valeurs (créer du lien et oser l'égalité) à travers les pratiques innovantes de deux femmes d'exception.

- **Le *savoir-relier* de Valérie Gauthier**

Professeure à HEC Paris, directrice pendant huit ans du programme MBA, poète et peintre, Valérie Gauthier a un profil atypique d'experte à la fois en psychologie, traduction poétique et management. Elle a développé une théorie autour du leadership (*Le Savoir-relier. Vers un leadership intuitif et relationnel,* aux éditions Eyrolles) pour passer du leadership vertical, fondé sur l'autorité, à un leadership ouvert où les relations de qualité, le respect et la recherche d'une dynamique commune changent en profondeur les modes de management.

Pour comprendre Valérie Gauthier, il faut revenir sur son parcours brillant et atypique. Championne d'Île-de-France de natation à 9 ans, éducatrice de tennis à 14 ans, championne d'équipe de France Master de ski, Valérie Gauthier avait, en plus, deux ans d'avance à l'école. Surdouée, donc.

Au milieu de son année de maîtrise de psychologie (neurosciences), elle décide de partir aux États-Unis où on lui propose une bourse pour jouer au tennis ; mais au moment de passer pro, elle recule pour ne pas se consacrer uniquement au tennis. Elle reste aux États-Unis où elle devient vite biculturelle, remporte le prix de *Best Teaching Assistant of the Year* à 24 ans, et en profite pour faire une thèse sur « l'approche théorique et la pratique de la traduction poétique ». La découverte de la poésie américaine (Larry Griffin, Elizabeth Bishop...) sera une révélation. Sa source d'inspiration pour son savoir-relier.

Pour elle, la poésie est la métaphore de la complexité du monde d'aujourd'hui : « On a besoin du sensible pour traiter et analyser la complexité, pour être capable d'associer des choses qui ne vont pas forcément ensemble, à l'image de l'oxymore en poésie qui crée de la valeur. »

Professeure d'anglais dans l'Éducation nationale et à HEC, elle n'avait aucune expérience du management et venait d'un département (langues et culture) qui n'est pas le plus noble dans une *business school*. Elle est cependant élue en 2002 – seule femme au comité de direction – pour diriger le programme MBA, qui se traînait à la 67e place mondiale et faisait de l'ombre au reste de l'école. Elle le prend comme un défi sportif et, en quatre ans, le fait entrer dans le top 20 mondial. Elle se retrouve médiatisée, à sa plus grande surprise.

« Mon but était de rassembler un public extrêmement divers en termes de nationalités (on est passé de 50 % à 85 % de non-Français) et d'expériences (médecins, chercheurs, avocats, ingénieurs...) avec un travail sur le leadership et le développement personnel », m'a-t-elle expliqué.

Avec pour mentor Theodore Zeldin, historien et sociologue britannique qui a travaillé sur l'amélioration des relations humaines, elle lie directement le leadership à la qualité des relations interpersonnelles.

L'introspection est la base du leadership et du savoir-relier.

Valérie Gauthier, professeure à HEC

Sa théorie du savoir-relier est fondée sur trois piliers :

- l'authenticité : elle stimule la créativité et l'assurance ;
- la générosité : elle crée un climat de bienveillance et de tolérance qui permet de fédérer ;
- la capacité à générer : elle encourage l'action, l'innovation et un sens fort de la mission partagée.

Avec le savoir-relier, le dirigeant ou l'individu concerné acquiert la confiance en soi nécessaire pour prendre de bonnes décisions qui s'appuient sur les opinions et idées des autres, mêmes si elles sont contradictoires.

- **Mis en pratique avec empathie, humilité et résilience, le savoir-relier stimule les initiatives créatives, crée du sens, engendre action et résultats.**

- **L'*entreprise libérée*, de Marion Darrieutort**

À la fusion de son agence de communication Elan (70 personnes) avec le géant américain des relations publiques Edelman (5 000 personnes à travers le monde) en 2014, Marion Darrieutort se retrouve à la tête de 140 personnes avec beaucoup de « chefs » à gérer et des *process* à n'en plus finir qui sont dans tous les manuels de management, mais qui se révèlent de moins en moins efficaces. « Les résultats avaient baissé, les salariés n'étaient pas heureux, j'avais tellement de pression que je ne me reconnaissais plus dans ma façon de diriger », explique-t-elle.

Elle découvre dans un livre (*Liberté & Cie*, d'Isaac Getz) le principe de *free company* qui semble un nouvel eldorado, et recrute un consultant qui lui explique la théorie d'organisation horizontale. « J'étais dubitative, mais j'ai décidé de faire un break de six semaines et une retraite dans un ashram en Inde pour réfléchir à la façon dont je voulais exercer mon rôle de P-DG. J'ai dit à mes employés : “Si je dois *libérer ma compagnie*, il faut que je commence par vous laisser les clés.” » Elle revient transformée : « J'ai laissé en Inde tout mon passé, tout ce que j'avais appris avant, j'ai découvert le lâcher-prise. » Concrètement, elle décide de faire confiance à ses équipes et les sent immédiatement beaucoup plus heureuses, beaucoup plus promptes à devenir force de proposition.

Depuis 2015, voici ce qu'elle a mis en place pour « libérer sa société » :

- Elle a dissous le comité exécutif et le comité de direction pour que l'information ne soit plus un pouvoir.
- Elle n'a gardé qu'une réunion du lundi matin avec douze personnes de niveaux divers : « Elles sont là parce qu'elles ont un rôle, pas un intitulé de poste. »
- Elle s'est inspirée de Sébastien Bazin, P-DG d'AccorHotels, en créant un *shadow cabinet* : six jeunes salariés (ils changent tous les ans) qu'elle réunit pour leur présenter un sujet et sa façon de l'aborder ; ils lui donnent leurs opinions sans filtre, et lui disent s'ils pensent qu'elle se trompe. « J'ai appris beaucoup plus de choses qu'avec mon traditionnel comex. »
- Il n'y a pas de contrôle. Chacun est responsable de ce qu'il exécute.
- Les salariés sont libres de s'organiser comme ils le souhaitent.

« Cela ne marche que si vous donnez le mode d'emploi. Et une mission. Par exemple, celle de Netflix tient en cinq mots : *Act in Netflix best interest.*

« Pour ceux qui ont beaucoup d'ego, ce genre d'organisation est un tsunami. Il faut évidemment que le DRH soit dans cet esprit et recrute les personnes en fonction de leur capacité à s'adapter à cette nouvelle culture. Je pensais que les jeunes s'adapteraient le mieux, mais en fait cela dépend de la capacité d'adaptation de chacun. Les femmes sont souvent plus enclines à donner du feed-back et à s'adapter. Et, à mon grand étonnement, c'est mon directeur financier qui m'a le plus aidée : il a directement adopté et vanté la méthode. »

Ses conseils pour réussir cette transformation :

- Donnez aux gens le temps de changer.
- Débriefez régulièrement et observez les bénéfices.

Ce n'est écrit dans aucun livre, mais c'est le secret que je vous livre : commencez par changer vous-même ; si vous changez, votre équipe change !

Marion Darrieutort, présidente d'Elan Edelman

Les résultats ont été au rendez-vous pour Elan : après la fusion avec Edelman, ils s'étaient donné trois ans pour retrouver le profit, cela a été obtenu dès le deuxième exercice avec une dynamique business retrouvée.

⇨ Femmes : une autre façon de négocier ?

Aux dires de nombreux DRH et dirigeants, quand une femme négocie pour elle-même, elle s'excuse presque de demander. Comme si elle savait par avance que cette demande pourrait être mal interprétée ou être jugée égoïste ; les hommes, comme les femmes, attendant inconsciemment que les femmes se préoccupent davantage du bien d'autrui...

Une bonne négociation étant celle qui vous permettra d'atteindre votre but tout en continuant d'être appréciée, n'hésitez pas à vous faire plus maligne que vos interlocuteurs : défendez vos intérêts personnels tout en agissant de façon solidaire.

- **Déjouez leurs codes et leurs attentes implicites**

Sheryl Sandberg[51] propose même d'annoncer en préambule que puisque les femmes sont en moyenne bien payées, il convient de ne pas accepter d'emblée l'offre qu'on leur soumet. Et de négocier ensuite en utilisant le « nous », la requête d'une femme ayant un meilleur accueil si elle dit « Nous avons eu une excellente année » que « J'ai eu une excellente année ».

⇨ Jouez le collectif tout en défendant vos propres intérêts.

- **Négociez en douceur mais sans rien lâcher pour autant**

Justifiez bien sûr de manière factuelle vos revendications, montrez votre considération aux autres, sachez jouer de votre empathie et de votre capacité à créer du lien tout en vous montrant ferme, persévérante même si la négociation prend des mois... et toujours souriante !

⇨ Soyez impitoyablement aimable !

- **Sortez la discussion du registre de l'émotionnel**

Restez sur le terrain de la performance. Valorisez vos réussites. Demandez clairement ce que vous voulez.

⇨ Entraînez-vous à avoir de l'aplomb.

⇨ Du bon dosage de la féminité dans votre look

L'apparence physique n'est pas anodine. Que l'on soit un homme ou une femme, elle joue énormément sur l'appréciation, même inconsciente, de vos interlocuteurs.

Pourtant beaucoup de femmes, dans le cadre du travail, négligent leur apparence, notamment vestimentaire, ou choisissent les vêtements les plus passe-partout : sombres (noir, gris, marine) et classiques pour éviter de se faire remarquer ou de donner l'impression de chercher à séduire.

Osez utiliser votre apparence pour maximiser l'impact de l'image que vous voulez donner.

- **Adoptez le bon *dress code***

Le sujet est délicat, tant il touche à la liberté individuelle de chacune tout en prêtant à beaucoup de remarques sexistes et déplacées. On se souvient de l'affaire de la robe de Cécile

Duflot et des remarques humiliantes qu'elle avait subies à l'Assemblée nationale, de la façon dont les tenues ostentatoires de Rachida Dati ont été décriées ou encore du risque du décolleté, réel mais maladroitement stigmatisé par Ségolène Royal dans ses directives données aux employées de son ministère...

A contrario, les minijupes en cuir de Mercedes Erra, présidente de BETC, ont fait d'elle une légende du féminisme décomplexée.

À chaque secteur ses codes : il est certainement beaucoup plus aisé d'être valorisée pour son excentricité dans les métiers de la création que dans la politique ou l'industrie.

Si vous êtes dans un milieu professionnel où cela est accepté, inutile donc de brider votre personnalité. Dans les autres cas, marier féminité et sobriété vous préservera souvent de bien des ennuis. Choisissez vos combats les plus importants !

► **Décodez le *dress code* de votre secteur.**

• Affinez l'image que vous voulez donner de vous

Demandez-vous :

- Quelle image ai-je envie de donner de moi ?
- Est-ce que mon look reflète bien cette image ?
- Que pourrais-je faire pour l'améliorer ?
- Y a-t-il des pièces dans mon placard que je n'ose pas mettre au bureau et que je pourrais pourtant utiliser à bon escient ?
- Qu'est-ce que j'aime chez les femmes dont j'admire l'apparence ?

Il est important de vous sentir à l'aise dans les vêtements que vous portez tout en vous sentant alignée et fière de l'image que vous donnez.

► **Maximisez votre apparence en respectant qui vous êtes.**

Astuces de *dress code*

- Choisissez des vêtements dans lesquels vous êtes à l'aise. Une femme qui souffrira dans des chaussures aura toujours du mal à paraître totalement sereine.
- Respectez les codes de votre environnement professionnel.
- Privilégiez élégance et sobriété pour un entretien dans un univers inconnu.
- Utilisez un ou deux accessoires pour affirmer discrètement votre personnalité : bijou, foulard, ceinture. Bien choisis, ils montreront votre goût et votre singularité.
- Misez sur une coupe de cheveux belle et structurée.
- Évitez les signes aguicheurs : décolleté plongeant, minijupe avec bas résilles, maquillage outrancier...
- Osez la couleur mais n'en mélangez pas plus de trois.
- Surtout, prenez plaisir à vous habiller tous les matins !

8e clé : Écoutez votre intuition

Celles et ceux qui réussissent le doivent souvent à leur intuition, même s'ils l'avouent rarement publiquement.

- **Court-circuitez votre intellect bouillonnant**

Lâchez vos peurs, votre besoin de tout contrôler, vos raisonnements pour vous poser quelques minutes et vous laisser guider par votre intuition, ce que les chercheurs appellent parfois « inconscient d'adaptation ».

- **Écoutez cette petite voix intérieure**

En ayant pris soin au préalable de vous débarrasser de vos fausses croyances et d'apprivoiser vos injonctions inconscientes (chapitres 1 et 2), écoutez cette petite voix qui sait au plus profond de vous ce qui est le mieux pour vous. Et ce n'est pas forcément ce que vous *voulez* entendre. Avec un tout petit peu d'habitude, en quelques minutes par jour de méditation, par exemple, vous pourrez observer comment la priorité du jour arrivera à votre cerveau comme une évidence.

- **Testez votre intuition**

Suivez votre intuition. Si elle vous mène à la réussite, vous ferez d'autant plus souvent appel à elle et vous la renforcerez.

Exercice pratique : L'autoportrait croisé

Inspiré par Valérie Gauthier qui l'utilise dans son programme de management à HEC ou dans des séminaires de leadership, cet exercice permet de découvrir le bénéfice d'entrer dans une relation sans jugement. Quand les temps sont difficiles, les gens ont tendance à se replier sur eux-mêmes pour protéger leurs intérêts, leurs privilèges. Pourtant, selon ses observations, les équipes qui pratiquent l'autoportrait *performent* mieux.

Vous pouvez vous-même organiser cet exercice avec vos équipes, en formant des duos – il faut qu'ils aient au moins un point de différence entre eux (nationalité, sexe, âge...). Vous pouvez également le faire à titre individuel avec un ou une collègue dans le cadre du travail ou bien avec un proche ou même au sein de votre couple pour renforcer votre confiance et votre cohésion.

1. Phase préparatoire : chacun écrit son autoportrait

Cette phase d'introspection peut vous prendre plusieurs heures à plusieurs jours.

Préparez votre brouillon en pensant aux quatre niveaux de leadership relationnel :

- vous et vous-même : le niveau individuel ;
- vous et les autres : le niveau interpersonnel ;
- vous et votre groupe, organisation ou équipe : le niveau organisationnel ;
- vous et la société : le niveau institutionnel ou sociétal.

Pour chaque étape, vous sont proposées des questions comme : Qu'est-ce qui vous fait peur ? Ces craintes ont-elles augmenté ou diminué ces derniers temps ? Dans quel domaine souhaitez-vous exercer vos responsabilités en tant que leader ? Où se situent les limites de votre compassion ? Comment vous comportez-vous avez vos équipes ?...

Rédigez ensuite votre autoportrait comme une narration : votre histoire relationnelle en quatre temps.

2. L'échange d'autoportraits

Prévoyez une heure et demie à deux heures avec votre partenaire pour avoir tout le temps nécessaire de vous retrouver dans le calme.

- Chacun lit l'autoportrait de l'autre.
- Vous en discutez ensuite librement, chacun écoutant l'autre sans l'interrompre.
- Concentrez-vous sur des moments, des événements, des souvenirs.
- Soyez franche et constructive dans votre feed-back et vos questions.
- Évitez de porter des jugements ou de tirer des conclusions.
- À la fin de l'exercice, notez chacun deux caractéristiques qui, selon vous, vous décrivent, et deux caractéristiques décrivant votre partenaire, telles que « spontané », « humble », « énergique », « sûr de lui », « réservé », « discret »...
- Échangez ces mots et discutez des raisons de leur choix.

⇨ Cet exercice a la puissance d'un effet miroir, d'un instant de vérité partagée. Vous vous étonnerez de parler de choses que vous n'avez peut-être dites à personne.

⇨ Il vous permet de prendre conscience de la façon dont vous êtes perçue.

⇨ Il permet d'enrichir votre connaissance de vous-même, de l'autre et de créer ou renforcer votre confiance mutuelle, sur une base sensible et de qualité.

Après avoir vécu cette expérience, certains dirigeants ont décidé de remplacer leurs réunions régulières et fastidieuses par ce genre de conversation à partir de l'un ou l'autre des thèmes évoqués. Cela a eu le mérite d'impacter très positivement la cohésion et la créativité de leurs équipes.

Profitez-en pour adapter cet exercice aux situations qui vous semblent mériter que vous renforciez des liens.

⇨ En résumé :

- ⇨ Puisez une grande puissance dans votre féminité.
- ⇨ Réconciliez votre masculin et votre féminin.
- ⇨ Assumez un management inventif et intuitif.

Portrait

Marion Darrieutort
Précurseure au grand cœur

Présidente de l'agence de communication Elan Edelman, spécialiste des stratégies d'influence, Marion Darrieutort est une véritable innovatrice du management horizontal, investie par un souci d'égalité et une empathie hors du commun. Dans ses bureaux tout en transparence de la rue Jean-Goujon, cette femme charismatique de 46 ans vous reçoit comme si vous étiez chez vous.

Elle a grandi à Dijon. Son père magistrat et sa mère professeure d'économie, « tous les deux serveurs de l'État », lui ont transmis le sens de l'intérêt général. « Mais pas celui du respect des lois ! » Enfant rebelle, elle voulait déjà faire comme son frère (« Pourquoi les petites filles n'auraient pas le droit de sauter à pieds joints dans les flaques d'eau ? ») et profitait de l'absence de ses parents pour emprunter leur voiture...

Elle apprend l'entrepreneuriat en école de commerce (EBS), la communication au Celsa, puis devient attachée de presse. « Une caricature ! dit-elle, amusée. J'ai toujours eu en moi l'entrepreneuriat, mais je n'avais aucune femme modèle, je ne me suis jamais dit : "Je peux le faire." »

Quelques années plus tard, elle intègre TBWA Corporate, se fait remarquer par son président Jean-Pierre Rousset pour sa capacité à faire partager son enthousiasme et devient DGA à seulement 29 ans. Elle rejoint ensuite le groupe Edelman comme directrice générale Paris.

À 33 ans survient un drame personnel qui sera aussi son premier déclic : alors qu'elle attend son premier enfant, son mari développe une leucémie dont l'issue est incertaine pendant deux ans. Au protocole de la dernière chance, il guérit et lui fait ce formidable cadeau : « Réalise ton rêve. » « J'ai donné ma démission immédiatement et me suis lancée dans la création de mon agence, Elan. Ma seule peur à ce moment-là était la mort. Quand on traverse une telle épreuve, une forme d'urgence de vivre s'impose. » Le résultat ne se fait pas attendre : les clients, le succès, les récompenses s'enchaînent. « J'ai cartonné pendant sept ans mais c'était fatigant. On atteignait une taille critique, il nous fallait un réseau international. À 40 ans, j'ai eu besoin de me mettre à l'abri, de protéger mes deux enfants. » Elle revend alors sa société à son ancien employeur Richard Edelman, qui décide de fusionner et de la garder à la tête de cette nouvelle entité.

« L'entrepreneuriat m'a permis de faire par moi-même. Il m'a aussi appris la liberté. Je me suis affranchie du modèle masculin. Un de mes anciens patrons me disait, quand j'avais les cheveux lâchés [de longs cheveux volumineux et ondulants] : "Tu ne peux pas aller en réunion comme ça, attache-toi les cheveux !" Maintenant je me détache les cheveux, c'est ma façon d'avoir brisé le plafond de verre ! »

« J'ai œuvré pour réconcilier le masculin et le féminin parce que je me suis rendu compte qu'en prenant tous les attributs du masculin, je ne pouvais pas prendre ma véritable place : comment le faire en plaçant mon autorité au mauvais endroit ? J'ai réalisé que je pouvais oser les valeurs féminines d'ouverture, de lenteur et de passivité tout en étant respectée. »

Son deuxième déclic : une retraite en Inde où elle découvre le lâcher-prise. Revenue transformée, elle apprend à faire confiance : « Cela rend les autres heureux et vous redonne du temps. »

Première femme coprésidente du célèbre think tank de dirigeants Entreprise et Progrès, « qui place le développement social au même plan que le développement économique », elle y prône l'ouverture et la mixité à l'instar de son groupe, Edelman, qui s'est fixé un objectif de 50 % de managers femmes.

Elle se ressource grâce au soutien de ses enfants, aux épaules de son mari, et à ces moments qu'elle s'accorde pour elle : « J'ai un agenda de malade mais je ne renonce pas à ce qui est du registre personnel, comme mes ongles, ma méditation du matin, mon *running*, prendre un après-midi avec mes enfants. Se ressourcer vous permet d'être alignée. C'est nécessaire de se libérer soi-même pour pouvoir libérer son entreprise. Et j'incite mes collaborateurs à faire de même. »

Confiante, elle l'est. Elle part en me laissant son bureau : il est 20 heures et je suis en retard pour une interview téléphonique ; « Prenez mon téléphone, mon canapé, vous serez plus à l'aise », me propose-t-elle.

Son slogan : « Si vous vous reconnectez à votre féminité, vous trouvez la puissance, vous devenez performante dans le plaisir. »

Son conseil : « Prenez soin de vous ! Ne pas vous oublier, c'est être *sujet*, et non plus *objet*. »

CHAPITRE 9

ÊTRE PARFAITE ? SURTOUT PAS !

➪ Le piège de la perfection

Choisissez tout ! Demandez tout ! Vous pouvez tout ! Pas sûr que ces nouvelles injonctions que se donnent les femmes soient totalement réalistes...

Est-ce que vous connaissez des femmes qui ont réellement tout ?

En revanche, vous connaissez sûrement des femmes qui ne cessent de culpabiliser de ne pas arriver à tout concilier...

Et d'autres qui sont heureuses avec les choix qu'elles ont faits.

• À vouloir être parfaite, on se culpabilise

On nous a appris à tort à être appliquées, parfaites en tout depuis l'enfance. C'est un piège ! Le monde professionnel demande au contraire de prendre des risques, de décider vite, de montrer sa force, de remporter l'adhésion. Mais jamais d'être parfaite.

À force de viser en vain la perfection, les femmes se stressent, se culpabilisent...

Nombreuses sont celles qui s'autocensurent, en refusant par exemple une promotion au moment où elles projettent d'avoir un enfant. Il y a quelques jours, une jeune femme qui venait de se marier et envisageait de faire un enfant m'a confié : « Je pourrais prendre la direction de ce service, mais je ne le ferai pas : je ne voudrais pas être trop occupée quand mon enfant arrivera. » Pourtant je connais d'autres femmes qui ont mis entre parenthèses leur carrière pendant des années pour avoir un enfant qui n'est arrivé finalement que deux, cinq ou même douze années plus tard...

Aussi je donne volontiers ce conseil aux jeunes femmes aujourd'hui : c'est une bonne chose d'anticiper, mais faites votre carrière avant tout comme vous l'entendez. Votre enfant arrivera quand il l'aura choisi. Et vous devriez avoir de toute façon neuf mois pour vous organiser...

Certes, conjuguer carrière et vie de famille relève parfois de la haute voltige, mais cela est possible.

Pour briser le plafond de verre, il faudra vous en donner les moyens. Mais surtout être pragmatique : la perfection n'est pas de ce monde. Regardez les hommes, ils sont le plus souvent dans le « faire », pas dans la perfection de faire. Et ils ont raison : mieux vaut qu'une chose soit faite, plutôt qu'elle soit parfaite.

Les hommes se satisfont d'un travail correct à 75 % tandis que nous nous obligeons à atteindre les 120 % de perfection. Il faut arrêter ça !

Gilly Weinstein, coach de cadres

Plutôt que celle de se demander si nous pouvons tout avoir, une question se révèle d'un ordre plus pratique : pouvons-nous tout faire ?... Non ! Nous devons arbitrer sans cesse entre travail et famille, sport et détente, temps consacré aux autres et temps pour nous. Et le rôle de parent oblige à de nombreux accommodements, parfois à des sacrifices qui ne relèvent pas d'un choix mais d'une nécessité.

Aujourd'hui, la plupart des couples avec enfants ont besoin de deux salaires pour subvenir aux besoins de la famille. Le cas des parents isolés est encore plus difficile et contraignant ; inutile d'imaginer faire toutes les sorties d'école, être de toutes les activités éducatives. Sans rater aucune réunion professionnelle.

Encore moins en occupant un poste qui nécessite des déplacements fréquents.

- 1,87 enfant par famille en France en 2019 : c'est le taux de natalité le plus important d'Europe (après l'Irlande).
- 83 % des mères isolées travaillent en France. C'est l'un des taux d'emploi les plus élevés d'Europe.
- Un foyer sur quatre avec enfants est monoparental en France (un sur trois aux États-Unis).
- Dans 85 % d'entre eux, le parent qui élève l'enfant est une femme[52].

Dès qu'une femme avec enfants fait carrière, cette question revient d'ailleurs inlassablement : « Comment fais-tu ? » Quand ce n'est pas : « Mais qui élève les enfants ? »

- **Les autres ne se gênent pas pour nous culpabiliser aussi**

Leila Slimani, prix Goncourt de littérature 2016, commentait ainsi[53] sa propre expérience de mère quand elle était journaliste : « Si je partais tard du bureau, j'étais une mauvaise mère, si je partais plus tôt, j'étais une mauvaise employée. » Bref, on n'a jamais bon ! Et il y a toujours quelqu'un sur notre dos pour nous dire ce qu'il faudrait faire...

⇨ Arrêtez donc de culpabiliser !

Ne donnez pas de crédit à ceux qui sont toujours prompts à la critique mais surtout abandonnez sans attendre l'illusion de pouvoir atteindre la perfection.

Vous ne pourrez jamais tout faire et ce n'est pas grave. L'important, c'est de privilégier l'essentiel.

- Arrêtez de vous comparer à ceux parmi vos collègues masculins qui rentrent une fois les enfants couchés.
- Cessez de vous comparer à vos amies mères au foyer, qui ne ratent aucune sortie d'école.

Sinon, deux risques vous guettent :

- À vouloir être parfaite, vous risquez de vous épuiser et de finir par tout rater.
- À défaut d'être parfaite, vous risquez de battre en retraite et de vous recroqueviller.

Viser la perfection au mieux engendre de la frustration, et au pire nous paralyse.

Sheryl Sandberg, directrice des opérations de Facebook

L'immense majorité de celles qui ont percé le plafond de verre sont sorties du mythe du « tout concilier » et assument de n'être ni des professionnelles ni des mères ou épouses « parfaites ».

À une jeune maman de son équipe qui hésitait à rentrer dans le *Talent pool* d'Orange, « se demandant si c'était honnête de sa part de s'engager à entrer dans son programme d'accompagnement des *talents* sans être sûre de pouvoir se libérer », voici ce que répondit Mari-Noëlle Jégo-Laveissière, alors directrice recherche et développement d'Orange : « Tu peux le faire tout en étant maman, je vois bien à quelle heure tu arrives et à quelle heure tu pars : aux mêmes horaires que moi. Je te laisse mon bureau, mon agenda, va voir si ma vie peut être la tienne ! Tu verras, il y a même un rendez-vous à l'école... Et puis, peut-être aussi que ça va bien se passer ! » La jeune femme en question a pris sa place quelques minutes, a consulté son agenda et elle a postulé pour rentrer dans le fameux *Talent pool.*

Mari-Noëlle Jégo-Laveissière, elle-même maman de trois enfants, sait de quoi elle parle. Elle était enceinte de six mois quand elle a été embauchée chez Orange : « J'ai de la chance d'être dans une entreprise dont la volonté est qu'il n'y ait pas de difficulté pour les femmes qui veulent mener une carrière. Bien sûr, il y a des jours où l'on se dit que l'on aimerait être plus avec les enfants, mais on leur offre autre chose, l'exemple d'un couple équilibré, le goût des responsabilités. »

Vous n'avez pas besoin de faire un choix entre vos enfants et votre métier. Vous pouvez avoir une carrière ET être une bonne maman !

Mari-Noëlle Jégo-Laveissière,
directrice exécutive innovation, marketing et technologies

Marissa Mayer, elle, a eu la chance – et le courage d'accepter – qu'on lui propose la responsabilité d'être P-DG de Yahoo alors même qu'elle entamait son troisième trimestre de grossesse. Mercedes Erra, fondatrice de l'agence BETC, affirme sans complexe qu'elle a nourri ses enfants au biberon et qu'ils s'en portent très bien. Mais si c'est votre plaisir d'allaiter, il n'y a pas de raison de vous en empêcher. L'important est d'être authentique avec soi-même et de ne pas le faire sous la pression sociale. Élisabeth Badinter a prôné le pouvoir de dire non à un commandement corporel et/ou sociétal, mais les femmes ont également le pouvoir d'assumer pleinement leur bonheur d'allaiter et, dans les deux cas, c'est une histoire intime et éminemment respectable. Angélique Gérard, directrice chez Iliad et mère de trois enfants, a ainsi intégré ses allaitements dans son agenda, en les calant entre ses réunions, comme cela peut se faire parfois dans le nord de l'Europe. En 2012, tout en étant enceinte, elle a lancé le mobile chez Free, recruté 1 000 collaborateurs et déménagé de locaux : « Je suis partie du bureau pour aller accoucher mais j'ai la chance d'avoir toujours été dopée par mes grossesses. J'ai repris le travail dès la maternité et j'ai allaité tous mes enfants pendant deux mois. Mon luxe, c'est d'être venue habiter à côté de mon bureau, je pouvais caler mes réunions en fonction des heures de réveil de mes enfants ! »

Certes, Angélique Gérard fait figure d'exception avec sa santé de fer et son organisation imparable. Mais c'est à chacune de trouver son organisation, qui sera de toute façon imparfaite.

Votre pouvoir peut être aussi de ne pas avoir d'enfants et de l'assumer pleinement, sans céder à la culpabilisation que fait peser la société.

- **Assumez vos choix sans culpabiliser.**

⇨ Attention au « plafond de mère »

Plus largement, même si en France nous avons un réseau de crèches et de maternelles que beaucoup de pays nous envient, le fait que nous ayons un très fort taux de natalité a de multiples incidences sur la carrière des femmes.

Selon l'expression de Marlène Schiappa, fondatrice du blog *Maman travaille* et ex-secrétaire d'État chargée de l'Égalité entre les femmes et les hommes et de la lutte contre les discriminations, il existe un véritable « plafond de mère[54] ». « J'ai découvert de plein fouet ce qui pouvait limiter la carrière des femmes en étant enceinte à 24 ans tout en travaillant chez Havas : j'ai réalisé que la crèche fermait à 18 heures alors qu'on lançait nos briefs et nos réunions après 18 heures, et qu'en fait toutes les mamans autour de moi galéraient. »

Marlène Schiappa regrette que la performance des femmes au travail soit souvent mal récompensée, citant en exemple une maman qui faisait le plus de chiffre d'affaires de l'agence mais qui, à 48 ans, plafonnait encore au poste de chef de pub :

« On l'appelait la fonctionnaire parce qu'elle partait à 18 heures... »

Nous sommes malheureusement encore dans la culture du présentéisme et non dans celle l'efficacité.

Marlène Schiappa, ministre déléguée à la Citoyenneté

Dans les entreprises, on observe en général que le décrochage des femmes intervient dès la naissance de leur premier enfant. C'est à ce moment-là que les entreprises perdent nombre de leurs femmes salariées.

Car les rôles ont beau évoluer, c'est encore et toujours les femmes qui assument la plus grande partie du travail domestique (77 % selon l'Insee).

- Temps consacré au travail domestique dans les couples ayant au moins un enfant :
  - femmes : 34 heures hebdomadaires ;
  - hommes : 18 heures hebdomadaires.
- Temps consacré aux activités parentales :
  - femmes : 1 h 33 par jour ;
  - hommes : 44 minutes par jour[55].

Moins souvent étudié, le temps consacré aux activités parentales reste souvent également une prérogative féminine, et l'écart s'accroît encore fortement à partir du troisième enfant. De même, la présence d'au moins un enfant de moins de 3 ans fait plus que doubler le temps consacré aux enfants et va de pair avec une répartition un peu plus inégalitaire des tâches parentales entre hommes et femmes.

Il est à noter qu'être diplômé du supérieur accroît le temps parental des mères comme des pères : plus on est éduqué, plus on consacre du temps à l'éducation de nos enfants...

Pour le compte d'un de ses clients, l'agence BETC a fait réaliser une étude sur la vie des mères d'aujourd'hui : « Nous nous sommes rendu compte que leur vie n'avait jamais été aussi difficile », m'a confié sa fondatrice, Mercedes Erra. « Les femmes sont plus inquiètes pour leurs enfants. La pression scolaire est plus forte, elles veulent être des mères parfaites, et des filles parfaites. Et elles se donnent à 100 % dans leur travail. Résultat : elles sont fatiguées... » Une autre étude, menée cette fois par l'association Maman travaille, a révélé que 63 % des mères étaient épuisées par leur double journée.

Un épuisement qui s'est accru pendant le confinement lié à la pandémie de Covid-19, exacerbant les inégalités femmes-hommes. Plus que jamais, les femmes ont été les premières à sacrifier leur travail – quand elles n'étaient pas en première ligne en tant que soignante par exemple – pour assumer les charges domestiques et parentales, et assurer l'école à la maison. Elles ont été beaucoup plus nombreuses à prendre des congés pour s'occuper de leurs enfants et à voir s'éloigner des perspectives professionnelles, « parce qu'il faut bien quelqu'un pour garder les enfants ».

N'oubliez jamais qu'il suffira d'une crise politique, économique ou religieuse pour que les droits des femmes soient remis en question.

Simone de Beauvoir

Mercedes Erra souligne les inégalités qu'elle a elle-même constatées en temps normal : « Je le vois bien dans mon agence, surtout à partir du deuxième enfant, ce sont les femmes essentiellement qui s'occupent des enfants, même si les pères prennent en charge le jeu, la promenade. C'est pour cela que les blocages persistent. Et quand leurs partenaires masculins sont dans le haut de la hiérarchie, ils ne font souvent plus grand-chose de concret à la maison. »

Cette féministe de la première heure, qui dirige la plus grosse agence de publicité française, a toujours défendu haut et fort l'importance pour les femmes de se décharger des tâches quotidiennes. « Ma mère ne travaillait pas ; née en 1932, issue de la bourgeoisie espagnole, elle n'avait pas été éduquée pour travailler mais elle s'en plaignait, elle n'aimait pas rester à la maison et faire le ménage. Il m'est toujours resté en tête que le ménage est bien plus difficile que d'aller travailler dehors. Mon père me disait : "Je vais travailler comme un fou" et je trouvais cela bien plus séduisant. J'étais décidée à réussir, à gagner de l'argent et à acquérir mon indépendance financière. Je n'ai jamais imaginé que les enfants allaient me bloquer. J'en ai eu quatre (dont deux jumeaux) et mon mari en avait déjà un. Je ne m'angoissais pas à l'idée de laisser mon enfant à la nounou. J'avais déjà une niaque de garçon et pas vraiment de culpabilité. J'avais dans la tête qu'à une époque plus ancienne, les mères s'occupaient beaucoup moins des enfants. Et alors ? Ils s'inquiètent, les hommes, quand ils ont des enfants ? Se demandent-ils s'ils vont pouvoir tout concilier ? » Décomplexée, et un brin provocatrice, Mercedes Erra avoue pourtant qu'elle n'arrivait évidemment pas à ne pas se préoccuper des enfants, et même avec un mari père au foyer, c'est elle qui gérait beaucoup l'intendance avec les nounous.

J'étais une patronne au travail et une ouvrière à la maison avec les cinq enfants que j'élevais. Heureusement, j'avais une santé de fer car je faisais une double journée !

Mercedes Erra, fondatrice de BETC, présidente exécutive de Havas Worldwide

Dans un couple où le partage est réel, voire « inversé », les femmes gardent en fait souvent au fond d'elles cette petite voix qui les rend responsables du bien-être de leur progéniture, convaincues que c'est « leur » rôle d'aller aux réunions de parents d'élèves, de trouver une baby-sitter, de prévoir la garde-robe des bambins, les goûters d'anniversaire et d'aménager leurs horaires le mercredi...

Élisabeth Badinter avait une vision assez tranchée sur le surinvestissement des femmes dans leur maison et leurs enfants, dans son livre *L'Amour en plus* :

Le moteur essentiel qui a poussé les femmes à reprendre en charge leurs enfants, c'est tout simplement leur volonté de puissance.

Élisabeth Badinter, écrivaine, philosophe, présidente de Publicis

Mari-Noëlle Jégo-Laveissière remarque d'ailleurs : « Si nous, les femmes, on acceptait de lâcher un peu, ce serait plus facile. »

- **Privilégiez l'essentiel ! Et l'essentiel, c'est vous qui le fixez.**

⇨ Apprenez à déléguer

La journée n'a que vingt-quatre heures. Quand on rentre à 19 ou 20 heures, il est difficile d'encadrer les devoirs tout en préparant le dîner ou en couchant son enfant. Quand on dirige de nombreux salariés, il est également impossible de vérifier ce que chacun fait, sauf à s'exposer à une déception certaine...

Beaucoup de femmes chefs d'entreprise ou dirigeantes me l'ont avoué : leur vie s'est transformée quand elles ont accepté d'arrêter de vouloir tout contrôler. L'enjeu est autant affectif que pratique. Il faut apprendre à faire confiance, à ne pas vouloir tout gérer. Apprendre à lâcher prise. « Cessez de vouloir être l'ordinateur central de la maison », et adoptez plutôt ce que Marlène Schiappa appelle « la technique du CQFAR : celui qui fait a raison ».

L'autre ne fera jamais comme vous, inutile de l'espérer, l'important, c'est le résultat.

Pour bien déléguer, il faut accepter que les autres fassent le travail à LEUR manière.

Voici quelques conseils :

- Acceptez que la personne à qui vous déléguez une partie de vos tâches professionnelles le fasse avec ses propres compétences et ses propres méthodes : accordez-lui un certain degré d'autonomie, ce qui nécessite que vous ayez assez confiance en vous pour ne pas vous sentir menacée.
- Si vous reprenez les choses derrière elle, ce sera contre-productif : vous aurez perdu le temps que vous vouliez gagner, et tout le bénéfice à ne pas l'avoir fait. Lâchez prise !
- Acceptez que votre partenaire gère à SA façon les enfants quand il s'en occupe ! Et ne lui reprochez pas que les chaussettes ne soient pas assorties au pull de votre fils, sinon vous risquez vite de le démotiver !
- Lâchez sur la façon dont la nounou, par exemple, prépare à manger à votre enfant et appréciez combien elle sauve nombre de vos réunions du soir... Et tant pis si votre petit chéri mange plus de surgelés qu'avec vous, cela ne bouleversera pas sa croissance.

- Utilisez combines et entraide, avec d'autres mamans notamment, pour perdre le moins de temps possible sur les aspects pratiques : covoiturage à tour de rôle pour les trajets scolaires, courses sur Internet, etc.
- Privilégiez les moments de partage les plus importants : petits déjeuners en famille, couchers, promenade le week-end...

Déléguer, c'est fondamental pour pérenniser votre activité.

Si vous êtes entrepreneure et connaissez les semaines de plus de soixante heures, déléguer est vital pour votre santé et celle de votre entreprise !
Nathalie Hutter-Lardeau, nutritionniste multientrepreneure, fondatrice de l'agence de conseil et santé, Atlantic Santé, il y a vingt ans et d'une start-up, Womup, emploie plus de 20 personnes à temps plein. C'est une chef d'entreprise charismatique qui prône l'embauche pour développer l'entrepreneuriat féminin.

Il faut passer à l'étape d'oser embaucher et déléguer.

Nathalie Hutter-Lardeau

Envisagez votre business comme une franchise pour qu'il puisse se développer presque sans vous ! Les femmes ont tendance à voir petit pour satisfaire leurs petits besoins. Or il faut qu'elles voient grand pour trouver leur place dans l'économie. C'est en osant embaucher que l'on crée un modèle économique viable et les conditions de l'expansion. C'est une vision que l'on doit avoir dès la création de son entreprise.

- Quand vous donnez le numéro de téléphone des parents à l'école, mettez celui du père en premier, il en prendra la « charge mentale ».

Christiane Féral-Schuhl, élue bâtonnière par les avocats de Paris, a, elle, toujours considéré que pour avancer dans sa vie professionnelle il fallait qu'elle soit déchargée des tâches quotidiennes qui l'ennuyaient. « Quand j'étais membre du conseil de l'ordre, mes enfants étaient petits (5 ans et 7 ans) mais j'étais organisée et très bien aidée. »

Je me suis toujours donné les moyens d'être aidée même si cela prenait une grande partie de ma rémunération.

Christiane Féral-Schuhl, avocate, ex-bâtonnière de Paris

Je préférais ne pas partir en vacances, me priver de beaucoup d'autres choses, mais pas de ça. C'est une question de priorités dans ce qu'on a envie de vivre. Résultat, j'ai une relation très fluide avec mes fils. Cela fait partie de mes grandes fiertés. Je n'aurais pas supporté que ma réussite privée ne soit pas concomitante avec ma réussite professionnelle. Tout ce qui crée un sacrifice dans la vie professionnelle ou la vie privée n'est pas une vraie réussite.

- **Fixez vos priorités.**
- **Déléguez tout ce qui peut l'être.**

⇨ Repensez l'« architecture de la maison »

J'ai emprunté cette expression à Florence Méaux, déléguée aux cadres dirigeants de l'État au secrétariat général du gouvernement. Comme elle l'explique, « on nous [les femmes] demande d'habiter une maison que nous n'avons pas construite ».

Nous travaillons dans un cadre professionnel qui a été construit par les hommes et pour les hommes. Il nous faut le repenser.

Florence Méaux, secrétariat général du gouvernement

Comment occuper un poste qui nous fait rentrer à 20 heures quand « l'heure des mamans » de l'école est à 16 heures ? Comment se voir confier plus de responsabilités quand notre président met les réunions importantes les mercredis après-midi ? Comment faire valoir que, contrairement aux idées préconçues selon lesquelles avec des enfants on travaille moins que les hommes, on travaille plus qu'eux en réalité ?

Les femmes travaillent plus que les hommes : 8 h 09 contre 7 h 36 de moyenne mondiale dans les pays développés.

Angélique Gérard, directrice de la relation abonnés de Free

Certes, quand on est là dès 8 h 30 et qu'on ne prend pas de pause-déjeuner, cela est moins visible que si l'on s'attardait jusqu'à 21 heures. Sans parler de toutes les femmes qui retravaillent une fois les enfants couchés.

Et je peux en attester : en écrivant ce livre, j'ai moi-même travaillé toutes les nuits, une fois mon petit garçon au lit, mais surtout j'ai pu observer que le moment où les dirigeantes répondaient à mes mails le plus rapidement se situait entre 22 heures et 1 heure du matin...

Les sociétés qui caracolent en tête des performances en matière de féminisation l'ont bien compris, il faut accompagner les carrières des femmes, car être mère et ambitieuse n'est pas incompatible. Savoir jouer de la flexibilité, du coaching organisationnel et mettre à disposition des structures d'accueil profitent à tous. Aux salariés en général et à l'entreprise en particulier. Puisque, là encore, les statistiques l'attestent, qui dit diversité dit performance.

Comme l'explique Florence Méaux, « il faut dépasser l'image du dirigeant omnipotent qui maîtrise seul son univers » et permettre « aux femmes mais aussi aux hommes d'avoir des journées professionnelles qui soient compatibles avec les autres missions d'un citoyen : parentalité, implication dans la vie de la cité. Pourquoi les femmes qui souhaitent accéder à des postes de pouvoir devraient-elles renoncer à ces missions essentielles ? Il faut apprendre à travailler autrement que lorsque monsieur était à l'extérieur et madame à l'intérieur, modèle qui, certes, fonctionnait très bien mais dont la plupart des femmes ne veulent plus ! ».

- **Des façons de travailler plus innovantes**

Il nous faut en effet repenser « l'architecture de la maison », notamment grâce au temps partiel *non dévalorisant*, à la flexibilité et à des façons de travailler plus innovantes. Florence Méaux cite l'une de ses collègues qui a pris un 90 % de temps, cumulant ses congés afin d'avoir douze semaines de vacances par an, ce qui ne l'empêche pas de mener une carrière de dirigeante.

Odile Renaud-Basso, actuelle directrice générale du Trésor à Bercy, témoigne également des avantages du fait que ses supérieurs hiérarchiques aient su « faire preuve de flexibilité » : « À la naissance de mon deuxième enfant, j'ai obtenu de pouvoir prendre mon mercredi après-midi, j'étais la première femme à le faire », a-t-elle confié au magazine *Option Finance* (28 novembre 2016). Cela ne l'a pas empêchée de devenir la première femme directrice du Trésor français.

Toutefois les femmes témoignent qu'il leur a fallu souvent tenir bon face aux critiques à peine masquées (« Ah oui, c'est vrai, le mercredi tu pouponnes ! ») ou à l'absence de prise en compte de leur agenda, certains chefs de service s'échinant à programmer des réunions importantes les jours où elles étaient en télétravail. Quand Sheryl Sandberg a osé imposer ses propres horaires en quittant le bureau à 17 h 30 et l'a assumé médiatiquement, elle raconte dans son livre que cela a provoqué un tollé, avant que tout le monde finisse par l'en féliciter.

Susan Wojcicki, ancienne directrice marketing de Google, directrice générale de YouTube depuis 2014, classée 8e femme la plus puissante du monde en 2016 selon *Forbes*, et mère de cinq enfants, ose également le proclamer ouvertement : ses créneaux de 18 à 21 heures sont réservés à sa famille ! Et elle ne regarde à nouveau ses e-mails qu'une fois ses enfants couchés. À 51 ans, cette Américaine brillante qui a permis à YouTube d'obtenir une croissance de près de 20 milliards de dollars dit également, avec un brin de malice : « Mes enfants, qui représentent la nouvelle génération, sont mon arme secrète : je regarde comment ils utilisent Internet et les médias sociaux. C'est comme avoir un groupe de testeurs à domicile ! »

Gageons que la généralisation du télétravail que nous avons connue durant la période de confinement en 2020 influencera durablement les entreprises à instaurer une à plusieurs journées de télétravail par semaine, même à des niveaux de responsabilité élevés, offrant ainsi un gain de temps précieux à toutes celles et ceux qui souhaitent mieux harmoniser carrière et vie privée.

- **Une véritable gestion des doubles carrières**

Dans cette nouvelle architecture du travail, la question des doubles carrières (carrières du couple) est souvent cruciale, particulièrement quand ces postes impliquent une mobilité, voire une expatriation.

Comment faire quand on est un couple de diplomates pour officier dans le même pays ?

Florence Méaux raconte cette solution, trouvée pour un couple d'ambassadeurs nommés à temps partiel (six mois madame, six mois monsieur) pour pouvoir travailler tous les deux au même endroit – en l'occurrence à Zagreb. Une façon inventive de mener une double carrière équilibrée !

Pour Cornelia Woll, directrice des études et de la scolarité de Sciences-Po, la gestion des doubles carrières en cas d'expatriation est devenue un moyen pour garder les femmes motivées à faire de la recherche après leur doctorat. Elle-même est partie à l'université de Harvard pendant un an, alors que son premier enfant n'avait que 2 semaines, aidée par son mari qui l'a suivie en prenant un congé parental. « Ravi, il m'a même dit : "Quand est-ce qu'on recommence ?" » confie-t-elle, consciente de sa chance.

Pour Mari-Noëlle Jégo-Laveissière chez Orange, il n'a pas été facile de prendre pendant deux ans la direction régionale de Poitou-Charentes basée à Poitiers, alors que son mari était resté avec leurs trois enfants à Paris : « Au bout de quelques mois, j'ai déménagé avec les enfants et c'est mon mari qui venait nous rejoindre le week-end. Heureusement, mon mari est un vrai papa poule, il cuisine, emmène les enfants à l'école, le partage n'est même pas une question pour lui. Mais ce n'est drôle pour personne, le *commuting* (le fait de faire la navette pour rentrer le week-end dans sa ville ou son pays d'origine). On est en train de regarder avec la direction des ressources humaines si on ne peut pas mettre en place des contacts avec d'autres grands groupes pour arriver à trouver une place au même endroit pour le conjoint. »

De même, quand l'entreprise facilite la scolarité des enfants, la mobilité des femmes est d'autant plus aisée. Or « il y aurait plus de possibilités en province ou à l'étranger pour acquérir une légitimité supplémentaire, selon Ulrike Lehmann, directrice des projets RH du groupe Korian ; les femmes toutefois ne prennent pas toujours le risque de la mobilité, de déplacer leur famille et de changer d'école les enfants, souvent au moment où ils sont adolescents : ce n'est pas facile. »

- **Une prise en compte du rythme des femmes dans la gestion des profils à haut potentiel**

Ce qu'on appelle les « hauts potentiels » dans les entreprises sont des jeunes salariés dont on décèle un talent particulier pour devenir notamment manager. Ils ou elles sont repérés et poussés par leur hiérarchie typiquement à l'âge où les femmes font des enfants (souvent entre 25 et 35 ans), elles passent donc généralement à côté... Ces « hauts potentiels » connaissent des débuts très fortement ascendants là où les femmes construisent leur carrière, de fait, le plus souvent par paliers.

Comme le suggère Marie-Christine Mahéas, directrice commerciale Europe de SilverRail Technologies, « si on veut profiter des talents féminins comme des talents masculins, il faudrait une gestion des hauts potentiels féminins différenciée, comme cela commence à être dans le cas dans la banque notamment ».

Il faut aussi parfois « tordre les *process* » : avant, par exemple, pour devenir directeur général chez Total, il fallait forcément avoir connu plusieurs expatriations, ce qui excluait beaucoup de femmes. Quand Patrick Pouyanné a repris les rênes du groupe et réalisé qu'il n'y avait aucune femme dans son comex, il a forcé la procédure et promu en interne une femme, de surcroît étrangère : Namita Shah, d'origine indienne, qui a pris en charge le secrétariat général et la DRH. Une première chez Total dont tous les dirigeants étaient jusque-là des hommes de nationalité française.

► **Oser de nouveaux schémas d'organisation du travail vous permettra de vous accomplir avec la satisfaction de ne pas avoir à vous « sacrifier » tout en continuant à jouir des moments personnels les plus précieux.**

⇨ Faites de votre entourage des alliés

Vos premiers alliés sont à la maison !

- **Choisissez bien votre compagnon de vie**

On dit souvent populairement que « derrière un homme (qui réussit), il y a une femme ». On pourrait dire exactement l'inverse : derrière une femme (qui réussit), il y a presque toujours un homme ! Ou en tout cas un (sinon une) véritable partenaire compréhensif et moderne dans son partage des tâches. C'est le cas, à la quasi-unanimité, de toutes les dirigeantes que j'ai eu le plaisir de rencontrer.

Car contrairement à ce que l'on pourrait croire, l'immense majorité des femmes qui réussissent ne sont pas des célibataires qui ont sacrifié leur vie privée à leur carrière.

Comme l'explique Sheryl Sandberg[56], la conviction que seules les femmes célibataires arrivent au sommet est fausse. La majorité des femmes d'affaires est en fait mariée. Sur les 500 P-DG des entreprises les plus cotées par le magazine *Fortune*, 28 sont des femmes, 26 sont mariées, une est divorcée et une seule est célibataire. Un grand nombre d'entre elles ont affirmé qu'elles « n'auraient pas réussi sans le soutien de leur mari ».

Le bon choix de votre partenaire de vie est fondamental pour votre réussite professionnelle.

Loin du stéréotype de l'injonction sociale à se marier, le choix du bon compagnon devient un véritable enjeu qui responsabilise et valorise également les hommes dans la réussite de leur femme.

Ceux qui soutiennent, encouragent, font confiance et mettent en valeur leur compagne ont une part énorme dans la déculpabilisation des femmes à réussir et dans leur possibilité pratique de le faire. Car c'est aussi en partageant les tâches quotidiennes, domestiques et parentales qu'ils permettent aux femmes de mener, elles aussi, la carrière de leur choix.

Et point non négligeable : « les couples où la femme gagne autant que son mari et où celui-ci assume la même quantité de corvées qu'elle divorcent deux fois moins que les autres[57] ». Prendre soin des enfants développe chez un homme l'empathie, la patience et l'adaptabilité qui faciliteront ses relations en général.

Sophie de Closets, qui a gravi tous les échelons chez Fayard, en commençant comme assistante d'édition il y a quinze ans, jusqu'à devenir P-DG, affirme pour sa part : « Mon couple suit le modèle suédois, même si mon mari est franco-ivoirien ; il gère la maison, je m'occupe des loisirs [...]. J'ai aussi des parents modèles, qui prennent le relais auprès des enfants (de 9 et 3 ans) pour les vacances et les jours fériés. Je délègue beaucoup[58]. »

Trop de femmes refusent encore des postes qui les feraient voyager ou seraient très prenants – voire trop valorisants – parce qu'elles ne veulent pas « mettre leur couple en péril » : en secret, elles craignent que leur compagnon en prenne ombrage et leur fasse « payer », en les délaissant. Quand il n'y a pas carrément un chantage au cœur duquel se retrouvent les enfants.

Alors, si vous avez envie d'un *bad boy*, d'un macho, d'un phobique de l'engagement ou d'un grand séducteur, amusez-vous, appréciez les bons moments. Mais passez vite votre route ! Et quand vous envisagerez de vivre en couple, sachez apprécier les qualités qui ne frappent pas forcément les yeux au premier abord mais qui vous seront si précieuses ensuite. Regardez si cet homme vous regarde d'égal à égal, s'il attache une valeur au partage, ou mieux, s'il *tient* à assumer sa part des tâches quotidiennes, s'il est fier de vos réussites. Et chose importante : s'il renforce par sa bienveillance votre confiance en vous !

Valérie Gauthier en témoigne elle aussi : « Quand j'ai pris la direction du MBA de HEC, je bossais cent heures par semaine et voyageais la moitié du temps. Mon mari m'a non seulement soutenue, mais il a affiché le fait qu'il allait prendre en charge la maison et les enfants (alors âgés de 10 et 12 ans). En tant qu'agrégé, il avait peu d'heures de cours. Sans cet équilibre, je n'aurais jamais pu rester huit ans à ce poste-là [...]. Mon mari avait aussi ce respect de partir de temps en temps avec les enfants pour me laisser me ressourcer ou bricoler tranquillement. C'est important aussi de prendre du temps seule pour soi. »

► **Un véritable compagnon vous permet d'être comprise, épaulée, aidée. Cela n'a pas de prix !**

- **Privilégiez un entourage bienveillant**

Vous ne vivez peut-être pas - ou plus - en couple et le regard et l'aide de votre entourage seront d'autant plus importants. Les amis sont un soutien précieux dans les moments stressants d'une carrière de premier plan.

Il y aura beaucoup de jaloux, de personnes qui attendent que vous trébuchiez pour justifier leurs propres échecs ou leur manque de courage. Écartez-les ! Un entourage affectif bienveillant et confiant est aussi un gage de succès.

Attention ! Qui dit « bienveillant » ne veut pas dire complaisant ou béni-oui-oui. Privilégiez des personnes authentiques aussi bien dans votre entourage amical que dans votre entourage professionnel qui oseront vous dire la vérité, même si elles ne vont pas toujours dans le sens que vous voulez mais parce qu'elles sont convaincues que c'est votre intérêt. Vous avez besoin de pouvoir leur faire confiance, et d'être contredite le cas échéant. Il vous faudra avancer vite, sans être freinée par des ego compliqués, mais avec des personnes bien intentionnées et constructives.

⇨ Assumez votre plaisir

- **C'est génial d'avoir des responsabilités !**

On ne le dit jamais assez, mais c'est avant tout une joie d'exercer le travail que l'on aime, d'avoir de l'influence, de se réaliser ! Cela doit être un sujet de fierté.

Nathalie Loiseau regrette dans son livre *Choisissez tout* que pour les femmes, surtout si elles ont une famille, le travail soit encore un « plaisir honteux » : « On ne peut pas dire qu'on aime ça, qu'on préfère être actives que de rester à la maison. Que si l'on avait le choix, vraiment le choix, on n'est pas tout à fait sûres que l'on voudrait être des femmes au foyer. On ne le dit pas pour ne blesser personne mais on a tort car, pendant ce temps-là, on ne dit rien aux petites filles, rien aux adolescentes. Pas de modèles féminins, ou alors des modèles honteux. »

Il faut dire en effet à nos enfants que si on trouve toute l'énergie pour jongler avec nos contraintes, pour cumuler parfois une double journée, c'est aussi parce que cela nous rend heureuses.

Il faut profiter pleinement de les retrouver excités et fiers de nous raconter ce qu'ils ont accompli pendant notre absence. Et ne pas hésiter à leur raconter nos voyages, nos réussites, nos belles rencontres qui les nourrissent également de nos expériences et de notre accomplissement. « Je mesure pleinement ce luxe d'être la mère qu'on est heureux de voir revenir, et pas toujours, ou pas seulement celle dont on appréhende la présence permanente, aimante mais parfois étouffante », confie Nathalie Loiseau.

- **Soyez un modèle pour vos enfants**

« Un point commun des femmes qui réussissent, c'est de ne pas culpabiliser ! constate pour sa part Florence Méaux. Ne rentrez pas chez vous en vous plaignant de votre *journée atroce* pour essayer de vous excuser ! Au contraire, soyez pour vos enfants un modèle d'énergie et de maîtrise de soi. »

L'exemple n'est pas une manière d'influencer autrui, c'est la seule !

Einstein

Clara Gaymard, ex-P-DG de General Electric France et maman de neuf enfants, croit aussi à la valeur de l'exemple et assume son plaisir de travailler : « C'est beaucoup plus marrant de travailler que de faire des courses et du repassage ! s'amuse-t-elle. Je suis contre l'esprit de sacrifice car d'abord personne ne vous dit "merci", et puis l'on ne peut pas s'empêcher ensuite d'en vouloir à ceux pour qui on se sacrifie. On ne crée pas une famille pour se sacrifier ! Les enfants ont avant tout besoin d'une maman heureuse. »

▸ **N'ayez pas honte d'être heureuse de travailler. Osez afficher votre plaisir !**

9e clé : Trouvez au moins une chose à déléguer !

- **Dans votre travail**, trouvez au moins une chose que vous pourriez sous-traiter auprès de quelqu'un d'autre (par exemple, un nouveau dossier, un déplacement, un compte-rendu...). Confiez-lui cette mission en toute confiance.
- **À la maison**, trouvez au moins une chose à déléguer avec plaisir : le rangement du linge peut devenir une activité ludo-éducative pour votre enfant, l'organisation d'un covoiturage pour les activités du mercredi, l'occasion de lier connaissance avec d'autres parents...

Exercice pratique :
Analysez comment vous pourriez vous organiser avant d'accepter un nouveau poste

Avant d'accepter ou refuser un poste, listez les avantages et les contraintes de ce nouveau poste, dans un tableau comme ci-dessous.

Le but est de vous aider à trouver les solutions pour vous organiser au mieux et de juger ainsi de vos possibilités.

Par exemple, pour un travail de responsable export :

Avantages	Contraintes	Comment je les aménage au mieux
Dev. réseau international	*Fatigue*	*Jours de repos à négocier*
Perfectionnement langues	*Absences*	*Négocier 2 voyages max. par mois, hors vacanc[illegible]*
Augmentation de salaire	*Coût de garde*	*Augmenter les sorties en famille le week-end*
....	....	....
....	....	....

À vous de remplir votre propre tableau.

- ⇨ En anticipant clairement les bénéfices, vous vous motivez pour accepter le poste ou le refuser à bon escient.
- ⇨ En anticipant les contraintes, vous vous donnez l'opportunité de mieux les gérer.

⇨ En résumé :

- ⇨ Renoncez au perfectionnisme, focalisez votre énergie sur l'essentiel.
- ⇨ Apprenez à déléguer, à faire confiance aux autres.
- ⇨ Choisissez un véritable partenaire de vie.

Portrait

Sheryl Sandberg
Une icône planétaire

Si, pour le grand public, le visage de Facebook est avant tout celui de Mark Zuckerberg, c'est pourtant à la directrice des opérations Sheryl Sandberg que l'on doit une grande partie de la réussite financière du réseau social. Elle a su réussir le numéro d'équilibriste qui consistait à rendre rentable un service gratuit, grâce à la publicité notamment, tout en parvenant à garder ses utilisateurs. Surtout, elle est devenue une icône pour beaucoup de femmes depuis la parution de son best-seller *En avant toutes* en 2013, où elle explique avec sincérité les difficultés et les réussites qui ont été les siennes et incite les femmes à oser s'affirmer et assumer leurs choix.

Diplômée de l'université en économie, puis de la Harvard Business School, Sheryl Sandberg privilégie au départ sa vie privée pour suivre les conseils de ses parents. Elle refuse même une bourse à l'étranger pour être sûre de trouver un « bon parti » à Washington, un mari qu'elle épouse en effet à 24 ans... mais dont elle divorce un an plus tard. Elle aura du mal à se défaire de ce qu'elle ressent comme « l'opprobre dû à son divorce ».

Pourtant sa carrière a déjà magnifiquement commencé grâce à son mentor Larry Summers, son directeur de thèse, devenu un véritable sponsor en la recrutant comme assistante de recherche à la Banque mondiale. Ensuite, après un passage de Sheryl Sandberg chez McKinsey & Company, ce même Larry Summers devenu directeur du Trésor des États-Unis la propulse comme chef de service au sein de son département (de 1996 à 2001). « Si je faisais une erreur, elle me le disait, dira-t-il dans un article du *Guardian*, elle était totalement loyale mais tout aussi franche. »

Changement total en 2001 où Sheryl Sandberg fait le pari – à l'époque risqué – de rejoindre une petite start-up (Google !) : elle devient trois ans plus tard vice-présidente des ventes et des opérations en ligne de cette société transformée en empire…

Nouvelle prise de risque en 2007 quand elle quitte Google pour une toute nouvelle entreprise, Facebook, dont elle deviendra le numéro 2. Elle en profite pour imposer ses conditions, et obtient des parts dans la société.

En 2011, elle est classée par le magazine *Forbes* comme la 5e femme la plus puissante au monde. Avec un salaire de 30 millions de dollars par an, Sheryl est mieux payée que son employeur Mark Zuckerberg. En janvier 2014, à la suite de la vente de ses actions, elle devient l'une des plus jeunes femmes milliardaires du monde et annonce qu'elle consacrera la moitié de sa fortune à la promotion de la cause féminine, notamment à travers sa fondation Lean In.

Entre-temps, elle a rencontré l'amour de sa vie, Dave Goldberg, dont elle a eu deux enfants. Elle n'a cessé d'expliquer combien, sans son soutien, elle n'aurait pu concilier vie privée et vie professionnelle.

En mai 2015, Sheryl est confrontée au décès accidentel de son époux. Sa lettre sur le deuil postée sur Facebook émeut toute l'Amérique.

Elle témoignera de son épreuve dans son livre *Option B : surmonter l'adversité, être résilient, retrouver l'aptitude au bonheur*.

Son slogan : « Une femme ne prend pas de décision plus déterminante pour sa carrière que celle de se lier ou non à un partenaire à vie, outre le choix de celui-ci. Je ne connais pas une seule femme de pouvoir dont le compagnon ne soutienne pas pleinement l'engagement professionnel. »

Son conseil : Le *mentoring* est crucial dans la progression d'une carrière mais les jeunes femmes perdent trop de temps à l'attendre comme un prince charmant ; « de tels contacts ne se noueront pas du simple fait que l'on a demandé à un quasi-inconnu : "Voulez-vous bien me servir de mentor ?" [...] Nous ne devons plus dire aux jeunes femmes : "Trouve-toi un mentor et tu feras des étincelles" mais plutôt "Fais des étincelles et tu te trouveras un mentor" ».

CHAPITRE 10

DES MÉTIERS D'HOMMES ? VRAIMENT ?

Armée, bâtiment, foot, administration pénitentiaire, justice, chirurgie, informatique... Les femmes apparaissent progressivement dans des métiers dits « masculins » mais elles font encore souvent figure de pionnières.

- **Seuls 17 % des métiers sont mixtes** (entre 40 % et 60 % de salariés des deux sexes).
- 50,6 % des emplois occupés par les femmes sont concentrés dans 12 des 87 familles professionnelles (contre 20 familles pour les hommes).

Les femmes sont surreprésentées dans l'éducation, la santé et le « social » et sous-représentées dans la production et l'ingénierie en particulier.

Les jeunes filles ne se précipitent pas dans les écoles d'ingénieurs et se destinent encore moins aux carrières du numérique. Pourtant, 86 % des Français interrogés pour le baromètre Syntec Numérique-BVA (2014) déclarent que ces métiers offrent des perspectives intéressantes pour les femmes. 72 % croient en leurs compétences et les qualifient de polyvalentes (39 %), d'avant-gardistes (27 %) et d'entrepreneures dans l'âme (13 %[59]).

Alors, pourquoi les femmes n'osent-elles pas y aller ?

L'une des premières raisons est qu'elles ne se projettent pas dans ces métiers dits « masculins ». S'il n'y a pas un proche ou une connaissance de leur entourage, même masculin, qui l'exerce et dont elles ont pu se rendre compte des compétences requises, elles se disent d'entrée que ce n'est pas pour elles. D'ailleurs, quand on parle aux femmes confrontées au plafond de verre, la notion de « rôle modèle » revient souvent pour dire qu'elles en manquent, c'est là un frein à leur ambition.

D'après le baromètre Veuve Clicquot sur l'entrepreneuriat féminin (2019), 12 % seulement des femmes peuvent citer le nom d'une femme entrepreneure qui a réussi !

⇨ Il faut des rôles modèles

- **Des rôles modèles familiaux**

Ce n'est probablement pas un hasard si la première femme général de division en France, Isabelle Guion de Méritens, est fille de colonel et si la première femme directrice de la police judiciaire, Martine Monteil, est petite-fille de policier et fille d'inspecteur divisionnaire.

C'est le cas également d'Anne-Laure Michel, rare femme pilote de chasse (elles sont 15 en France), commandante d'escadrille de 2008 à 2010 : « Mon père est pilote de chasse. Dans la famille, on compte un grand nombre de pilotes. Aussi bien dans les loisirs que dans la vie de tous les jours, j'ai toujours connu l'aéronautique... », a-t-elle expliqué sur le site du gouvernement emploipublic.fr. Collégienne, elle voulait devenir pilote de ligne, car c'était la seule voie ouverte aux femmes, mais quand elle arrive au lycée, Caroline Aigle fend les airs... « J'ai opté pour cette voie quand j'ai su que c'était possible. »

J'ai connu, petite, l'ambiance du 36, quai des Orfèvres ; j'allais y voir mon père de temps en temps, avec ma mère.

Martine Monteil, ex-directrice du 36, quai des Orfèvres

Martine Monteil se souvient encore : « Ma mère invitait souvent les collègues de mon père à dîner avant qu'ils ne partent en mission. Ils s'en allaient la joie au ventre sur le terrain, même la nuit. Je trouvais ce métier attractif et passionnant. Il y a une grande dimension humaine, de la variété, le goût de l'aventure et de la chasse. » Martine a plus tard choisi des études de droit à Assas tout en suivant l'institut de criminologie en parallèle. Elle se préparait au concours de la magistrature au moment où le concours de commissaire s'est ouvert aux femmes : « Je l'ai remporté au second essai, en tant que major. »

Elle sera la première femme en brigade territoriale puis à la tête d'un commissariat, dans le 7e arrondissement de Paris, ensuite dans le 12e, avant d'être appelée dans « le saint des saints », au 36, quai des Orfèvres, à la Brigade des stups. « J'ai été très bien accueillie par mes collaborateurs, même si au départ j'ai entendu des remarques des plus anciens, du style "On va se faire commander par une gonzesse" ; mais quand ils se rendent compte qu'on est professionnelle, qu'on aime notre mission, qu'on a une autorité naturelle, qu'on prend nos responsabilités et qu'on est juste, ils oublient qu'on est une femme, on est devenu leur patron. Plus tard, on m'a nommée à des services qui rencontraient des difficultés, justement pour que j'y mette de l'ordre. »

On disait de moi « elle, c'est un tôlier ! »

Première femme également à diriger la BRP (Brigade de répression du proxénétisme), la BRB (Brigade de répression du banditisme) puis la Crim, puis enfin la direction de la police judiciaire du 36, quai des Orfèvres en 2002 : un parcours sans faute pour Martine Monteil.

Ces pionnières le disent peu, mais elles n'avaient aucun droit à l'erreur. Selon Martine Monteil : « À la moindre faute, les femmes étaient sanctionnées. Si une fille commettait une maladresse, par exemple en provoquant un accident de circulation en étant un peu éméchée, sa carrière était définitivement stoppée. À la Brigade des stups, on m'a beaucoup observée, mais j'ai eu de tels résultats que je me suis fait une réputation de solidité et de loyauté. J'étais toujours en avance, toujours là s'il fallait être là présente la nuit comme le week-end, jamais je n'ai été prise en défaut. »

« Annoncer que j'étais enceinte, quand j'étais directrice de commissariat, a néanmoins constitué une problématique pour ma hiérarchie. Ensuite ils ont été dans le déni. Ils nè sont pas inquiétés une seule fois de ma santé. Même enceinte jusqu'aux yeux, je faisais les mêmes nuits de permanence et je me retrouvais, sans masque, devant des cadavres en putréfaction. Je ne me plaignais de rien. Seuls certains brigadiers ou officiers ont été plus protecteurs à ce moment-là. »

Martine Monteil indique toutefois que les mœurs ont heureusement beaucoup évolué depuis. Dans la police, en moyenne, il y a 25 % de femmes et les nouvelles promotions de commissaires ont désormais la parité.

Dans l'armée également, on accompagne mieux l'intégration des femmes et celles qui ont réussi vont par exemple jouer les rôles modèles en allant à la rencontre des jeunes filles pour montrer que l'on peut être épanouie tout en étant une femme dans ces métiers. « Nous envoyons des jeunes femmes promouvoir les recrutements féminins dans les villes d'où elles viennent. La gendarmerie a une politique volontariste pour pousser les femmes à tenter le concours de l'école », explique le général Isabelle Guion de Méritens qui dirige l'école des officiers de la Gendarmerie nationale.

► **Avoir un modèle dans son entourage aide fortement. Si vous n'en avez pas, cherchez-en un ailleurs !**

• **Des rôles modèles à l'école**

Quand il n'y a pas de rôle modèle dans l'entourage, il n'est pas rare que les femmes qui ont réussi évoquent le rôle de certains de leurs professeurs, le plus souvent des femmes.

Ce fut le cas pour Najoua Arduini-Elatfani, ingénieure en BTP chez Neom (une filiale du groupe Vinci spécialisée dans le désamiantage et la démolition) : « Mon père est ouvrier et ma mère est analphabète. Ils ont émigré du Maroc et sont arrivés à Mantes-la-Ville dans les années 1970, mais ils ont tout fait pour que leurs cinq enfants aient une instruction. J'ai eu la chance de rencontrer une professeure de biologie et une professeure de mathématiques qui m'ont poussée à faire des études supérieures pour devenir ingénieure. Et si je suis devenue présidente du Club XXIe siècle (*association pour la promotion des jeunes talents français issus de la diversité*), c'est pour rendre la chance que j'ai eue. On va à la rencontre de collégiens et de lycéens lors de larges forums. On va briser des autocensures là où le manque d'information est cruel, car on n'est pas au courant dans les banlieues de toutes les possibilités offertes. Les femmes rôles modèles sont primordiales et aident à se projeter. » Avant elle, Fleur Pellerin et Rama Yade ont présidé cette association très introduite dans les milieux politiques, mais pour l'instant, cette jeune femme de 37 ans a résisté aux sirènes de la politique.

Qu'est-ce qu'un rôle modèle exactement ?

Le « rôle modèle » est un concept forgé par le sociologue des sciences Robert King Merton lors d'une étude consacrée aux mœurs de socialisation des étudiantes en médecine de Columbia. Il a observé que, bien plus que par les leçons magistrales dispensées en amphi, c'est par l'exemple que donne le professeur-mentor que le futur médecin acquiert non seulement les gestes de sa pratique, mais aussi et surtout la posture que son « rôle » exige.

C'est le phénomène de l'apprentissage par l'imitation et il s'applique dans tous les champs de l'initiation, en médecine comme pour le leadership en entreprise ou en politique. Il ne garantit pas une représentation « modèle » dans le sens de « bon exemple » mais une inspiration, un guide, une possibilité de se projeter.

Le rôle modèle n'est ni une héroïne ni une idole mais un leader inspirant.

Les entreprises, les institutions et les nombreux réseaux féminins insistent beaucoup sur l'importance des rôles modèles féminins, en particulier dans les secteurs dits « masculins », afin de combattre les stéréotypes. C'est l'une des priorités du Haut Conseil à l'égalité entre les femmes et les hommes dirigé par Brigitte Grésy.

Ces rôles modèles ont valeur d'exemple en termes de leadership mais également dès les premiers choix d'orientations scolaires. Une initiative comme le prix régional de la mixité récompense des parcours exemplaires d'apprentis ou de lycéens qui se sont engagés, comme des jeunes filles en bac professionnel de maintenance des véhicules automobiles ou encore en CAP dans le bâtiment, la menuiserie ou la chaudronnerie, ou des garçons en CAP d'esthétique cosmétique parfumerie. Car s'il faut pousser les jeunes filles à investir plus les métiers dits « masculins », il en est de même pour les garçons dans les métiers dits « féminins ».

Des initiatives individuelles fleurissent également. Clémence Barthoux a ainsi créé l'association E-mma, avec Christelle Plissonneau, au départ pour promouvoir la mixité dans leur école d'informatique Epitech, et très vite plus largement dans les métiers du numérique. « Nous voulons encourager les femmes à se lancer sur des terrains dont elles ont été éloignées par leur éducation et leur culture. Nous estimons que nul domaine ne peut être productif s'il n'est pas composé d'hommes et de femmes », lit-on sur son site. Son association d'étudiants est maintenant présente dans les 12 villes françaises où l'Epitech existe et a déjà pour partenaires notamment Google, Microsoft, IBM et la Société générale.

▸ **Il faut des rôles modèles pour inciter les jeunes filles à choisir des filières professionnelles considérées comme masculines.**

- **Des rôles modèles dans la société**

Christine Lagarde à la tête du FMI puis de la Banque centrale européenne, Laurence Parisot à la tête du Medef, Hélène Darroze sacrée « meilleure femme chef du monde » en 2015 ; Margrethe Vestager, commissaire européenne à la concurrence, qui a demandé en 2016 à Apple de rembourser à l'État irlandais la somme record de 13 milliards d'euros ; Ursula von der Leyen, première femme présidente de la Commission européenne en 2019, Helle Thorning-Schmidt, Première ministre danoise (2011-2015), dont le destin est proche de celui de Birgitte, de la série *Borgen, une femme au pouvoir* ; Michelle Obama, première dame des États-Unis ; Delphine Horvilleur, rabbin française ; Eva Joly, magistrate qui a réussi à faire incarcérer l'ancien P-DG d'Elf et démissionner le président du Conseil constitutionnel ; Florence Foresti qui remplit Bercy avec ses one-woman shows ; Amandine Henry, capitaine des Bleues ; toutes ces femmes, au-delà de leur seul exemple individuel, ont réussi à inspirer l'inconscient et les mentalités de notre société. Sans même s'en rendre compte, elles ont probablement eu un impact culturel plus profond que ne peuvent le faire les règles (loi, chartes, discours, etc.). Elles sont arrivées à faire évoluer leurs métiers et la perception que le public en a, et à inciter d'autres femmes à suivre leur exemple.

Dans le sport, la toute récente arrivée des femmes dans l'encadrement sportif fait office de modèle. Lors de la nomination de Nathalie Boy de la Tour à la présidence de la Ligue de football professionnel en novembre 2016, le journaliste Bruno Salomon déclare au micro de France Bleu : « C'est un plafond de verre qui vient de sauter dans le monde du football, c'est la première ligue européenne à avoir une femme à sa tête [...] elle vient un peu siffler la fin de cette récréation avec des grands adultes et leurs millions, et enfin on arrête les bêtises. »

Anne-Sophie de Kristoffy, triple championne de France de patinage artistique, en devenant première femme directrice des sports à TF1, fait également bouger les lignes. Tout comme Chantal Jouanno, douze fois championne de France de karaté, qui a repris des études sur le tard, est entrée à l'ENA à 28 ans, avant de devenir ministre des Sports en 2010, puis sénatrice.

Au fur et à mesure que ces plafonds se brisent, les jeunes femmes peuvent de plus en plus se projeter dans ces exemples féminins et se dire « c'est possible ».

Mais attention au « complexe de Marie Curie » ! Comme l'expliquait l'historienne Julie Desjardins : « L'exception, c'est un contresens pour l'exemple. L'exception, c'est la rareté, voire la curiosité, le cafouillage de la règle, l'erreur de la norme.

L'exception, c'est superwoman, c'est la divine infaillible, c'est la surhumaine à qui rien ne résiste. Et ça, ce n'est pas un modèle d'inspiration, c'est un motif d'intimidation », explique Marie Donzel sur le blog EVE.

Tout le contraire de ce que voudraient projeter les femmes d'ambition. Il n'existe donc qu'une solution pour alléger un peu la charge symbolique pesant sur celles qui sont déjà des rôles modèles et inspirer le désir d'autres de le devenir à leur tour : « Rendre possible l'émergence et la visibilité d'un grand nombre de femmes inspirantes, singulières et plurielles. »

⇨ Seules dans des métiers d'hommes : leurs clés

- **Les femmes ont les mêmes capacités que les hommes**

Dans des métiers physiques comme dans le bâtiment ou l'armée, l'une des premières remarques que l'on entend souvent, c'est « elle n'en aura pas la force » ou « elle ne pourra pas avoir l'autorité ».

Physiquement, piloter un avion de chasse, ce n'est pas plus dur pour une femme que pour un homme.

Anne-Laure Michel, pilote de chasse et commandante d'escadrille

Quand Anne-Laure Michel obtient le brevet de pilote de chasse, elle a 26 ans. « Physiquement, piloter un engin qui peut aller jusqu'à 800 kilomètres à l'heure, ce n'est pas plus dur pour une femme que pour un homme. Il y a des critères à remplir et des étapes à franchir dans la formation, qui sont les mêmes pour les hommes et pour les femmes [...]. Il faut avoir des abdominaux pour faire face aux accélérations. De ce côté-là, les femmes, on n'est pas trop mal ! Quant à la force dans les bras, ce n'est pas primordial, car on est aidées par l'avion : si l'on veut imprimer un mouvement, il suffit d'appuyer sur un petit bouton, et l'avion nous aide à le maintenir… » Aux commandes notamment du Mirage F1, elle a effectué des opérations extérieures au Tchad et en Afghanistan, et elle a connu un stress intense en tant que commandante en détachement de 60 personnes dans les zones les plus dangereuses du monde. Comment résistait-elle au stress ? « Je me disais : "Il ne faut pas trop penser à ce qui peut arriver de négatif", parce que ça peut paralyser et, du coup, être négatif pour la mission. »

Sa meilleure arme antimacho : l'humour. Elle porte un écusson, créé avec d'autres collègues femmes, « FAF's Angels » (French Air Force Angels, en référence à la série *Charlie's Angels*), surmonté de cette petite phrase malicieuse : *Don't Panik: Women on Stick.*

À 33 ans, après 110 missions de guerre et la naissance d'un enfant, elle est devenue commandante de l'école de pilotage de l'armée de l'air.

Autre pilote de chasse, Virginie Guyot est aussi une leader d'exception : première femme à avoir intégré la Patrouille de France, elle est surtout l'unique femme au monde à avoir commandé une telle patrouille. « En vol, à 8 avions, à 600 km/h en moyenne, et à seulement 3 mètres les uns des autres, chaque pilote remet sa vie entre les mains de ses coéquipiers. Ce qui prime, ce sont les compétences techniques et le savoir-être : calme, écoute, confiance, empathie, humilité, courage. »

Le pilote n'a pas de sexe.

Virginie Guyot, ex-commandante de la Patrouille de France

- **Ne pas faire cas de la différence de sexe...**

Dans le milieu médical qui n'est pas exempt de machisme, on a longtemps considéré que le métier de chirurgien était un métier d'hommes. Francine Leca, une femme formidable à bien des égards, est pourtant devenue la première chirurgienne cardiaque en France, sans faire un cas de sa condition féminine. Créatrice de sa discipline en pédiatrie, elle est nommée en 1989 chef du service de chirurgie cardiaque de l'hôpital Laennec, avant de prendre la tête de l'hôpital Necker jusqu'à sa retraite, en 2006. Toujours active à 81 ans, elle partage désormais son temps entre la collecte de fonds pour son association Mécénat chirurgie cardiaque enfants du monde, qui fait venir des enfants du monde entier en France pour opérer leur petit cœur, et des voyages en Syrie ou au Yémen pour former des cardiologues. Quand on lui demande si cela a été difficile de faire son trou en tant que femme, voici ce qu'elle répond : « Vous croyez que les hommes se font des cadeaux entre eux ? Je me suis accrochée, c'est tout. »

Najoua Arduini-Elatfani, ingénieure en BTP, membre du comité de direction de Neom, ajoute pour sa part : « En étant dans un milieu d'hommes, j'ai davantage été confrontée au fait d'être une femme qu'à celui d'être d'origine étrangère. C'est un milieu sexiste. Face à des remarques du type "Mais vous les femmes" ou "T'es trop susceptible", je réponds simplement : "Je ne suis pas susceptible, je suis juste en désaccord." Je ne me suis pas transformée en homme mais j'ai adopté certains de leurs codes : "Je dis ce que je fais, je fais ce que je dis." Et j'applique un conseil que m'a donné un entrepreneur : n'attendez pas qu'on vous donne une promotion, faites comme les hommes ! Et si vous avez essuyé un refus, revenez à la charge, c'est comme cela qu'ils font. »

Rester neutre et avoir du répondant semble lui réussir : « Quand mon patron m'a dit "Mais ma belle, je vais vous expliquer", j'ai simplement commencé à répondre par "Mon beau…" et cela l'a complètement déstabilisé. Je n'ai pas besoin de paternalisme quand je suis face à lui, je cherche à discuter entre homologues. »

Selon elle, « on résout son problème quand on finit par considérer qu'on n'est pas juste une chose : une femme, une ingénieure, d'origine maghrébine, investie dans la vie associative. Je suis tout ça à la fois et c'est ce qui fait que je suis unique. Et je suis fière de parler l'arabe couramment : loin de me léser, c'est un vrai plus aujourd'hui ».

Il n'y a pas besoin de super pouvoirs ; il faut être honnête, avoir confiance en soi et dans les autres.

Sandra Bour Schaeffer, Airbus, directrice de l'activité Démonstrateurs

- **… mais ne pas chercher à singer les mecs !**

Les femmes dans les métiers d'hommes ont l'avantage d'être souvent médiatisées. Cela peut les aider, comme pour rentrer dans un gouvernement qui recherche la parité. Mais cela ne les aide pas à y rester.

Être une femme peut être un avantage pour accéder au pouvoir mais aussi un inconvénient pour l'exercer.

Chantal Jouanno, sénatrice, ex-ministre des Sports

Chantal Jouanno se confiait ainsi à *Terrafemina* le 11 avril 2013 : « Quand j'ai été nommée ministre, il fallait des femmes pour rétablir l'équilibre du gouvernement, cela m'a favorisée. Par ailleurs, pour travailler avec des hommes au caractère fort, qui sont en permanence dans un esprit de rivalité, c'est beaucoup plus simple d'être une femme : par exemple quand je travaillais avec Nicolas Sarkozy, nous n'avions pas cette relation de rivalité, parce que j'étais justement une femme. Mais c'est aussi un inconvénient. J'ai pu remarquer par exemple qu'on vous écoute moins attentivement... Aujourd'hui, j'ai fait de cet inconvénient un atout, mais cela suppose de ne pas renoncer à ses convictions et d'éviter de se fondre dans le moule de l'exercice du pouvoir qui est plutôt masculin [...]. Le pouvoir politique est très militaire et profondément marqué par des codes masculins : si on exige les mêmes défauts et qualités chez les hommes et les femmes, ces dernières ne peuvent pas exercer le pouvoir de la même façon, elles doivent se démarquer, même si je suis consciente que peu de femmes assument cette différence. »

Martine Monteil, elle, a été médiatisée dès son année de stage en tant que commissaire stagiaire. Fin 1977, elle s'est retrouvée à la une de *France Soir* : « l'étrangleur des parkings » était son « premier *serial killer* », elle l'a fait avouer alors que Paris était tétanisé et les femmes apeurées de se faire violer dans les parkings... Première d'une longue série médiatique, dont Guy Georges, Madame Claude, et bien sûr la mort de Diana qui lui a valu d'être surnommée « Mademoiselle Maigret » par le *Time.* Assumant sa part de féminité, elle a toutefois refusé beaucoup d'interviews pour rester « un flic, tout simplement[60] ». « Ma carrière s'est bien passée parce que je suis une bosseuse. Pas parce que j'étais une jolie femme [...]. On dit de moi que j'ai du charisme, sans doute parce que je suis restée moi-même, je n'ai pas cherché à singer les mecs. Contrairement à des collègues, flingues à la ceinture, s'exprimant comme des charretiers en prenant un café au comptoir d'un zinc : ce n'est pas ça qui vous légitime. »

Ses clés :

- Rester soi-même.
- Miser sur ses compétences : on ne peut pas faire illusion. C'est notre action sur le terrain qui est jugée. Cela ne peut pas être une nomination symbolique.
- Être honnête vis-à-vis de ses collaborateurs, dans le dialogue que l'on instaure avec les équipes.
- Veiller à la qualité de son discours : « Quand vous briefez vos équipes à 5 heures du matin pour partir en chasse derrière des voyous, il faut être enthousiaste et transmettre cet enthousiasme. »
- Ne pas aboyer ! Si vous avez une autorité naturelle, il suffit de parler. Gardez les coups de gueule uniquement pour quand c'est nécessaire.

Et pour celles qui se sentent fragiles, voici sa mise en garde : « Nous, les pionnières, on a essuyé les plâtres dans ce métier difficile et très masculin. Aujourd'hui la mixité est acquise. Si vous n'êtes pas bien dans ce métier, c'est que vous n'êtes pas faite pour ce métier. Il faut bien réfléchir avant : on côtoie les cadavres, le sang, l'horreur, les insultes, il ne faut pas être trop fragile. »

D'autres femmes, dans son sillage, ont eu également des carrières exemplaires. L'une de ses camarades de promotion de l'École nationale de police, Mireille Ballestrazzi, est devenue à son tour directrice de la PJ en 2014 tout en étant, parallèlement, la première femme à diriger Interpol (de 2012 à 2016). Marie-France Monéger-Guyomarc'h a, pour sa part, été la première femme, nommée en 2012, à la tête de l'IGPN (inspection générale de la Police nationale), la fameuse « police des polices »... 3 *flics* d'exception !

⇨ Faire bouger les lignes ! L'exemple des nouvelles technologies

De Steve Jobs à Bill Gates en passant par Mark Zuckerberg ou Elon Musk, c'est une majorité d'hommes qui vient en tête dès que l'on parle des entrepreneurs du secteur high-tech. Pourtant, dans ce domaine, les chiffres jouent très clairement en faveur des femmes puisque les entreprises qu'elles dirigent génèrent en moyenne 12 % de revenus en plus que celles dirigées par des hommes.

Un constat qui pousse une nouvelle génération de femmes à se lancer pleinement dans le secteur des technologies, avec un succès souvent remarquable comme, aux États-Unis, Elizabeth Holmes (Theranos, société spécialisée dans les services médicaux), Sheila Lirio Marcelo (Care.com, la plus grande plate-forme au monde mettant en relation parents et baby-sitters), Rachel King (GlycoMimetics, biotechnologie) ou Julia Hartz (Eventbrite, la plus grande plate-forme technologique pour les événements). À ce rythme, il n'est pas impossible que la prochaine star de l'informatique soit enfin une femme.

Je pense que c'est essentiel d'avoir plus de femmes dans le secteur de l'informatique. Ma devise est : « L'informatique est une science bien trop sérieuse pour être laissée aux hommes. »

Karen Spärck Jones (1935-2007), chercheuse en informatique à Cambridge

En France, les femmes, encore très minoritaires dans le numérique, sont pourtant particulièrement actives : elles veulent se créer leur place et l'affichent sans complexe.

Roxanne Varza, Américaine d'origine iranienne, a été nommée à 31 ans à la tête de la Halle Freyssinet de Xavier Niel, dans le 13e, qui se veut « le plus grand incubateur numérique du monde », avec pour ambition de créer 1 000 start-up.

Elle a aussi participé à la création de l'association Girls in Tech en France pour donner plus de visibilité à des profils peu médiatisés. L'association organise des cours d'initiation au code et des conférences ouvertes aux hommes et aux femmes, mais où seules les femmes ont le droit de s'exprimer. Elle a également créé il y a huit ans le concours Lady Pitch Night, qui récompense les start-up les plus innovantes et possédant au moins une femme dans leurs rangs. Elle confiait dans *Les Inrocks*[61] avoir eu deux figures féminines d'inspiration : Christine Lagarde, qu'elle trouve « brillante » et avec « une carrière incroyable ». Et sa grand-mère iranienne, poétesse, mais surtout avocate de formation, un poste peu commun pour les femmes en Iran. De l'importance du rôle modèle, on vous dit !

Cécile Schmollgruber est la présidente de Stereolabs, une société pionnière dans le développement de solutions 3D, qu'elle a créée il y a dix ans avec Edwin Azzam et Olivier Braun, deux camarades de promo de SupOptique, une école d'ingénieurs du plateau de Saclay, en banlieue parisienne. Depuis, elle a lancé une caméra 3D haute définition, la ZED, et s'est installée à San Francisco, au sein du French Tech Hub, où sa technologie fait fureur. Elle a récemment participé au tournage du second volet d'*Avatar* au côté du réalisateur James Cameron. Elle explique que personne ne la prenait au sérieux au départ et, lorsqu'elle s'est heurtée au sexisme, elle a suivi un stage à Harvard baptisé *Women and Leadership* qui lui a appris à détecter les comportements spécifiques à l'égard des femmes et à trouver des solutions adaptées[62]. Son message : cessez de vous excuser, prenez votre place et assumez !

Aurélie Jean est une autre entrepreneure à succès, et surtout une jeune femme ultra talentueuse, docteure en sciences. Elle encourage les jeunes femmes à rejoindre les métiers de l'informatique, de l'IA et des nouvelles technologies : « En faisant carrière dans le développement d'outils et de méthodes numériques, les femmes combinent indépendances intellectuelle et financière. Elles peuvent à la fois avoir un impact sociétal fort en taclant les plus grands problèmes de l'humanité dans tous les domaines (éducation, climat, médecine, finance...) et profiter des salaires les plus compétitifs. On ne parle pas assez argent aux femmes, il faut que ça change ! »

« Mon conseil pour évoluer dans un milieu fortement masculin est de s'entourer d'hommes aux mêmes valeurs que vous et qui recherchent la diversification de leur écosystème (ils sont nombreux !). Ils seront vos mentors, vos avocats et donc vos meilleurs alliés pour naviguer. »

Le numérique peut permettre l'*empowerment *des femmes. La disruption a besoin de mixité !

Natacha Quester-Séméon, cofondatrice de l'agence digitale youARhere

10e clé : Choisissez un rôle modèle qui ne vous ressemble pas

- **Choisissez une personne qui vous donne envie de lui ressembler**, tant pour ses qualités que pour sa réussite...
- **... mais qui ne vous ressemble pas !** La tentation sera grande de prendre quelqu'un qui vous ressemble, mais si c'est le cas vous améliorerez juste vos qualités au lieu de développer ce qui vous manque. Votre modèle doit être éloigné de vous si vous voulez qu'il vous fasse progresser.

Exercice pratique : Comment s'inspirer de son rôle modèle

1. Faites la liste des choses que vous souhaiteriez changer chez vous : mauvaises habitudes, défauts. Il est important de savoir ce que l'on souhaite modifier pour trouver ensuite la bonne source d'inspiration pour le faire.

2. Reprenez votre objectif professionnel principal et les étapes intermédiaires que vous aviez identifiées (chapitres 5 et 7).

3. Identifiez des personnes qui ont les qualités que vous souhaiteriez acquérir pour y arriver. Selon vos ambitions et vos possibilités, à vous de choisir votre rôle modèle dans votre entourage ou parmi des personnalités connues. Il sera plus facile d'observer quelqu'un que vous côtoyez, mais si vous choisissez une personne célèbre, vous pourrez l'observer à travers les médias.

4. Choisissez une personne non seulement que vous admirez mais qui vous semble « alignée », c'est-à-dire une

personne authentique dont les actes sont en cohérence avec ce qu'elle prône. Elle doit être bienveillante et vous inspirer confiance. Le mieux serait une femme qui a réussi dans un poste que vous visez et qui est en cohérence avec vos valeurs. Une personne qui a dû déployer ses qualités pour réussir plutôt qu'une personne qui a bénéficié d'un gros coup de chance.

5. Inspirez-vous de ses succès, essayez d'appliquer ses méthodes. Mais inspirez-vous aussi de ses échecs ! Ils vous montrent que même votre modèle peut échouer et arriver malgré tout au but qui est aussi le vôtre. L'important, c'est que cette personne n'ait pas abandonné, quelles que soient les épreuves.

6. Ne suivez pas intégralement votre modèle ! Adoptez ce qui vous intéresse, ce qui vous manquait et qui va vous permettre de réaliser des choses dont vous ne vous pensiez pas capable. Mais gardez votre fameuse *spécificité* et votre style !

⇨ En résumé :

- ⇨ Trouvez des rôles modèles qui vous inspirent.
- ⇨ Osez vous projeter dans un métier où les femmes sont encore rares.
- ⇨ Exercez-le en restant vous-même !

Portrait

Isabelle Guion de Méritens
Première femme général de l'histoire de la gendarmerie

Isabelle Guion de Méritens n'a pas perdu de sa féminité en évoluant dans l'armée. À sa voix claire, posée, on la sent tout aussi souple qu'elle peut être ferme, sans langue de bois. Maman de deux grands fils de 27 et 29 ans, elle est autant fière de son parcours de général de division que d'avoir su préserver son équilibre familial.

Fille de colonel dans l'armée de terre – et d'une mère au foyer – entourée de deux frères, qui ont choisi la police et l'armée, elle a pu se projeter, plus facilement qu'une autre, dans les métiers de l'armée. Mais ce n'est qu'après avoir passé une maîtrise d'histoire et au moment de se préparer à l'enseignement que l'envie d'action la rattrape. En 1984, l'école spéciale militaire de Saint-Cyr vient de s'ouvrir aux filles, elle passe le concours : elles seront 2 filles sur 151 élèves. En l'absence de politique d'intégration, les jeunes femmes se retrouvent discriminées par les autres élèves comme par l'encadrement : « Vexations, plaisanteries douteuses visaient à nous étouffer, à ne pas nous associer aux activités. » Pour ne rien arranger, leur médiatisation était mal vécue par les autres élèves de l'école : « Chaque article à notre sujet était en fait contre-productif pour notre intégration et nous valait des moqueries supplémentaires. Je m'étais psychologiquement préparée à cette hostilité. Ces comportements ne m'ont pas blessée, j'y ai plutôt vu une mesure de ma capacité à résister aux épreuves, un test de ma propre résilience. »

Résiliente et courageuse, elle l'est puisque, trois ans plus tard, elle sort de Saint-Cyr dans le haut du classement et peut ainsi choisir son corps de métier : ce sera la gendarmerie.

Après vingt-neuf ans dans la gendarmerie, elle parle toujours de son métier avec ferveur : « J'aime les responsabilités, le commandement des hommes, servir mon pays. La gendarmerie est une force armée très ouverte sur la population civile. Sa guerre se mesure au quotidien, des affaires judiciaires aux grands événements en passant par l'aide aux populations, c'est le caractère très opérationnel de son service qui m'a séduite. »

Pionnière, elle l'a été presque à tous ses postes : première femme officier en gendarmerie mobile au maintien de l'ordre pendant trois ans, elle enchaînera ensuite les postes, dont douze années de responsabilité à la tête d'unités opérationnelles (niveau arrondissement, département, région) en travaillant à la conception et à la mise en œuvre de politiques de sécurité publique.

Alternant avec des fonctions dans les ressources humaines et la formation, elle devient la première femme à diriger l'École des officiers de la Gendarmerie nationale de Melun, dont elle-même a été élève en sortant de Saint-Cyr, vingt-neuf ans plus tôt.

Comment a-t-elle vécu le fait d'être une femme à des postes de haut commandement ? « Pendant longtemps je ne me suis pas posé la question en ces termes car je ne me suis pas positionnée comme “femme”, mais comme chef militaire. Certes, chacune de mes prises de postes a pu créer de la surprise de voir arriver une femme, mais, passé les premiers questionnements, les gendarmes se sont aperçus que j'étais un chef militaire avant tout. J'ai trouvé cependant énormément de richesses à être différente, non pas en tant que femme ou homme, mais à ne pas être faite du même moule. Par notre formation, on nous a appris à savoir décider en situation difficile, à développer des relations très professionnelles et humaines en tirant les équipes vers le haut, mais c'est à chacun de développer son propre style de commandement.

[...] Depuis 2002, et l'ouverture d'un recrutement au niveau master, directement après l'université, la gendarmerie compte dans ses rangs de plus en plus de femmes officiers. Sur 100 élèves officiers à l'école, nous avons 30 % de femmes. Mon cheval de bataille, c'est qu'elles puissent s'épanouir et conjuguer leur métier avec leur vie personnelle. Dans ce métier, on change de fonction tous les trois ou quatre ans en moyenne et cette mobilité peut avoir un impact important sur le conjoint et les enfants. »

Elle-même a réussi à préserver sa vie de famille en alternant avec son mari les postes de responsabilité et les postes transversaux pour que chacun, à tour de rôle, puisse exercer le commandement qu'il souhaite en premier ou rejoigne l'autre. « C'est important d'oser prendre des risques mais également de savoir se fixer des limites. »

Son slogan : « C'est une devise familiale : "Libre mais fidèle." Sortir du cadre mais en restant fidèle à mes convictions et aux hommes et aux femmes qui servent l'institution. »

Son conseil : « Osez vous projeter et choisir un métier atypique, vous lancer dans des formations qui, au départ, ne paraissent pas prédestinées à des femmes. Même si la gendarmerie peut donner l'impression d'un métier d'hommes, c'est en réalité une force humaine. Nous travaillons au profit de la population civile qui est composée à 50 % de femmes : il est important que notre corps soit à l'image de la société. »

CHAPITRE 11

LE PLAFOND DE VERRE BRISÉ, ET APRÈS ?

⇨ Une fois au top, comment conserver le pouvoir ?

« Aujourd'hui, il est plus difficile de rester au top que d'y arriver », d'après Claire Dorland-Clauzel, ex-responsable des marques, relations extérieures, cartes et guides Michelin.

En effet, alors même que toutes les études montrent que les femmes dirigeantes obtiennent de meilleurs résultats, elles restent en moyenne moins longtemps en poste que les hommes.

Voici quelques conseils pour éviter les écueils.

- **Arrêtez de vous justifier éternellement !**

Christine Lagarde a raconté dans un documentaire diffusé sur Arte (*Les Femmes de pouvoir*, de James Rogan et Harriet Shawcross, diffusé le 8 mars 2016) qu'à son arrivée à la tête du FMI elle avait souvent dû se justifier : « Pour mon premier jour, j'ai dû passer un entretien avec vingt-quatre hommes, je peux vous dire que c'était un peu bizarre », s'est-elle souvenue.

Certes, dans une nouvelle fonction, il vous faudra un peu de temps pour être reconnue par vos interlocuteurs, mais une fois passé ce cap, c'est à vous de perdre l'habitude de vous justifier. Ou bien de savoir balayer la question avec une formule qui ne vise qu'à convaincre votre interlocuteur et non plus vous-même.

Car si vous avez atteint cette fonction, c'est normalement que vous en avez les capacités.

Bien sûr, c'est plus facile à dire qu'à faire, et l'on a déjà longuement abordé ce sentiment d'imposture. Mais méfiez-vous-en encore, il peut vous rattraper et vous pourriez faire en sorte inconsciemment de vous saborder pour vous prouver justement que vous ne méritiez pas ce poste... Donc, vigilance ! Si nécessaire, retravaillez encore sur vos croyances limitantes (chapitre 1) et sur vos moteurs (chapitre 2).

Le secret de la réussite étant la confiance, cultivez-la encore et toujours.

Et soyez aussi tolérante avec vous-même : si même les plus grandes connaissent encore ce sentiment d'imposture, c'est qu'il n'empêche pas de rester au top... Du moment où vous en avez conscience, vous saurez mieux le mettre à distance.

- **Prenez soin de vous**

Catherine Guillouard, actuelle P-DG de la RATP, confiait lors d'une conférence au Women's Forum, sur le thème « Comment rester au top », l'importance, selon elle, de prendre soin de soi, d'être en forme.

J'ai pu, pour ma part, observer combien les dirigeantes qui inspiraient le plus confiance étaient en effet des femmes qui prenaient soin d'elles. Non seulement qui prenaient soin de leur apparence physique, mais qui préservaient du temps pour leur équilibre privé, pour leur vie sociale, pour de menus plaisirs personnels.

Souvenez-vous, c'est en une fraction de seconde que l'on se fait une idée de son interlocuteur. Des cernes et une mine fatiguée ne vous aideront pas à convaincre vos investisseurs ou à motiver vos équipes. Miser sur un peu de repos peut vous faire gagner beaucoup de temps au final.

Surtout, cela vous évitera le surmenage. Une dirigeante qui frôle le burn out devra de toute façon à un moment donné s'arrêter. Elles sont quelques-unes à en avoir fait la douloureuse expérience, comme Aude de Thuin (entrepreneure, fondatrice notamment du Women's Forum), ou à l'avoir évité de justesse. Parmi elles, certaines ne sont pas forcément chefs mais se donnent à 100 % dans leur travail.

Plus vous avez de responsabilités, plus la pression est forte, plus vous avez de risques de vous identifier totalement à votre rôle en négligeant les autres aspects de votre vie. La tentation est grande alors de ne jamais vous déconnecter et de nier vos besoins de repos. Bref, de devenir totalement dépendante de votre travail comme une *workalcoholic* qui ne tient plus que sous pression... jusqu'à ce qu'arrive l'épuisement.

La souffrance psychique au travail en France

- Elle touchait en 2012 plus de trois femmes actives sur 100 et plus d'un homme actif sur 100.
- Elle est passée de 2,3 % à 3,1 % pour les femmes et de 1,1 % à 1,4 % pour les hommes, de 2007 à 2012, soit un taux de prévalence deux fois supérieur pour les femmes[63].

⇨ **Identifiez les signes avant-coureurs du burn out :**

- perte de sommeil
- trous de mémoire
- irritabilité
- intolérance

- petits accidents
- idées noires
- autodépréciation
- perte de motivation...

⇨ **Demandez de l'aide avant de perdre le contrôle de la situation.**

Le burn out a des similitudes avec la dépression et peut s'installer profondément. Il faut réagir vite au risque d'être forcée à un arrêt prolongé.

Pour éviter le burn out :

- Écoutez les remarques de vos proches et de vos collègues : ils auront plus de recul que vous sur votre situation.
- Concentrez-vous uniquement sur les priorités : déléguez tout le reste et/ou refusez les nouveaux clients ou dossiers que vous ne pouvez pas gérer.
- Retrouvez l'humilité : vous ne pouvez pas tout faire, quelqu'un d'autre peut vous aider. Vous n'êtes pas toute-puissante, vos ressources sont épuisables.
- Accordez-vous des plages de repos, des sas de décompression.
- Faites-vous plaisir au travail comme dans votre vie privée. Reconnectez-vous avec ce qui vous fait du bien et vous donne de la joie.

- **Choisissez bien votre équipe**

Choisissez des personnes qui vous font confiance et en qui vous avez confiance.

N'hésitez pas à prendre des personnes plus compétentes que vous dans certains domaines.

Claire Dorland-Clauzel,
ex-membre du comité exécutif de Michelin

Claire Dorland-Clauzel, qui a eu de multiples responsabilités dans le public et le privé, explique : « Il faut savoir déléguer et s'entourer de personnes différentes de soi. Je n'ai pas peur des gens intelligents à partir du moment où ils sont fiables et loyaux. Je les laisse aller dans des réunions où je ne vais pas et s'exprimer à leur façon. [...] J'ai dirigé 800 personnes dans le monde et c'était un management *matriciel* (management croisé avec leurs patrons hiérarchiques) sur différents pays, donc complexe. Il faut beaucoup de souplesse et de modestie, tout en étant très forte et en sachant ce que l'on vaut. »

Claire ajoute : « Plus vous montez, plus il faut écouter, le monde se transforme vite. C'est difficile d'être agile tout en ayant des convictions, il faut savoir gérer le court terme et le long terme, il faut savoir concilier les contraires. Mais c'est possible. »

Dans un milieu où il faut jouer des coudes, être idéaliste, pour elle, est « un vrai garde-fou ». « Les arrivistes y arrivent, mais à un moment, la couverture s'en va. C'est important d'avoir le sens de l'intérêt général. Je dis à mes équipes : "C'est l'équipe qui gagne. Quand vous vous battez entre vous, vous ne faites pas gagner l'équipe." »

⇨ Promouvoir les autres femmes au sein de son entreprise

- **De la solidarité féminine ?**

Catherine Guillouard a jeté ce pavé dans la mare en plein Women's Forum : « Soyons honnêtes, les femmes sont les meilleures ennemies des autres ! C'est une hypocrisie qui dure depuis trop longtemps de dire qu'on va aider les autres femmes. Faites-le donc ! Combien en avez-vous aidé vous-mêmes ? J'ai entendu tellement de femmes dire : "J'étais heureuse d'être la seule femme parmi les hommes." Arrêtez ! Il faut aider les femmes à nous rejoindre ! »

Provocatrice, Catherine Guillouard a pourtant été applaudie. Qui n'a pas été confrontée en effet au syndrome de la Reine des Abeilles ? Cette Reine qui règne sans partage et qui est la seule à fréquenter les mâles de sa colonie...

Il faut l'avouer : si toutes les femmes s'entraidaient activement, il y a longtemps qu'il n'y aurait plus de domination masculine !

Les grandes dirigeantes qui œuvrent pour aider les autres femmes « à s'installer à la table des discussions », comme dirait Sheryl Sandberg, ne courent malheureusement pas les rues. Les Simone Veil, Christine Lagarde, Mercedes Erra, Aude de Thuin et quelques autres font encore figure d'exception. C'est sans doute l'une des raisons pour lesquelles elles sont si populaires et admirées.

Parfois, au risque de provoquer quelques grincements de dents chez les hommes... Comme lorsque Delphine Ernotte, en arrivant à la présidence de France Télévisions, a nommé plusieurs femmes directrices et imposé un comité exécutif paritaire, fidèle au sentiment qu'elle avait de devoir montrer la voie, comme elle l'avait précédemment fait chez Orange.

Je veux davantage de mixité et de diversité, donc oui, j'applique une forme de discrimination positive et j'y veille personnellement.

Delphine Ernotte, P-DG de France Télévisions[64]

Revient cette éternelle question : faut-il, dans un souci d'égalité, ne faire aucune distinction entre les genres et donc ne pas mettre en place de politique dirigée en particulier vers l'accession des femmes à des postes de haute responsabilité ? C'est derrière cette pensée que s'abritent beaucoup de dirigeantes que l'on n'entend jamais sur le sujet.

Force est de constater que si l'on s'en était tenu à cette stratégie, la cause des femmes n'aurait guère évolué ces dernières décennies...

L'actrice, réalisatrice et productrice, Julie Gayet, lasse de voir, comme beaucoup de ses consœurs, l'industrie du cinéma – et la société entière – se comporter de façon très sexiste, s'est engagée de multiples façons pour aider ou promouvoir les autres femmes. À la ville, via notamment la Fondation des femmes et le mouvement #MaintenantOnAgit contre les violences faites aux femmes. À l'écran, en tant que productrice de documentaires mettant en valeur les femmes footballeuses (*Le moment de briller*) ou les femmes réalisatrices dans son film *Cinéaste(s)* réalisé avec Mathieu Buisson et produit par sa société *Rouge International.*

« Ce qui serait intéressant, c'est que les femmes soient plus solidaires entre elles, explique aussi Véronique Le Bris, fondatrice du webzine *Cine-Woman.* »

De l'autre côté de l'Atlantique, on se souvient du coup de gueule de Patricia Arquette à la cérémonie des Oscars en 2015 ou de celui de Meryl Streep lors de la cérémonie des Women In Film Crystal en 2012 : « Dans cette salle, nous connaissons très bien ces statistiques terribles concernant la sous-représentation choquante des femmes dans notre business, avait commencé l'actrice. Parmi les producteurs, scénaristes et chefs opérateurs, 7 % à 10 % sont des femmes. Tout cela en dépit du fait que, ces cinq dernières années, cinq petits films destinés aux femmes ont rapporté 1,6 milliard de dollars : *La Couleur des sentiments, La Dame de fer* – croyez-le ou non ! –, *Mes meilleures amies, Mamma Mia !* et *Le diable s'habille en Prada.* »

L'actrice aux multiples oscars prend depuis longtemps fait et cause pour les femmes au cinéma. En avril 2015, à Hollywood, elle a créé et financé presque intégralement The Writers Lab, un laboratoire pour aider les femmes scénaristes de plus de 40 ans.

Le féminisme, ce ne sont pas des sorcières qui veulent se venger des hommes, mais des femmes qui, dans la modernité d'aujourd'hui, réclament une ouverture.

Jackie Buet, directrice du Festival international de films de femmes de Créteil[65]

Tant que l'égalité n'est pas effective, les efforts de toutes celles qui redessinent « les structures de la maison » et permettent aux autres femmes de les rejoindre sont fondamentaux. Les enjeux aujourd'hui sont collectifs.

Et vous, faites-vous quelque chose pour aider vos collègues féminines ?

- **Du *mentoring* pour aider les autres femmes**

Le *mentoring* est une très belle façon d'accompagner les plus jeunes femmes en les faisant bénéficier de notre expérience, et en leur transmettant l'envie et les outils pour dépasser leurs freins et cultiver à leur tour cet esprit d'entraide. Dans le *mentoring*, une personne expérimentée (mentor) suit une personne moins expérimentée (mentorée). Elles se rencontrent à un rythme souvent mensuel durant une petite année.

Je crois beaucoup en la puissance intergénérationnelle et transfrontière du *mentoring*. J'ai personnellement beaucoup de plaisir à intervenir dans plusieurs programmes de *mentoring* international, notamment depuis 3 ans en tant qu'experte conférencière pour l'ambitieux programme de *mentoring* women@dior développé par les équipes de Christian Dior Couture à travers le monde.

J'ai également monté les premiers programmes de *mentoring* international destinés aux professionnelles de l'audiovisuel, à travers mon réseau, le MédiaClub'Elles, que j'ai créé en 2017 pour réduire les inégalités de carrière entre femmes et hommes. Nous avons ainsi déjà *mentoré* plus de deux cents femmes venant de tous les continents.

Donner est un enrichissement. Vous vous enrichissez vous-même de l'altérité comme de la prise de recul nécessaire à une bonne transmission. Et c'est tellement bon de cultiver la sororité...

Si vous avez une bonne capacité d'écoute et d'empathie, et l'envie de transmettre, n'hésitez plus, devenez mentor !

- **Privilégiez la flexibilité au temps partiel dans vos équipes**

En France, 30 % des femmes travaillent à temps partiel contre 5 % des hommes. Sur les 4,1 millions d'actifs à temps partiel, 83 % sont des femmes. Pour 28 % de ces femmes, le temps partiel ne correspond pas à un choix mais est « subi », et elles souhaiteraient pouvoir travailler davantage (Insee).

Or le temps partiel éloigne les femmes des postes à resposabilité. De plus, elles sont payées 50 % ou 80 % de leur salaire à temps plein mais elles finissent souvent le travail chez elles, effectuant au final l'équivalent d'un 100 % de temps !

« La flexibilité des horaires, c'est la clé pour faire progresser les femmes, contrairement au temps partiel qui est souvent forcé », atteste Stéphane Pallez, P-DG de la Française des jeux, quatrième plus gros opérateur de loterie mondial qui représente un chiffre d'affaires de 13 milliards d'euros.

Clara Gaymard, quand elle était sous-directrice à Bercy dans les années 1990, avait déjà facilité la vie des femmes de son équipe en aménageant leurs horaires, mettant en place un roulement selon les rythmes de chacune : « Celle qui avait quatre enfants en bas âge a pris le matin (de 8 heures à

14 heures), celle qui avait deux grands enfants a pris le milieu de journée, et la plus jeune qui aimait sortir le soir et faire des grasses matinées a pris les après-midi (14 heures-20 heures). Elles étaient ravies et il n'y avait plus d'absentéisme ! »

« Quand les femmes ont des enfants, jeunes, il ne faut pas leur mettre des réunions à 20 heures ou les faire trop voyager, cela les perturbe et peut tuer leur carrière, dit Claire Dorland-Clauzel qui a eu elle-même trois bébés tout en travaillant à la direction du Trésor. Là où tout le monde restait jusqu'à 23 heures, moi, j'avais négocié de partir à 20 heures et je ne me suis pas occupée des remarques. »

⇨ C'est un enjeu de performance

Stéphane Pallez est fière d'avoir fait passer les femmes de 34 % à 37 % des postes de manager depuis son arrivée à la tête de la Française des Jeux en 2014 : « Je souhaite aligner la proportion des femmes managers sur leur proportion dans le groupe (45 % des employés) et ce n'est pas rien car il n'y a pas dans tous les métiers de réservoir de managers en interne. Il faut parfois prendre le temps de préparer les femmes à ces responsabilités de management afin que tout le monde soit d'accord pour trouver cela légitime. Aujourd'hui, elles représentent 40 % des membres du comex et 50 % des membres du conseil d'administration. »

Pour Stéphane Pallez, la diversité des genres est avant tout « un enjeu de business et d'innovation ».

L'évolution naturelle des métiers fait tomber les barrières entre femmes et hommes.

Stéphane Pallez, P-DG de la Française des jeux

Il y a des nouvelles fonctions qui cassent en effet les barrières entre les métiers d'ingénieur traditionnellement masculins et les métiers du marketing plus souvent féminins. « Il en est ainsi du métier de directeur digital ou du directeur en charge des datas. Dans ces métiers, les femmes peuvent booster l'innovation par la façon dont elles interagissent avec les autres. J'ai plusieurs exemples autour de moi de femmes qui ne sont pas ingénieures, mais qui dirigent des ingénieurs. Le management est une compétence clé quelles que soient les personnes que l'on dirige », dit cette énarque qui a travaillé vingt ans dans la haute administration avant de rejoindre le privé.

Mari-Noëlle Jégo-Laveissière est du même avis. Diplômée de l'École normale supérieure, première femme à diriger la recherche et le développement d'Orange, à la tête d'une équipe composée majoritairement d'hommes, elle témoigne : « Il y a peu de femmes dans les métiers scientifiques, mais j'essaie de créer des ponts entre les ingénieurs et les métiers du marketing (où les femmes sont plus nombreuses) pour inciter les femmes à rejoindre nos équipes. » Marketeurs et ingénieurs ne sont pas interchangeables. Il existe néanmoins des postes importants sur lesquels différents profils peuvent fonctionner. Il s'agit également de travailler sur des viviers.

Dans son comité de direction, il n'y avait, en 2017, que 4 femmes sur 18 et aucune opérationnelle : « On essaie de créer des flux de leaders, mais cela prend quelques années car j'ai peu de femmes en N-2 et j'ai peu de départs dans mes équipes, donc peu de gens à remplacer. Mais dès que je recrute, j'essaie d'avoir au moins une femme dans ma *short list.* »

Elle faisait d'ailleurs remarquer en 2017 que, si les femmes ne dirigeaient que 30 % des boutiques Orange en France, 7 des 10 boutiques les plus performantes étaient pilotées par des femmes... « Les femmes aux postes de direction, ça marche ! »

Christine Lagarde n'a cessé pour sa part de marteler que l'accession plus large au travail des femmes profiterait à l'économie mondiale : « Il y a 875 millions de femmes dans le monde qui pourraient contribuer davantage à l'économie[66]. » Et d'insister pour qu'elles prennent plus de hautes fonctions : « Il est de ma responsabilité d'en parler constamment. Même quand les gens font la sourde oreille. » S'appuyant sur de nombreuses études pour faire remarquer que le leadership féminin est souvent « plus participatif, mais aussi plus prudent », elle s'est demandé en riant ce qui se serait passé si « Lehman Brothers s'était appelé Lehman Sisters » – cette banque d'investissement responsable en 2008 de la plus violente crise économique depuis longtemps.

⇨ Agir en tant que responsable politique

Bien sûr, les femmes politiques peuvent d'abord jouer sur les lois. De tous bords, celles qui ont agi en faveur des femmes l'ont fait avec beaucoup de conviction. Parmi elles, la socialiste Yvette Roudy, ministre des Droits des femmes (1981-1986), avait fait passer dès 1983 une loi sur l'égalité professionnelle en entreprise, en instaurant le « rapport de situation comparée », qui reste fondamental pour pouvoir juger si une entreprise respecte bien l'égalité entre hommes et femmes.

D'autres femmes politiques ont fait bouger les lignes, comme Marie-Jo Zimmermann, bien sûr, dont on a déjà parlé, et avant elle Nicole Ameline, ministre déléguée à la Parité et à l'Égalité professionnelle sous deux gouvernements Raffarin (de 2002 à 2005), qui joue également un rôle international en tant que présidente depuis 2013 à l'ONU de la Convention sur l'élimination de toutes les formes de discrimination à l'égard des femmes.

Najat Vallaud-Belkacem a, quant à elle, fait voter des mesures très concrètes quand elle était ministre des Droits des femmes, grâce à sa loi sur l'égalité *réelle* entre les femmes et les hommes (2014).

Marlène Schiappa a été, pour sa part, particulièrement proactive dans la lutte contre les discriminations et les violences sexuelles et sexistes.

L'index de l'égalité salariale femmes-hommes initié et mis en place par Muriel Pénicaud, ministre du Travail, en 2019, permet une prise de conscience par les entreprises et les incite – les oblige même, sous peine de sanction, si elles ne se mettent pas en conformité dans un délai de trois ans – à réduire les inégalités grâce à l'arsenal de mesures de la loi PACTE. Il reste que beaucoup d'entreprises ne transmettent toujours pas leur score (une note sur 100 points selon 5 critères) aux autorités.

⇨ *À votre niveau, vous pouvez aussi interpeller les politiques.*

Rebecca Amsellem, jeune féministe active, fondatrice de la newsletter *Les Glorieuses*, avait lancé un site Internet interactif, « *3 %* », pour interpeller les candidats à la présidentielle française de 2017 sur leurs propositions concernant les droits des femmes.

Parce qu'il y a 53 % d'électrices,
avec 3 % les femmes ont la majorité absolue.

Les Glorieuses

⇨ Œuvrer pour les autres femmes au travers des réseaux féminins

Beaucoup de choses ont déjà été écrites sur l'importance des réseaux professionnels. De fait, les femmes fréquentent de plus en plus les réseaux, et en particulier les réseaux dits « féminins ». Ils ont vu le jour aux États-Unis dans les années 1980 et sont apparus en France à la fin des années 1990, Marie-Claude Peyrache lançant le premier réseau de femmes chez France Télécom. Ils explosent ces dernières années.

Que l'on apprécie ou non d'être dans une assemblée strictement féminine, ce qui est sûr, c'est que ces réseaux ont été créés par des femmes qui avaient envie de partager leur expérience dans un esprit d'entraide, qu'elles soient entrepreneures, ingénieures dans le nucléaire ou même chefs de l'inspection générale de la Police nationale comme Marie-France Monéger-Guyomarc'h qui a créé Femmes de l'intérieur.

De nombreuses femmes témoignent que cela les a fortement aidées, rassurées, encouragées, ouvertes à de nouvelles opportunités… Quand elles n'y ont pas trouvé là le déclic pour s'autoriser à changer de métier, à se lancer dans l'entrepreneuriat ou à demander tout simplement de l'aide.

Se rendre compte que l'on n'est pas seule à ressentir la même chose, à souffrir des mêmes freins, partager son expérience sans jugement, rencontrer des femmes inspirantes, trouver des mentors : les possibilités offertes par ces réseaux sont nombreuses. Ils proposent souvent des conférences, des rencontres avec des grands patrons, femmes ou hommes, des séances de coaching, du tutorat, du *speednetworking*.

Le réseau PWN a mis en place des initiatives originales, comme le *reverse mentoring* où ce sont les membres les plus jeunes qui prennent sous leurs ailes les anciennes. Une manière d'attirer la fameuse génération Y, plus active sur les réseaux sociaux que dans les réseaux physiques.

À vous de choisir ceux qui vous correspondent.

On compterait près de 450 réseaux dans l'Hexagone, du réseau interne (tel qu'Accent sur elles chez Accenture, Women@Renault, Wisp chez Sanofi, SNCF au féminin, WIN chez Nestlé, etc.) aux réseaux sectoriels ou internationaux.

Quelques réseaux utiles

- **Des réseaux internationaux**
  - IWF (International Women's Forum) : fondé en 1974 aux États-Unis, ce réseau de femmes éminentes est maintenant présent dans plus de 35 pays dont la France, sous la houlette de sa Présidente Lucille Desjonquères ; il compte 7 000 membres dans le monde.
  - PWN (Professional Women's Network) : premier réseau de femmes cadres supérieures et entrepreneures en Europe. Avec 3 500 membres et 80 nationalités, il agit comme un espace de débat, un réseau de contacts, d'échange de bonnes pratiques, et organise par exemple le Prix de l'Entrepreneure responsable.
  - Girls in Tech : fondé à San Francisco par Adriana Gascoigne, ce réseau compte 7 500 membres à travers le monde. Il vise à mettre en valeur le parcours des femmes dans la technologie.
  - WIN (Women in Nuclear) : il rassemble 25 000 professionnelles dans 100 pays et intervient notamment pour informer les jeunes sur la filière nucléaire, les métiers et les cursus, dans des établissements scolaires, écoles d'ingénieurs et universités.

- **Des réseaux sectoriels**
  - Financi'Elles : pour celles qui travaillent dans la banque, la finance et l'assurance.
  - Entrepreneuri'Elles : pour les femmes chefs d'entreprise et dirigeantes.
  - Femmes et sciences : pour promouvoir l'image de la science chez les femmes comme l'image des femmes dans les sciences.
  - Girlz in Web : pour les professionnelles du Web et des nouvelles technos.

- Les femmes du bâtiment font parler d'elles : pour valoriser la présence des femmes dans les métiers du bâtiment et susciter de nouvelles vocations.
- Elles bougent : pour les ingénieures et techniciennes dans l'industrie.
- Mampreneurs : pour les mamans entrepreneures enceintes ou avec des enfants en bas âge.
- Pionnières : réseau des incubateurs au féminin de services innovants à la personne et à l'entreprise.
- Cercle interElles : regroupe les réseaux féminins d'une douzaine d'entreprises technologiques (Air Liquide, Areva, IBM, Orange, Schlumberger, etc.).
- *Vox Femina* : pour une représentation équilibrée et non stéréotypée des femmes dans les médias.
- Force Femmes : un réseau pour les plus de 45 ans qui les accompagnent dans le retour à l'emploi ou la création d'entreprise.
- MédiaClub'Elles : un réseau inclusif de 900 professionnelles des médias qui œuvrent pour plus de parité et une meilleure représentation des femmes dans les médias.

• **Des réseaux géographiques**

- *Aix-Elles* : association de femmes chefs d'entreprise, artisans et créatrices d'entreprise du pays d'Aix.
- Rezoe à Strasbourg : pour les femmes entrepreneures du nord-est de la France.
- Haut les filles : implanté dans le Vaucluse, il réunit des femmes ayant créé ou dirigeant une entreprise.
- Femmdoubout : pour celles qui vivent en Martinique, Guadeloupe, Guyane et à La Réunion.

• **Des réseaux de grandes écoles**

- Grandes écoles au féminin : ce réseau regroupe 10 grandes écoles.
- Et des réseaux par école : EM Lyon for ever au féminin,

Femmes et société Sciences-Po, HEC au féminin, Centrale au féminin, Polytechnique au féminin...

Et bien sûr, n'oubliez pas tous les réseaux mixtes qui vous accueilleront à bras ouverts !

Libre à vous également de créer votre propre réseau, dans votre secteur ou dans votre entreprise.

⇨ Œuvrer pour les autres femmes à travers des événements internationaux

Aude de Thuin a énormément apporté à la communauté féminine internationale en créant le Women's Forum for the Economy and the Society en 2005. Autour d'elle, d'autres femmes influentes l'ont aidée, telles Véronique Morali (fondatrice du site Terrafemina), Anne Lauvergeon (ex-présidente d'Areva), Laurence Parisot (ex-présidente du Medef) et Dominique Hériard Dubreuil (ancienne présidente du groupe Rémy Martin).

Pour qui s'est déjà rendu à ce forum qui se tenait durant trois jours chaque année à Deauville et dorénavant à Paris, l'émulation y est exceptionnelle, les thèmes débattus variés, les intervenantes de haut niveau, les ateliers parfois ludiques et inattendus. Et surtout, il y a tellement d'énergie et de créativité réunies, sans compter les rencontres émouvantes avec des femmes venues des quatre coins de la planète, que l'on en ressort toujours galvanisée.

Autres personnalités, autres actions d'envergure : Sheryl Sandberg avec son association Lean In, dédiée à aider les femmes à accomplir leurs ambitions et soutenue par des personnalités comme Kerry Washington, l'héroïne de la série *Scandal*.

Sur un autre plan, Malala, la jeune Prix Nobel de la paix pakistanaise, œuvre pour l'éducation des petites filles à travers le monde.

Dans les entrepreneures françaises qui se consacrent aux autres femmes, l'une de nos *Frenchies*, spécialiste de l'e-commerce et de la transformation numérique, Catherine Barba, a co-organisé la journée de la femme digitale en France (avec Delphine Remy-Boutang) avant de s'expatrier à New York. Elle y a lancé le Win Forum consacré aux femmes leaders dans la technologie. En France, elle a participé récemment à l'émission *Qui veut être mon associé ?* sur M6. « J'ai vendu deux de mes trois sociétés, Cashstore (portail de shopping) et Malinea (*Web agency*), et j'investis à présent comme *business angel* dans des projets si possible portés par des femmes, comme Leetchi, créé par Céline Lazorthes et Retency, créé par Isabelle Bordry. Je me sens très clairement une responsabilité en tant que femme d'aider les autres femmes. On manque trop de rôle modèle. *You can't be what you can't see but you can be what you see.* »

« Il faut arriver à faire jaillir une graine de confiance chez les autres pour qu'elles se disent : "Pourquoi pas moi ?" rapporte Catherine Barba. En France, j'allais dans les écoles pour parler de l'entrepreneuriat au féminin avec la formidable association créée par Philippe Hayat, 100 000 Entrepreneurs, qui encourage les jeunes à entreprendre[67]. »

À l'instar de Catherine Barba ou d'Aude de Thuin, chacune à notre niveau, nous pouvons faire bouger les lignes. Et c'est une source de gratifications insoupçonnées...

11e clé : Faites rayonner égalité et bienveillance

- **Essayez la solidarité**

Aider, conseiller, agir pour l'égalité donne un nouveau sens à votre action. Cela vous permet aussi de prendre conscience du chemin parcouru, de ce que vous avez appris, et de trouver la bonne façon pour le transmettre.

- **En donnant, vous recevrez beaucoup**

Dans ce monde en pleine mutation, l'écoute est cruciale. Être au contact des autres femmes, et des plus jeunes en particulier, est une source permanente d'information, de remise en cause et de perfectionnement.

Exercice pratique :
Transmettez votre expérience

Quelle que soit votre façon de transmettre, vous apprendrez beaucoup en synthétisant et en reformulant ce que vous avez acquis et en échangeant vos points de vue.

Si l'envie de partager votre expérience vous titille, voici des pistes pour la concrétiser.

1. Identifiez ce que vous voulez transmettre

Une expertise ? Des pratiques ? Une analyse ? Un savoir ?...

....

....

2. En fonction de ce contenu et de votre cible, choisissez le bon outil de transmission

- À des adolescent(e)s

⇨ Contactez par exemple des associations qui organisent des rencontres dans les lycées ou dans les quartiers (*cf.* Nos quartiers ont des talents).

- À des étudiant(e)s

⇨ Regardez dans quelle école vous pourriez donner des cours. Commencez peut-être par celle dont vous êtes issue. Regardez autour de vous : la fille d'un ami, votre petite cousine auront peut-être aussi besoin de vos conseils.

- À des professionnelles de votre entreprise

⇨ Faites-vous connaître comme mentor officielle (si un tel programme est mis en place dans votre entreprise) ou officieuse. Créez votre propre réseau à l'intérieur de l'entreprise. Postez des contenus sur des réseaux professionnels du type LinkedIn.

- À des professionnelles de votre secteur

⇨ Inscrivez-vous dans un réseau. Allez dans des forums professionnels. Proposez-vous comme conférencière.

- Au grand public

⇨ Écrivez un livre, créez un blog, inscrivez-vous sur les sites d'expertes, faites une chronique radio ou télé...

En partageant vos conseils, vous vous les appliquerez d'autant mieux et cela renforcera votre confiance. C'est le double effet retour ! Vous n'êtes pas à l'abri non plus de ce que ces liens d'entraide créés vous réservent de jolies surprises, comme la naissance d'une amitié.

⇨ En résumé :

- ⇨ Tendez la main aux autres femmes !
- ⇨ Incitez-les à prendre davantage de responsabilités en prenant soin d'aménager leurs horaires pour rendre possible leur progression.
- ⇨ N'hésitez pas à transmettre votre exprérience.

Portrait

Marie-Christine Saragosse
Une énarque libre et joyeuse

P-DG de France Médias Monde depuis 2012, elle dirige ce que l'on appelle l'Audiovisuel extérieur de la France. Un groupe public qui réunit France 24 (trois chaînes en français, anglais et arabe qui touchent 51 millions de téléspectateurs par semaine sur les cinq continents), RFI (présente dans 150 pays, avec 40 millions d'auditeurs) et Radio Monte Carlo Doualiya (7,5 millions d'auditeurs).

Elle-même a aimé la métropole avant même de la connaître. Née en Algérie dans une famille pied-noir pétrie de culture française, elle est arrivée sur la Côte d'Azur à l'âge de 4 ans. « J'ai eu la chance d'être élevée sans aucun stéréotype de genre. Ma mère était institutrice et mon père, professeur de gymnastique, m'emmenait toujours avec lui pour aller voir les matchs (de rugby notamment) des élèves. J'étais comme leur mascotte.

« C'est à 18 ans, à Sciences-Po, que j'ai découvert le machisme, lors du discours inaugural d'un maître de conférences : "Vous, messieurs, qui êtes là pour faire l'ENA, et vous, mesdemoiselles, pour trouver un mari" ; ce fut un choc ! Du coup, j'ai fait l'ENA... Mais j'y ai aussi trouvé mon mari ! Il n'avait pas complètement faux ! » dit-elle dans un éclat de rire.

Ce n'est pas la dernière fois qu'elle fera face au machisme. Du professeur qui lui propose de venir chez lui – et qui, suite à son refus, lui colle des mauvaises notes – au préfet qui tentera de l'enfermer dans son bureau, Marie-Christine Saragosse aura aussi la surprise de se voir interdire tout contact avec la presse locale en préfecture car son physique ne fait pas assez « haut fonctionnaire. »

Courageuse, elle ose parler de ce que beaucoup de femmes taisent. « Quand je disais que j'étais féministe, on me regardait d'un air condescendant – "Quoi ?" –, comme si j'avais une maladie grave et contagieuse... Mais j'aurais aimé être contagieuse ! »

Dans ses yeux brillent tour à tour l'amusement et l'émotion quand elle repasse le fil de sa vie : « J'ai écarté le choix d'une carrière diplomatique parce que je ne voulais pas mettre en péril mon couple. De son côté, il a écarté une carrière préfectorale pour les mêmes raisons. » Un couple qui dure depuis trente ans... « Je ne peux pas dire que je ne regrette rien, j'aurais aimé faire plus souvent les sorties d'école. Mon plus jeune disait, petit : "Moi, ma femme, elle restera à la maison !" Depuis il a changé d'avis, je crois. »

Il faut dire que Marie-Christine Saragosse voyageait beaucoup, effectuant le plus gros de sa carrière à TV5 dont elle est devenue directrice générale déléguée en 1998 et vice-présidente en 2001. Une chaîne dont le succès est reconnu dans tous les pays francophones et ailleurs.

Ses combats féministes, elle les mène aussi bien en interne – « Mon comex était déjà paritaire à TV5 et, à France Médias Monde, il y a la parité chez les directeurs comme chez les administrateurs » – qu'à l'antenne, car « c'est une formidable caisse de résonnance » : « À TV5, j'ai lancé le site Terrienne pour permettre aux femmes, partout dans le monde francophone, d'échanger et de connaître leurs droits. Sur France 24, nous avons des émissions locomotives comme *Actuelles* qui est le journal des femmes dans le monde, ou sur RFI avec Priorité Santé ou 7 Milliards de voisin(e)s. »

« Pour essayer d'obtenir la parité parmi les invités sur les plateaux, nous avons mis en place un outil statistique avec le CSA qui permet de distinguer les femmes et les hommes présents à l'antenne : c'est primordial pour la prise de conscience des inégalités car personne, même de bonne foi, n'a l'impression d'avoir un comportement machiste. Face aux chiffres sans appel, j'ai voulu compter sur l'auto-indignation. Nous avons eu une politique volontariste et avons été désignés comme les bons *élèves* avec aujourd'hui 38 % de femmes en moyenne parmi les experts, journalistes, et invités divers politiques et chroniqueurs. » Une gageure avec une centaine d'invités par jour à trouver dans l'urgence !

« Les femmes s'interrogeant souvent sur leur légitimité en tant qu'expertes et étant inquiètes de leur image à l'antenne, l'Académie de France Médias Monde a mis en place des stages pour les former au Women's Forum en partenariat avec *Vox Femina*. »

Son slogan : « Amour, humilité, lucidité. »

Son conseil : « Cultivez l'humour : les femmes ne le cultivent pas assez alors qu'il permet, par exemple, de mettre le machisme à distance. Le rire est l'instrument de la liberté ! Il est libérateur. Y compris le rire de soi-même ! Et la joie engendre la victoire. »

CHAPITRE 12

ASSOCIEZ LES HOMMES !

⇨ Incluez les hommes : la mixité est un enjeu à défendre de façon « inclusive »

Il n'est pas toujours facile pour les hommes de voir arriver les femmes à des hauts postes. Elles prennent des places qu'ils occupaient ou bien qu'ils briguaient à la tête de services, d'entreprises, au sein du Parlement ou dans les conseils d'administration.

Aude de Thuin (entrepreneure) disait ainsi au TEDx Women Champs-Élysées en novembre 2016 : « La mixité, ce n'est pas gagné ! J'ai été à un dîner avec un de mes amis qui a eu tous les pouvoirs dans la vie – inspecteur des finances, directeur de cabinet d'un ministre, d'un Premier ministre, ancien directeur de banque – et il me dit : “À cause de toi, ma retraite est foutue !” J'ai compris qu'il faisait allusion à l'arrivée des quotas dans les conseils d'administration. Beaucoup d'hommes aujourd'hui, dans tous les secteurs économiques et politiques [...], disent : “Il n'y en a que pour les femmes.” Ils osent dire cela après avoir eu tous les pouvoirs dans la vie ! Je ne crois pas que mon ami ou les hommes aujourd'hui soient plus misogynes qu'avant – réellement pas – mais ils ne supportent pas pour autant cette montée en puissance des femmes. »

Oublions ceux qui gémissent parce qu'ils vont être privés de quelques « jetons de présence » rémunérés en perdant une place en conseil d'administration. Les hommes qui rêvent de briser leur propre plafond de verre peuvent prendre ombrage de se voir imposer des listes de candidats ou de nomination paritaire dans leur entreprise. Il est d'autant plus important de leur faire comprendre ce que ressentent les femmes et en quoi ces mesures sont bénéfiques à tous.

Une étude de McKinsey & Company (« Women Matter », 2012) pointe qu'il y a encore 33 points d'écart de confiance entre les femmes qui se sentent dans une entreprise où hommes et femmes ont les mêmes chances de réussir et celles qui ne se sentent pas dans une telle entreprise. Cette étude a permis de mettre en lumière cet élément étonnant : le déterminant principal de la confiance dans la réussite semble être la culture de l'entreprise et sa capacité à donner les mêmes chances de succès aux hommes et aux femmes.

Il est du ressort de nos dirigeants, hommes comme femmes, mais aussi de tout un chacun de s'emparer du sujet et d'en faire un élément de cohésion - et non une source de clivage.

Il faut absolument engager les hommes pour promouvoir la parité car le sujet est trop souvent porté par les femmes.

Jean-Michel Monnot, président d'All Inclusive !
(conseil en diversité et inclusion)

- **Pour un féminisme inclusif !**

Longtemps, les féministes (et les réseaux féminins) ont exclu les hommes. Elles avaient besoin de se retrouver entre femmes pour ses serrer les coudes face à tant d'injustices. Aujourd'hui, nombre d'entre elles se rendent compte qu'est venu le temps de réfléchir et d'avancer sur ces problématiques avec les hommes.

Une étude d'OpinionWay réalisée en 2016 montre que 75 % des sondés estiment que le féminisme est une cause qui ne doit pas être portée uniquement par les femmes.

Après dix années intenses de discours sur la parité, on voit apparaître ce que d'aucuns appellent la *gender fatigue,* ou le « blues de la parité ». Des hommes et des femmes sont fatigués que l'on pointe encore cette question de genre, qu'on les oppose les uns aux autres. C'est d'ailleurs assez désespérant de se dire qu'il faut encore prouver l'intérêt de la mixité. Pour autant, l'équilibre est encore loin d'être atteint. La situation des femmes s'améliorera d'autant plus vite si l'on envisage la mixité de façon *inclusive,* en impliquant les deux sexes dans la lutte pour plus d'égalité.

Aude de Thuin l'avait déjà réalisé en invitant dès les premières éditions du Women's Forum des patrons tels que Carlos Ghosn (Renault-Nissan) ou Gérard Mestrallet (Engie), convaincue qu'un forum entièrement constitué de femmes ne ferait pas avancer les choses. Elle prône aujourd'hui un « féminisme qui ne soit plus un féminisme d'affrontement, mais un féminisme pragmatique, apaisé ». De même, la plupart de réseaux féminins comptent aujourd'hui en leur sein des hommes ; mais alors, faut-il encore les appeler « féminins » ?

Comme le fait remarquer Jean-Michel Monnot, président d'All Inclusive ! et membre du Haut Conseil à l'égalité entre les femmes et les hommes, les éléments de langage sont importants : « Il vaut mieux dire : il faut "améliorer la mixité" plutôt qu'il faut "qu'il y ait plus de femmes". »

Patrick Jean, auteur et réalisateur du documentaire *La Domination masculine,* a insisté sur l'importance du fait que la parole féministe soit portée par les hommes. Il a souligné que paradoxalement les revendications portées par des femmes sont hélas souvent mal perçues : « Elles aboutissent difficilement car nous vivons depuis plus de deux mille ans dans un monde "andro-centré", où le masculin l'emporte jusque dans le langage ! »

Avec sa campagne He for She et son célèbre discours à l'ONU du 20 septembre 2014, Emma Watson a marqué les esprits en enjoignant les hommes à s'associer à ce combat pour l'égalité. « Comment pouvons-nous espérer changer le monde, quand la moitié de la population n'est pas invitée ou n'a pas le sentiment d'être la bienvenue pour prendre part au débat ? » s'est-elle exclamée.

Messieurs, l'égalité des sexes est aussi votre problème.

Emma Watson, actrice,
ambassadrice de bonne volonté à l'ONU

L'institut américain Catalyst a identifié trois freins à la prise de position publique des hommes[68] :

- La peur : la peur de désavantager leur propre carrière en prenant cause pour celle des femmes, la peur de perdre leur statut ou encore celle de ne pas savoir trouver les bons mots.
- L'ignorance : ce que l'on prend pour de la mauvaise volonté est souvent de l'ignorance. Les hommes ne sont tout simplement pas sensibilisés aux problèmes que rencontrent les femmes et aux enjeux de la mixité.
- L'apathie : ils ne s'engagent pas car ils ne se sentent pas concernés. Ils n'ont pas conscience des bénéfices qu'ils peuvent en tirer pour eux-mêmes.

C'est donc d'abord par l'information que nous pourrons les sensibiliser et les mobiliser, mais également en leur faisant confiance.

- **Ceux qui se sentent concernés**

L'écrivaine Benoîte Groult, dès les années 1970, avait rendu un fier hommage aux précurseurs, si rares dans le « Panthéon peu encombré du féminisme », qui avaient eu la générosité et le courage de défendre les droits des femmes tels Poullain de La Barre, Condorcet et Stuart Mill, et, plus que tous les autres, Fourier (*Le Féminisme au masculin*, Éditions Denoël/Gonthier, 1977). À l'époque, ils furent traités en pestiférés.

Partout où l'homme a dégradé la femme, il s'est dégradé lui-même... L'extension des privilèges des femmes est le principe général de tous les progrès sociaux

Charles Fourier, philosophe (1772-1837)

Heureusement, des voix masculines s'élèvent de plus en plus pour défendre la mixité.

En France, l'action #JamaisSansElles, initiée par les Gentlemen (acteurs du numérique), est un mouvement promu par une centaine d'entrepreneurs humanistes, de professionnels du numérique, des médias, de l'éducation, de la politique, habitués des débats et manifestations publiques, mais refusant désormais d'y participer si des femmes n'y sont pas également associées. Ils ont réuni, en quelques semaines, des milliers de signatures d'hommes, dont de nombreuses personnalités, de l'écrivain Alexandre Jardin au patron d'Orange, Stéphane Richard.

Laurence Parisot, ex-présidente du Medef et membre du conseil féminin de l'association JamaisSansElles, y a prononcé un discours remarqué le 9 décembre 2016 : « JamaisSansElles ouvre un chemin pour la cause des femmes d'une modernité absolue. C'est le féminisme du XXIe siècle, le nôtre, pas celui de nos grands-mères ni même de nos mères ; c'est le féminisme qui crée, à la vitesse de la lumière, avec la fulgurance que le digital seul permet, un public : celui qui, sur Twitter et ailleurs, est saisi par les relents tenaces et écœurants de la misogynie ordinaire. Ce public est de toutes nationalités, de toutes sensibilités, de tous âges. Mais le plus important, le plus enthousiasmant, est que ce public est mixte. »

Autre initiative remarquée : en janvier 2016, avant le festival de la BD d'Angoulême, les dessinateurs Riad Sattouf, Joann Sfar et d'autres ont eu le courage de retirer leurs noms de la sélection des Grands Prix pour marquer leur opposition à l'absence de femmes parmi les 30 dessinateurs sélectionnés. En agissant ainsi, ils ont réussi à faire annuler toute la sélection, et c'est toute la profession qui a été impactée par cet acte fort et symbolique.

Aucun auteur ne peut souhaiter figurer sur une liste entièrement masculine.

Joann Sfar, auteur de bandes dessinées, illustrateur, réalisateur[69]

Olivier Ezratty, centralien, spécialiste de l'innovation numérique, consultant en veille technologique et photographe, œuvre à sa façon – originale – pour rendre visibles les femmes du numérique : il a pris en photo plus de 600 femmes du numérique (ministres, députées, entrepreneures, développeuses, etc.) pour l'initiative « Quelques femmes du numérique ! » lancée en 2012 avec Marie-Anne Magnac et qui se prolonge encore en ligne avec pour slogan : « La photo, arme de destruction massive des stéréotypes. » « Je pense qu'il faut rendre visibles ces femmes du numérique pour qu'elles servent de "rôle modèle" et permettent aux jeunes générations de se projeter dans ces métiers qui créent de la croissance. Avec l'association, nous avons pour mission d'aller dans les écoles et les lycées à la rencontre de ces jeunes. Les technologies vont changer la société, alors il faut absolument que les femmes y prennent part, d'autant que ce sont les métiers dits "féminins" qui risquent les premiers de disparaître. »

La mixité est tout simplement la promotion d'une évidence.

Stéphane Richard, P-DG d'Orange

- **Les hommes sont nos meilleurs alliés, encourageons-les à nous rejoindre !**
- **Ils ont une place à prendre au cœur de ce mouvement féministe inclusif pour le faire évoluer et adopter par le plus grand nombre.**

⇨ Inventer des nouveaux modèles : c'est tout l'intérêt des hommes aussi !

Les hommes font face actuellement à une redéfinition de la masculinité. Ils ont eux aussi envie de réinventer de nouveaux modèles, déclarent attacher de plus en plus d'importance à l'équilibre entre vie professionnelle et vie privée, sont de plus en plus investis dans l'éducation des enfants. Plus de mixité et de flexibilité leur permettrait de s'investir dans d'autres sphères que celle du travail, notamment dans les sphères familiale, sportive, associative ou spirituelle.

La mixité est une affaire de bien-être pour tous.

Les jeunes pères ou les papas divorcés ayant la garde partagée de leurs enfants – c'est aussi une réalité – auront tout à gagner à ce que leur entreprise fasse de la mixité un enjeu et ait adopté, comme c'est alors souvent le cas, des mesures d'accompagnement de la parentalité (télétravail, aide à la garde d'enfants, horaires flexibles, encadrement des horaires de réunion).

Les hommes n'ont peut-être pas envie de s'identifier au modèle du mâle dominant. Ils souffrent aussi peut-être autant que nous d'être enfermés dans des stéréotypes, soumis à une injonction de réussite sociale depuis leur enfance qui ne leur correspond pas toujours. « La virilité est un privilège mais c'est aussi un piège, comme le soulignait Pierre Bourdieu : Tout concourt à faire de l'idéal de l'impossible virilité le principe d'une immense vulnérabilité[70]. »

Emma Watson, toujours dans son discours à l'ONU, le soulignait : « Les hommes, au même titre que les femmes, ont le droit d'être sensibles. Les hommes, tout comme les femmes, devraient se sentir libres d'être forts... Il est grand temps que nous appréhendions l'égalité comme un spectre, au lieu d'y voir deux idéaux distincts et opposés. »

De notre côté, nous avons besoin d'eux comme des collègues, amis, employeurs, compagnons, qui soutiennent pleinement nos aspirations professionnelles. C'est de cet équilibre que naîtra la véritable égalité et que les femmes seront enfin plus nombreuses à briser le plafond de verre ! Associons-les à nos actions !

⇨ Valorisez la mixité comme un enjeu de performance

Nombreuses sont les études qui attestent depuis quelques années que mixité et performance sont liées. Le cabinet McKinsey avec ses études « Women Matter » l'a démontré régulièrement, tout comme l'index Femina plus récemment.

La mixité est un enjeu de performance

- Les entreprises avec trois femmes ou plus dans leur comité de direction ont entre six et sept points de plus de performance organisationnelle (leadership, innovation, vision...).
- Les entreprises ayant plus de femmes dans leur comité exécutif ont une meilleure performance financière par rapport à celles qui n'ont pas de femme dans leur comité exécutif :
  - +41 % de rentabilité des fonds propres,
  - +56 % de marge sur le résultat d'exploitation[71].

Pourtant, trop rares encore sont les hommes qui participent au débat sur la parité.

Il est d'autant plus important de leur rendre honneur. De grands patrons se sont engagés pour la mixité, tels Henri de Castries chez Axa, Stéphane Richard chez Orange, Gérald Karsenti chez Hewlett-Packard France, Noël Le Graët à la Fédération française de football, Franck Riboud chez Danone, Gilles Pélisson chez TF1, ou Michel Landel quand il était à la tête de Sodexo ou Guillaume Pepy quand il dirigeait la SNCF.

Je fais partie de ceux qui sont intimement persuadés que les enjeux liés à la mixité sont plus qu'un impératif moral et qu'une "affaire de femmes".

Michel Landel, ex-directeur général de Sodexo

Sodexo (premier employeur privé français et leader mondial de la restauratoin collective), qui s'est hissée à la première place du palmarès de la féminisation des instances dirigeantes des entreprises du SBF 120 en 2014 et 2015[72], est un modèle du genre.

« Quand on sait que 6 diplômés sur 10 sont des femmes et que près des trois quarts des décisions d'achat des ménages sont directement prises par les femmes, on comprend pourquoi il est déraisonnable de se priver des talents et des regards féminins », explique Michel Landel[73]. Quand il dirigeait l'entreprise, le comité exécutif de Sodexo comptait 43 % de femmes : « Grâce à cette mixité, nous bénéficions d'une plus grande pluralité de points de vue et d'un meilleur esprit critique. »

Et Michel Landel de citer une étude éloquente : « Une étude de Millward Brown (établie en 2012) portant sur les 100 marques les plus puissantes du monde montre même que, sur les cinq dernières années, la croissance des entreprises avec des femmes dans leur *board* s'établit en moyenne à 66 %... contre 6 % quand le comité de direction est intégralement masculin. »

Michel Landel et la nouvelle présidente du conseil d'administration du groupe, Sophie Bellon, fille du fondateur Pierre Bellon, ont, à eux deux, fait adopter la Charte de la parentalité, gommé toute différence salariale à compétence et ancienneté égales et instauré une prise en compte indispensable de l'équilibre entre vie privée et vie professionnelle par divers modes d'accompagnement, des congés spéciaux aux horaires de réunion.

L'entreprise Sodexo a elle-même fait réaliser (par Diversity & Inclusion) une étude unique à ce jour auprès de 50 000 managers et dans 90 entités du groupe. Celle-ci démontre que les équipes mixtes (où le management comprend 40 % à 60 % de femmes) sont plus performantes que les équipes non mixtes, et cela joue non seulement sur les résultats économiques mais également sur des critères comme l'engagement réel des collaborateurs, l'impact sur les clients qui sont plus fidèles, l'attractivité et la réputation de l'entreprise.

Avant de quitter le groupe en 2018, Michel Landel a pris une dernière décision emblématique de son engagement : les 300 top managers du groupe ont vu une part de leur bonus (10 %) indexée sur la réalisation d'un objectif ambitieux, 40 % des femmes parmi les 1 400 senior managers dans le monde d'ici à 2025.

Les patrons qui s'engagent pour la mixité favorisent, par des mesures concrètes, l'accession des femmes à des postes de direction, et ils essaient aussi de changer les mentalités de tous leurs salariés – hommes *et* femmes – par des programmes mixtes tels que le programme Mix'In chez Axa ou le programme Eve chez Danone, composé à 20 % d'hommes pour que chacun comprenne les enjeux et points de vue de l'autre.

Chez Deloitte/Taj, société d'avocats, il n'y a pas de « programme » annoncé. Le groupe cultive naturellement la parité, ce qui est très rare dans le monde des avocats où les baronnies masculines sont dominantes. Son ancien P-DG, Gianmarco Monsellato, étant convaincu que « les seules personnes à éduquer sont les dirigeants ». Des dirigeants qui peuvent s'enorgueillir d'avoir reçu le prix Mixité de l'ONU en 2012. « Notre différence est devenue une force, constatait Gianmarco Monsellato. En plus, dans la mesure où nous sommes totalement en phase avec les aspirations de la société quant à la parité, nous bénéficions d'un vrai capital sympathie. Je peux même parler d'avantage comparatif. Au-delà du *the right thing to do*, on fait du *smart thing to do*. Partant de ce principe, j'ai notamment exigé l'abandon du modèle traditionnel masculin reposant sur les réunions tôt le matin et tard le soir. Stop à cette vision “virile” des choses ! Les réunions ont lieu au moment où tout le monde peut être présent[74]. »

D'ici à 2020-2025, les entreprises qui n'auront que des leaders masculins seront tout simplement hors jeu.

Gianmarco Monsellato, Deloitte

À TF1, Gilles Pélisson rend hommage au réseau mixte FIFTY-FIFTY qui travaille pour la parité, en insistant sur le fait que « les équipes mixtes sont beaucoup plus fortes car il y a une complémentarité d'intelligences et de regards croisés ». À TF1, les femmes constituent 50 % de la masse salariale et elles représentent déjà 35 % des tops managers : « Elles apportent une capacité d'interrogation nouvelle, des capacités analytiques, d'autres angles de vue plus pragmatiques, plus iconoclastes. Elles vont oser remettre en cause les choses, amener avec plus de finesse des sujets délicats comme les rémunérations, les rivalités individuelles, elles vont me challenger avec diplomatie et avec beaucoup d'intelligence émotionnelle. »

Muhtar Kent, ex-P-DG de Coca-Cola (qui emploie plus de 700 000 personnes dans le monde), s'est dit carrément « féministe » lors du Women's Forum de Deauville en décembre 2016 ; c'est pour lui « ce que doit être un patron d'une grande entreprise tant pour des raisons pratiques que morales ».

Carlos Ghosn, lui, a toujours préféré mettre en avant les arguments économiques chez Renault-Nissan et se méfiait des justifications éthiques : « 60 % des décisions d'achat de voitures sont prises par des femmes. Et lorsqu'on leur demande à qui elles souhaitent avoir affaire dans les concessions, 8 sur 10 répondent qu'elles préfèrent être conseillées par une femme... C'est donc une évidence, notre force de vente doit devenir à 50 % féminine et nous nous y employons. » Il reconnaissait faire appel à des quotas avec un objectif d'embauche de 30 % d'ingénieures et de managers. Pour tordre le cou au possible sentiment d'injustice chez les hommes, voici ce qu'il répondait : « Quand on travaille dans une entreprise à un taux d'encadrement féminin de 18,4 %, on ne peut pas croire que sa carrière va être brisée du fait du développement de la mixité. À l'instar de l'image de la sardine qui bouche le port de Marseille, un homme ne peut pas avoir la malhonnêteté intellectuelle de se sentir lésé par le recrutement de 30 % de femmes dans un secteur aussi masculin que le nôtre... On ne les favorise pas, on corrige le handicap dont les femmes sont victimes[75]. »

Et Jean-Michel Monnet de s'indigner plus trivialement : « Il faut dire aux hommes d'arrêter les *conneries* : on n'est quand même pas obligé d'expliquer que les femmes ont un cerveau qui fonctionne aussi bien que celui des hommes ! »

- **À beaucoup d'égards, la mixité est un facteur de performance. C'est un argument qui saura davantage influencer votre hiérarchie que les arguments moraux.**
- **Utilisez les patrons engagés comme exemples : ils seront d'excellents ambassadeurs pour faire passer vos convictions.**

⇨ La mixité est une affaire de volonté

La volonté de ces grands patrons provient certes d'un constat pragmatique, mais chez les plus engagés elle a souvent des ressorts plus intimes.

C'est un Carlos Ghosn (Renault) qui trouvait injuste que sa mère n'ait pas pu faire la carrière de médecin dont elle aurait rêvé ni ses sœurs aller à l'université car, faute de moyens, on privilégiait les études des garçons.

C'est aussi un Michel Landel (Sodexo) qui reconnaissait (lors d'un Women's Forum) que son éducation est une des raisons de son implication en faveur de la mixité, mais que c'est sûrement dû aussi à sa femme, très engagée : « Elle me challenge tout le temps ! »

Frédéric Oudéa, DG de la Société générale, assume, quant à lui, son engagement personnel sans équivoque : « Nous les hommes avons une responsabilité claire, prendre une part de la charge familiale pour que les femmes puissent s'épanouir professionnellement ! [...] Par exemple, lorsque mon épouse s'absente plusieurs jours pour son travail, j'organise mon agenda en conséquence. C'est moi qui garde les enfants le soir et qui les emmène à l'école. »

Je place cet engagement personnel quasiment au même niveau que mon engagement professionnel [76]

Frédéric Oudéa, DG de la Société générale

De son côté, François-Henri Pinault, P-DG du groupe Kering, qui affiche très discrètement l'un des meilleurs taux de parité d'une entreprise du CAC 40 et une majorité de femmes dans son conseil d'administration, a également lancé des opérations comme Women in Motion, un programme de sensibilisation à la contribution des femmes au cinéma. Il n'hésite pas à dire qu'il a été influencé sur les problématiques féministes par sa femme, Salma Hayek.

Enfin, Gilles Pélisson m'a confié avoir servi de cobaye à sa femme, Sylvie, ancienne fondée de pouvoir dans la banque, devenue coach de créatrices d'entreprise, investie dans Paris Pionnières : à force de tester sur lui différents outils de coaching, du MBPI à la PNL (Programmation Neuro-Linguistique), elle finit par l'influencer !

Et vous, si vous regardiez comment votre patron traite les femmes de son entourage ? Ce serait peut-être une bonne façon de juger de sa capacité naturelle à accepter qu'une femme ait de hautes responsabilités.

⇨ Embarquez les autres hommes !

Comment engager les hommes qui ne se sentent pas concernés ?

Selon Marie-Christine Mahéas : « Beaucoup d'hommes seraient prêts à agir mais ils manquent d'arguments, d'outils et de méthodes. Ne tuons pas cette bonne volonté dans l'œuf par un discours inadapté. »

Pour les convaincre, voici quelques pistes :

- Proscrivez les éléments de langage sous-entendant que les hommes sont contre la mixité ou n'ont pas perçu l'étendue du problème.
- Faites passer les arguments économiques de performance avant les arguments personnels.
- Rappelez que la mixité n'est pas un enjeu hiérarchique mais un enjeu de changements et de bénéfices pour tous.
- Rappelez le prix à payer par les hommes au manque de mixité ou d'égalité hommes-femmes.
- Ne soyez pas culpabilisante.

- Proscrivez le terme « discrimination positive », heurtant les hommes comme les femmes parce qu'il met l'accent sur l'aspect négatif du processus au lieu d'être valorisant, motivant et inclusif.
- Préférez le mot « équilibre » à celui de « quota ».
- Ouvrez la notion de mixité à toutes les mixités, la notion de diversité des nationalités cristallise d'ailleurs moins les peurs chez les hommes et permet d'embarquer les équipes dans une ouverture globale.
- Intégrez-les dans les réseaux traitant de mixité.
- Mettez en avant les patrons engagés et exemplaires sur le sujet de la mixité, dans les discussions ou *via* les réseaux sociaux.
- Soulignez que cette maîtrise de la mixité est devenue incontournable aujourd'hui chez un leader moderne.
- Alertez-les sur le fait qu'elle permet d'attirer la génération Y, très sensible à tout ce qui accompagne cette mixité, tels la flexibilité et le télétravail.
- Valorisez ceux qui osent.
- Encouragez les interactions originales, créez le buzz ou provoquez des chocs.
- Utilisez l'humour sans modération !

⇨ La mixité, c'est dans les deux sens

Favoriser la mixité, cela marche dans les deux sens : une grande féministe comme Mercedes Erra aide aujourd'hui les hommes à rentrer dans son agence BETC « parce que pour l'instant il y a 66 % de femmes ». Elle ajoute : « En règle générale, je nomme des binômes : une femme et un homme sont ainsi Présidents de BETC France. »

Agir pour la mixité, c'est valoriser les compétences des hommes au même titre que les nôtres, comme source d'enrichissement mutuel.

Toutes les femmes dirigeantes que j'ai pu rencontrer le reconnaissent : ce ne sont pas les équipes masculines qui sont les meilleures, ni les équipes féminines, ce sont les équipes mixtes ! Notre complémentarité est source de performance.

Une récente étude menée par le MIT et l'université de Carnegie Mellon l'a prouvé : le QI d'un groupe est corrélé à sa proportion de femmes. Plus largement, il augmente avec la diversité du groupe.

Alors luttons contre notre atavisme d'aller naturellement vers qui nous ressemble. Travaillons à un changement culturel progressif, avec la conviction forte que le monde est mixte et marche donc mieux si le pouvoir est partagé de manière équitable.

- **Chacune, chacun, agissons sur ce que nous pouvons maîtriser. Allons vers la différence, vers la complémentarité, vers la diversité, vers toutes les formes de diversité qui sont source d'enrichissement et de progrès.**

S'engager, c'est agir.

Marie-Christine Mahéas, directrice commerciale de SilverRail

12e clé : Cultivez la mixité !

- **Une seule action ne suffit pas à faire bouger les choses**

Conciliez plusieurs actions : formations pour sensibiliser sur les stéréotypes masculins et féminins, *mentoring*, ateliers de managers, développement de votre réseau... Œuvrez à votre ouverture et à votre enrichissement.

- **Agissez également au sein de vos familles**

Vous pouvez sensibiliser vos conjoints, vos enfants, vos frères à tous les avantages d'un management et d'une société mixte. C'est dans les relations les plus intimes que se forgent d'abord ces convictions.

Exercice pratique : Aidez les hommes à devenir vos alliés

Hommes-femmes : instaurez une relation bienveillante à double sens.

Regardez autour de vous. Il y a sûrement des hommes qui pourraient vous apporter leur point de vue complémentaire, leurs compétences ou leur réseau. Vous pourriez solliciter leur avis sur un nouveau projet, un nouveau poste que l'on vous propose, une négociation difficile, un mentor à vous conseiller. Ils auront forcément un regard différent qui enrichira votre approche du sujet.

Il y en a d'autres – ou bien les mêmes – auxquels vous pourriez apporter un conseil ou une analyse personnelle dans un moment délicat en les aidant à se libérer des schémas qui les entravent, à adopter une nouvelle approche.

À votre tour, autorisez-les à dépasser leurs propres freins, leurs propres peurs. Invitez-les dans vos cercles. Sensibilisez-les aux bénéfices de la mixité. Ils se rendront vite compte que cela les valorise au niveau tant personnel que professionnel, et surtout ils en découvriront les bénéfices.

Pour commencer, identifiez un homme dans chacun de vos cercles avec lequel vous pourriez pratiquer cette relation bienveillante :

- dans votre entourage proche, parmi votre famille et vos amis ;
- dans votre entourage professionnel, parmi vos collaborateurs et interlocuteurs ;
- dans vos relations extra-professionnelles, associations, activités sportives et autres où vous trouverez probablement plus de diversité.

Instaurez cette relation à double sens de façon honnête, franche, ouverte. Vous verrez, cela vous donnera vite envie de démultiplier les expériences avec tous ceux - et celles - qui sont différents de vous et qui vous donnent envie d'échanger.

Amusez-vous à inventer vous-mêmes de nouveaux modèles d'organisation mixte. Vous faites partie de cette révolution.

⇨ En résumé :

- ⇨ Incluez les hommes pour promouvoir la parité.
- ⇨ Parlez de « mixité » plutôt que de « féminisme », d'« équilibre » plutôt que de « quota ».
- ⇨ Faites la promotion des patrons exemplaires.

Portrait

Sandra Bour Schaeffer
Une directrice des Essais en Vol, en pleine ascension.

Sacrée « Femme de l'industrie » dans la catégorie « Femmes de projets » en 2016, Sandra Bour Schaeffer a toujours œuvré avec les hommes. À la tête de 600 personnes, dont 80 % d'hommes. Coordonnant environ 600 personnes, elle a orchestré les essais de l'Airbus A320-Neo. C'est elle qui décide, par exemple, si l'on pousse l'appareil dans ses retranchements ou si l'on coupe le moteur en plein vol... Et elle vous le dit avec un sourire tout à fait naturel.

Sandra Bour Schaeffer fait partie des 7 femmes sur 155 membres du personnel navigant d'essais et de réception d'Airbus qui ont choisi de relever le défi de la parité. Elle-même a beaucoup œuvré récemment pour former une nouvelle femme ingénieur navigante qui a rejoint son équipe : « Je crois beaucoup non seulement à la mixité hommes-femmes mais aussi à la mixité culturelle et à la diversité des parcours. »

Multiculturelle, elle l'est puisqu'elle a été élevée tour à tour des deux côtés de la frontière franco-allemande. Son père français est ingénieur mais c'est sa mère, allemande, qui l'a poussée à oser faire ce métier dit « masculin ». Sandra choisit l'aéronautique.

Diplômée en 1998 de l'École nationale supérieure de mécanique et d'aérotechnique (ENSMA), elle poursuit par une thèse « pour avoir, une fois dans sa vie, une vision à la pointe de la technologie ». « La recherche apporte la faculté de se remettre en cause tout le temps », dit-elle.

Après une première expérience à la SNECMA sur les moteurs, elle se tourne vers Airbus pour sa dimension internationale. Pendant deux ans, elle travaille dans un bureau d'étude sur la motorisation de l'A380 jusqu'à ce qu'elle reçoive un appel inattendu : « Un ingénieur navigant m'a proposé un poste d'ingénieur support en vol. J'ai accepté car je trouvais ça très excitant d'être en contact direct avec le produit fini. »

Quelques années plus tard, alors qu'elle vient d'accoucher, nouvel appel : une place l'attend pour faire l'École du personnel navigant d'essais et de réception, l'EPNER : « J'avais conscience que faire cette formation était un privilège. Je n'ai pas hésité, surtout qu'un de mes collègues m'a suggéré une nounou et m'a convaincue que je pourrais m'organiser. » Un homme qui lui recommande une nounou ? Étonnant, non ? Les aides sont d'ailleurs souvent venues des hommes dans sa vie : « Mon mari me soutient beaucoup. Il faut être réaliste, le fait de partager les contraintes de la vie de tous les jours et l'éducation des enfants est très précieux, surtout que je suis très dépendante des aléas de la météo et je ne sais qu'à la dernière minute si je pars en vol. Si mon mari ne jouait pas le jeu, ce serait difficile. Il est directeur des opérations d'une start-up et peut décider de son temps.

« À l'EPNER, j'ai été formée pour tous types d'avions (militaires aussi), avec une formation au saut en parachute et aux sièges éjectables notamment. À un instant, sur mon siège éjectable, je me suis quand même demandé "Qu'est-ce que tu fais là alors que tu as deux enfants ?" mais la passion a repris le dessus. »

Il faut dire que Sandra n'a pas froid aux yeux et profite de la chance qu'Airbus lui confie les tests de plusieurs de ses avions de pointe. « Pour l'A380, je suis partie, enceinte de cinq mois, à Medellín, en Amérique du Sud, pour réaliser des tests sur un aéroport situé à 2 000 mètres d'altitude !

Du premier vol de l'A320-Neo (le 25 septembre 2014), voici ce qu'elle retient : « Accepter de faire voler un avion pour la toute première fois, c'est endosser plusieurs années de travail d'un gigantesque complexe industriel et ainsi concrétiser les efforts de milliers de personnes. Et ce qui était magnifique c'est que je puisse le partager avec mon mari, mes enfants, mes parents. Exceptionnellement les enfants n'ont pas été à l'école, ils étaient là, sur la piste, pour voir l'avion décoller et atterrir. Retrouver ma petite fille de 5 ans en descendant de l'avion, c'était génial, dit-elle les larmes aux yeux. Il y a toujours des phases où l'on culpabilise mais ces moments valent de l'or. »

Sandra Bour Schaeffer vient d'effectuer une formation financière personnalisée car il manquait cette corde à son arc pour avoir une vision globale de la stratégie de l'entreprise.

Elle occupe désormais le poste de directrice de toute l'activité Démonstrateurs chez Airbus. Une ascension fulgurante !

Son slogan : « Il y a d'autres voies que celles que l'on s'était imaginées. J'ai découvert le métier d'ingénieur navigant d'essais à Airbus. Je voulais juste devenir ingénieure en chef quand je suis arrivée mais j'ai toujours été ouverte à l'opportunité. »

Son conseil : « Acceptez de prendre des risques ! J'ai changé de poste tous les trois ans à Airbus. Chaque fois, il faut recommencer, remontrer sa valeur ajoutée, c'est plus difficile mais c'est un enrichissement formidable. »

CONCLUSION

Vous avez trouvé dans ces clés, dans ces parcours de femmes inspirantes, dans ces exercices des raisons de prendre confiance, d'agir et d'oser ? Bravo !

Profitez-en et foncez !

N'hésitez pas à faire et refaire certains de ces exercices dès que vous en ressentirez le besoin.

Une dernière clé sous forme de bonus,
ma clé n° 13 porte-bonheur : aimez !

Aimez follement votre travail et, si vous ne l'aimez pas, transformez-le jusqu'à ce qu'il ressemble à vos attentes, à ce que vous pouvez donner de meilleur. Et si vous ne l'aimez toujours pas, donnez-vous les moyens d'en trouver un autre qui saura mieux vous satisfaire.

Cela peut sembler naïf mais on ne fait *vraiment* bien que ce que l'on aime faire.

Alors même face à un mur – ou à un plafond –, essayez de trouver la petite porte ou le chemin détourné pour accéder là où vous voulez aller. Ou laissez-vous tenter par un nouvel ailleurs. Les femmes sont douées pour se faufiler. Il y aura toujours pour vous un moyen d'exercer votre talent quelque part. Mais ne perdez jamais de vue votre étoile. Celle qui vous fait rêver, qui vous donne envie de vous dépasser, de vous grandir, de prendre plaisir.

Quel que soit votre niveau de responsabilité, trouvez du sens à ce que vous faites et, si besoin, créez ce sens. Inventez des nouvelles formes d'organisations, initiez des projets qui résonnent avec vos valeurs. Si vous êtes entrepreneure dans l'âme, imaginez le service que vous rêveriez de trouver. Allez là où les énergies et les personnes sont positives. Où elles vous donnent envie de créer du lien. Soyez moteur de votre changement. Et ne craignez pas de vous amuser !

Assumez que vous aimez prendre des responsabilités, décider, diriger des équipes, innover.

Votre travail aura toujours son lot de contraintes et de contrariétés mais il peut *réellement* devenir une source de joie et d'épanouissement formidables.

Et n'oubliez pas que vous êtes unique : là où vous serez vous-même, vous serez forcément excellente !

Soyez fière de vos réussites, partagez-les ! Osez afficher votre bonheur. Il sera communicatif. Les générations qui viennent ont besoin de rôle-modèle.

Devenez le modèle que vous auriez rêvé rencontrer.

Pour des informations complémentaires ou un suivi personnalisé, retrouvez-moi :

- sur mon site : www.brisezleplafonddeverre.com
- sur ma page facebook professionnelle : Brisez le plafond de verre
- sur LinkedIn, Twitter et Instagram

NOTES

1. *La Domination masculine*, Seuil, 1998.
2. Source : rapport MENESR en date du 3e trimestre 2016.
3. Source : Insee.
4. Source : Gender Gap Report du World Economic Forum – 2013
5. Source : étude SKEMA.
6. Source : fondation Robert Schuman, 2016.
7. *New York Times* du 2 mars 2015.
8. Étude de Frank Flynn et Cameron Anderson réalisé à l'université Columbia de New York, 2003.
9. Sketch de Camille Cottin lors de la Journée Elle « Où en sont les femmes ? » du 17 janvier 2017.
10. Source : baromètre Press'edd des 1 000 personnalités les plus médiatisées dans la presse française 2019.
11. Source : analyse des matinales radio publiée par l'INA le 3 juin 2019.
12. JC Lattès, 2014.
13. Michel Lafon, 1999.
14. D'après une étude du Pew Research Center réalisée en 2012.
15. *Le Monde* du 16 octobre 2006.
16. Robert Laffont, 2016.
17. *Cf. Montrez-leur qui vous êtes*, Marabout.
18. *En avant toutes*, JC Lattès, 2013.
19. Ce test est inspiré de Taibi Kahler et a été élaboré par Latifa Gallo et Sushila Dahan (*Petits Exercices d'affirmation de soi*).
20. Robert Laffont, 2016.
21. Pocket évolution, 2006.
22. Éditions Jouvence, 2009, réédition augmentée en 2015.

23. Éditions Dunod, 2011.

24. *Dictionnaire fondamental de la psychologie*, Larousse.

25. Source : ministère des Droits des femmes, CSA Research, septembre 2016.

26. Commission européenne, 4 mars 2016.

27. *Figaro Madame* du 17 octobre 2014.

28. Source : *L'Express*, mars 2016.

29. Source : *From the Locker Room to the Boardroom : A Survey on Sports in the Lives of Women Business Executives*, MassMutual Financial Group and OppenheimerFunds, 2002.

30. *Cf. Bouge ton cerveau !*, Marabout, 2016.

31. Source : Ethics & Boards, observatoire de la gouvernance des entreprises cotées, janvier 2020.

32. Conférence TEDX Women Champs-Élysées du 4 novembre 2016.

33. Source : Ethics & Boards.

34. *Les 50 Lois des femmes qui réussissent*, L'Archipel, 2011.

35. *Journal du dimanche* du 5 mars 2010.

36. Source : Ethics & Boards, janvier 2020.

37. Parmi les sociétés dont la capitalisation boursière dépasse 10 milliards de dollars, celles qui comptent au moins une femme au sein du conseil d'administration ont vu le cours de leurs actions afficher une hausse de 5 % entre le début de l'année 2012 et juin 2014. C'est le cas dans tous les secteurs d'activité, assure l'étude, d'après l'article de Latribune. fr du 20 septembre 2014.

Le rendement des fonds propres (capacité à générer des profits) s'est accru de 14,1 % entre 2005 et 2014 pour les entreprises comptant au moins une femme au sein de leur conseil d'administration. Pour les conseils composés exclusivement d'administrateurs hommes, il a augmenté de 11,2 %.

Même son de cloche du côté du montant des distributions de dividendes. Sur la même période, il augmentait en moyenne de 38 % pour les conseils d'administration avec au moins une femme, contre 32 % dans les entreprises où il n'y en a aucune.

38. Source : étude Ipsos 2018.

39. Source : rapport « La féminisation des métiers du ministère de la Justice », octobre 2017.

40. Source : étude MobiCadres Deloitte Nomination, 2016.

41. Source : Insee, 12 mai 2016 – enquête SINE auprès des auto-entrepreneurs.

42. Source : Capital du 22.09.14.

43. Source : Capital du 22.09.14.

44. *La Tribune* du 12 décembre 2016.

45. Research Group on Collaborative Spaces, 2015-2016.

46. Aux éditions Pearson, 2012.

47. Albin Michel, 2013.

48. « The Promise of Future Leadership: a Research Program of Highly Talented Employees in the Pipelines », 2011.

49. *Who's the Boss,* 19 juin 2012.

50. « Les pères managers en perte d'équilibre. Portrait d'une génération qui entend réconcilier travail et famille », 2008.

51. *En avant toutes,* JC Lattès, 2013.

52. Source : Insee, 14 janvier 2020.

53. Lors de la journée Elle et la Femme le 17 janvier 2017.

54. C'est le titre de son livre paru aux éditions Eyrolles, 2015.

55. Source : Insee et ministère des Affaires sociales et de la Santé, 2015.

56. Dans son livre *En avant toutes* (JC Lattès).

57. Source : « Doing Gender in context: Household Bargaining and Risk of Divorce in Germany and the United States », *American Journal of Sociology,* 112, n° 2, 2006.

58. « Une journée avec Sophie de Closets », *Elle* du 14 mars 2016.

59. Source : *Les métiers ont-ils un sexe ?* du Laboratoire de l'égalité-Belin.

60. Comme le titre de son livre aux éditions Michel Lafon, paru en 2016.

61. *Les Inrocks* du 5 mars 2016.

62. *Figaro Madame,* 1er juin 2016.

63. Source : bulletin épidémiologique « La souffrance psychique en lien avec le travail chez les salariés actif de 2007 à 2012 » fondé sur les données du Programme de surveillance des maladies à caractère professionnel).

64. Source : *Marie Claire*, 5 octobre 2016.

65. Source : article du site TV5 Monde du 19 mars 2016.

66. Source : documentaire *Les femmes de pouvoir*, Arte, 8 mars 2016.

67. *L'Avenir à portée de main* de Philippe Ayat, Allary Éditions, 2013.

68. Source : « Engager les hommes dans les initiatives en faveur de la mixité, 2011.

69. Source : sa page Facebook.

70. Source : *La Domination masculine*, Seuil, 1998.

71. Source : études « Women Matter » réalisée par McKinsey sur 60 000 salariés et 100 entreprises pour la première, sur 300 entreprises pour la seconde.

72. Commandé par le ministère des Droits des femmes et réalisé par Ethics & Boards et Challenges.

73. Source : *Mixité, quand les hommes s'engagent*, écrit sous la direction de Marie-Christine Mahéas, Eyrolles, 2015.

74. Source : *Mixité, quand les hommes s'engagent*, sous la direction de Marie-Christine Mahéas, Eyrolles, 2015.

75. Source : *Mixité, quand les hommes s'engagent*, Eyrolles, 2015.

76. *Mixité, quand les hommes s'engagent*.

REMERCIEMENTS

Ma reconnaissance va à toutes les merveilleuses personnes avec lesquelles j'ai échangé en écrivant ce livre, à toutes celles qui ont cru en ces idées et avaient également envie de les défendre.

Bénédicte Lombardo, Aurore Mennella et Florian Lafani, mes éditeurs, ont toute ma gratitude pour leur confiance immédiate et leur accompagnement bienveillant.

Laura Zuili a été la bonne fée de cet ouvrage. Merci, Laura, de m'avoir poussée à l'écrire.

Un immense merci à toutes celles et ceux qui m'ont fait l'honneur d'enrichir ce livre de leurs témoignages, merci pour votre sincérité, votre enthousiasme, votre sensibilité. Pour celles et ceux que je ne connaissais pas, cela a été l'occasion de belles rencontres qui se prolongent déjà au-delà de cet ouvrage. J'espère que ce livre permettra de mettre en lumière également vos talents : Sylvie Audibert, Catherine Barba, Catherine Blanc, Cécile Brosset, Sandra Bour Schaeffer, Évelyne Chabrot, Valérie Colin-Simard, Xavier Cornette de Saint Cyr, Marion Darrieutort, Clémence Decortiat, Caroline De Haas, Floriane de Saint Pierre, Claire Dorland-Clauzel, Dominique Druon, Lucille Desjonquères, Mercedes Erra, Catherine Euvrard, Olivier Ezratty, Blanca Garcia, Valérie Gauthier, Julie Gayet, Clara Gaymard, Angélique Gérard, Isabelle Germain, Étienne Grange, Catherine Guillouard, Isabelle Guion de Méritens, Virginie Guyot, Nathalie Hutter-Lardeau, Aurélie Jean, Chine Lanzmann, Mari-Noëlle Jégo-Laveissière, Ulrike Lehmann,

Marie-Christine Mahéas, Florence Méaux, Estelle Metayer, Margaret Milan, Sébastien Millécamps, Jean-Michel Monnot, Martine Monteil, Stéphane Pallez, Gilles Pélisson, Mélanie Péron, Isabelle Quainon, Natacha Quester-Séméon, Sandra Rey, Robin Sappe, Carine Salvy, Marie-Christine Saragosse, Marlène Schiappa, Régine Serra, Sophie Stabile, Elodie Wanet, Cornelia Woll, Marie-Jo Zimmermann et Zahia Ziouani.

Merci très chaleureusement à mes proches, Sylvie Audcœur, Catherine Baudassé, Anaïs Drewry, Jérôme Chouraqui, Sandra Gilles, Dominique Guérin, Sarah Hémar, Chantal Keller, Claire Germouty, Jean-Luc Périchon, Solène Saint-Gilles et Carola Strang pour leurs regards, leurs conseils et leurs encouragements si précieux.

Un merci tout particulier à Aurore Bouvart pour ses relectures, ses suggestions et son regard de *Gen Y*.

Merci à ma mère pour tout ce qu'elle m'a donné, pour ce qu'elle a réalisé et pour ce qu'elle aurait aimé réaliser.

Enfin, un merci plein de tendresse à mes deux hommes : mon amoureux, dont le soutien indéfectible m'aide et me libère, et notre petit ange, si tolérant avec sa maman moins disponible quand elle écrit et qui m'émerveille en dessinant déjà sur le papier son propre livre imaginaire.

BIBLIOGRAPHIE

Aberkane Idriss, *Libérez votre cerveau*, Robert Laffont, 2016.

André Christophe, *3 Minutes à méditer*, L'Iconoclaste et France Culture, 2017.

Ayat Philippe, *L'Avenir à portée de main*, Allary Éditions, 2015.

Badinter Elisabeth, *L'Amour en plus. Histoire de l'amour maternel* (XVII-XXe siècle), Flammarion, 1980.

Barba Catherine, *Shopping en ligne, même p@s peur*, Les carnets de l'info, 2010.

Beauvoir Simone de, *Le Deuxième Sexe*, Gallimard, 1949.

Bourdieu Pierre, *La Domination masculine*, Seuil, 1998.

Colin-Simard Valérie, *Masculin-féminin. La grande réconciliation*, Albin Michel, 2013.

Cornette de Saint Cyr Xavier, *Petit Cahier d'exercices pour découvrir ses talents cachés*, Éditions Jouvence, 2015.

Cuddy Amy, *Montrez-leur qui vous êtes*, Marabout, 2016.

Devienne Émilie, *Les 50 Lois des femmes qui réussissent*, L'Archipel, 2011.

Euvrard Catherine, *En avoir ou non...*, JC Lattès, 2004.

Féral-Schuhl Christine, *Ces femmes qui portent la robe : portrait d'avocates célèbres dans le monde*, Plon 2013.

Gauthier Valérie, *Le Savoir-relier. Vers un leadership intuitif et relationnel*, Eyrolles, 2014.

Gaymard Clara et Bringsted Bérénice, *Faut qu'on parle*, Plon, 2016.

Getz Isaac et M. Carney Brian, *Liberté & Cie*, Fayard, 2012.

Groult Benoîte, *Le Féminisme au masculin*, Éditions Denoël/Gonthier, 1977.

Lanzmann Chine, *Guide de l'auto-coaching pour les femmes*, Pearson, 2012.

Loiseau Nathalie, *Choisissez tout*, JC Lattès, 2014.

Mahéas Marie-Christine, *Mixité, quand les hommes s'engagent*, Eyrolles, 2015.

Millécamps Sébastien, *Image et image de soi*, Dunod, 2011.

Monteil Martine, *Flic tout simplement*, Michel Lafon, 2016.

Muller André, *La Technique du succès*, Diateino, Pocket Évolution, 2002.

Peters Thomas et Waterman Robert, *Le Prix de l'excellence*, Interédition, 1989.

Rocoplan Valérie avec la collaboration de Vanbremeersch Christie, *Oser être la chef*, Quotidien malin éditions, 2011.

Sandberg Sheryl, *En avant toutes*, JC Lattès, 2013.

Saragosse Marie-Christine, *Temps ensoleillé avec fortes rafales de vent*, Erickbonnier, 2012.

Sarfati Anne-Cécile, *Être femme au travail*, Odile Jacob, 2014.

Schiappa Marlène, *Plafond de mère*, Eyrolles, 2015.

Siaud-Facchin Jeanne et Thuin Aude de, *Forcer le destin*, Robert Laffont, 2016.

Suzuki Wendy, *Bouge ton cerveau !*, Marabout, 2016.

Thuin Aude de, *Femmes, si vous osiez*, Robert Laffont, 2012.

Ziouani Zahia, *La Chef d'orchestre*, Éditions Anne Carrière, 2010.

Composition et mise en pages
Nord Compo à Villeneuve-d'Ascq

Imprimé en Espagne
Dépôt légal : octobre 2020
N° d'impression :
ISBN : 979-10-224-0424-2
POC 0290